Buntbarsche aus Ostafrika

Unter Ostafrika im engeren Sinne versteht man das Gebiet der Staaten Uganda, Kenia und Tansania, die alle drei an den Viktoriasee grenzen. Im weiteren Sinne werden aber auch noch die Länder dazugezählt, die den Malawisee umschließen oder die an der Ostküste des Tanganjikasees liegen. Das sind die Staaten Burundi, Sambia, Malawi und Mozambique.

In der Zoogeographie, der Wissenschaft, die sich mit dem Vorkommen und der Verbreitung der Tiere auf der Erde befaßt, verwendet man den Begriff der Faunenregion, um Areale zu kennzeichnen, die eine einheitliche Tierwelt aufweisen. In Anlehnung an diese Praxis wird von Ichthyologen die Bezeichnung Fischregion benutzt. Mit ihr werden Gewässer, die mehr oder weniger dieselben Fischarten enthalten, zusammengefaßt und zugleich auch gegenüber anderen derartigen Gebieten abgegrenzt.

Der Teil des afrikanischen Kontinents, den man im allgemeinen mit der Bezeichnung Ostafrika beschreibt, ist nun aber keineswegs ein Areal mit einer einheitlichen Fischwelt, sondern umfaßt nach POLL insgesamt vier verschiedene Fischregionen. Die größte von ihnen, die allerdings nur die Heimat von vergleichsweise wenigen Arten ist, hat den Namen ostafrikanische Fischregion erhalten. Wie der Übersichtskarte zu entnehmen ist, erstreckt sie sich über die Staaten Mozambique, Tansania, Kenia, Somalia und Äthiopien. Für das vorliegende Werk ist sie aber, obwohl es die ostafrikanischen Buntbarsche behandelt, ohne größere Bedeu-

Ostafrikanische Cichliden zeigen häufig prächtige, plakatartige Farben (Männchen von Labeotropheus trewavasae aus dem Litoral der Insel Tumbi).

tung, da ihre typischen Vertreter bisher nur ausnahmsweise einmal den Weg in die Aquarien der Cichlidenliebhaber gefunden haben. Für die restlichen drei Fischregionen, die zu Ostafrika gehören, wurden die Bezeichnungen Viktoriasee, Tanganjikasee und Malawisee gewählt. Sie spielen dagegen in der Aquaristik eine wichtige Rolle, und vor allem die Cichliden aus den letzten beiden ichthyologischen Regionen werden im folgenden ausführlich behandelt.

Man nimmt heute an, daß es ungefähr eintausend verschiedene Cichlidenarten auf der Erde gibt, von denen aber etwa ein gutes Zehntel überhaupt noch nicht beschrieben wurde. Von diesen eintausend Buntbarschen haben weit über die Hälfte ihre Verbreitung in Ostafrika. Aus diesem Grund mußten für die beiden Bände über afrikanische Cichliden verschiedene Grundkonzepte gewählt werden. Während es das Ziel des ersten Teiles ist, in dem die Buntbarsche der westafrikanischen Fischregionen behandelt werden, die dort vorkommenden Arten möglichst vollständig vorzustellen, kann in dem hier vorliegenden zweiten Band nur eine bescheidene Auswahl der in Ostafrika verbreiteten Cichliden berücksichtigt werden. Dabei wurden die folgenden Auswahlkriterien herangezogen: Einerseits sollen insbesondere Buntbarsche vorgestellt werden, die für die Aquaristik interessant und empfehlenswert sind, andererseits soll aber auch zugleich ein repräsentativer Überblick über die Mannigfaltigkeit der Formen und Lebensweisen in diesen Fischregionen gegeben werden. Dabei wurde der Rahmen des Möglichen natürlich durch den vorgegebenen Umfang des Werkes bestimmt.

In der Ichthyologie sind viele ostafrikanische Buntbarsche bereits seit dem Ende des vorigen Jahrhunderts bekannt. Die Mehrzahl von ihnen wurde von Engländern entdeckt, die ihre Sammlungen dem *British Museum* in London übergaben. Dort wurden die Fische dann von dem belgischen Ichthyologen BOULENGER bearbeitet und beschrieben. So befanden sich einige der bekanntesten Aquarienfische bereits unter den Cichliden, die MOORE während einer Sammelreise in den Jahren 1895/96 am Tanganjikasee fing. Wesentliche Erkenntnisse über die Fische dieses Gewässers erbrachte aber beispielsweise auch die belgische hydrobiologische Forschungsreise der Jahre 1946/47, deren Ergebnisse von POLL publiziert wurden.

Die ersten Malawibuntbarsche wurden bereits 1861 von KIRK gesammelt, der LIVINGSTONE auf dessen Reisen begleitete. Sie wurden 1864 von GÜNTHER beschrieben. Neben weiteren Engländern fing in den Jahren 1900/1901 auch der Deutsche FÜLLEBORN im Malawisee neue Cichliden, die von AHL (1927) beschrieben wurden. Die nächste wichtige Sammelreise führte 1920 WOOD durch. Seine Fische wurden von REGAN (1921) bearbeitet. Schließlich unternahm CHRISTY in den Jahren 1925/26 im Auftrage des *British Museum* eine weitere Expedition zum Malawisee, auf der 3500 Buntbarsche gefangen und konserviert wurden. Die Bearbeitung dieser Fische übernahm die Ichthyologin TREWAVAS. Ihre Auswertung des Materials führte zur Entdekkung zahlreicher neuer Arten, deren Namen sie 1935 veröffentlichte. Die erste zusammenfassende Beschreibung der Viktoriabuntbarsche erfolgte durch REGAN im Jahre 1922. Eine Revision, die noch nicht abgeschlossen ist, wurde von GREENWOOD 1956 begonnen. Weitere Teilergebnisse seiner Arbeiten hat er in unregelmäßiger Folge bis in jüngste Zeit publiziert.

Von den vier ostafrikanischen Fischregionen enthält der Viktoriasee möglicherweise die meisten Buntbarsche. Kenner dieses Gewässers schätzen, daß in ihm weit über 200 Arten leben, von denen allerdings erst etwa die Hälfte beschrieben wurde. Bemerkenswert ist, daß diese Fische im Vergleich zu den Cichliden der beiden ostafrikanischen Grabenseen ein recht einheitliches Bild bieten. Dieses Phänomen hat dazu geführt, daß man die Viktoriabuntbarsche mit nur ganz wenigen Ausnahmen als *Haplochromis*-Arten angesehen hat. Insgesamt kommen in diesem Gewässer nur acht verschiedene Gattungen vor. Es zeichnet sich aber bereits ab, daß die Viktoriacichliden, die zur Zeit noch in der Gattung *Haplochromis* stehen, künftig auf eine ganze Reihe noch zu beschreibender neuer Gattungen aufgeteilt werden.

Im Unterschied zu den Buntbarschen aus den anderen beiden großen ostafrikanischen Seen sind die Arten des Viktoriasees nur selten für den Zierfischhandel eingeführt worden. Während einige Malawi- und Tanganjikacichliden zum Standardsortiment der Aquaristik gehören, wurden die Viktoriabuntbarsche bislang nur von ausgesprochenen Cichlidenliebhabern gepflegt, die sich darauf spezialisiert haben, seltene Arten zu studieren. Keiner Spezies ist es gelungen, wirklich populär zu werden und eine größere Verbreitung zu finden. Aus diesem Grund konnte den Buntbarschen des Viktoriasees auch in diesem Buch nur ein vergleichsweise bescheidener Raum zugemessen werden.

Die Cichliden des Viktoriasees sind ohne eine einzige Ausnahme Maulbrüter. Unter ihnen gibt es zahlreiche Arten, die im männlichen Geschlecht außerordentlich prächtig aussehen und in ihren Farben durchaus mit den Malawicichliden konkurrieren können. Leider zeigen die Männchen ihr Prachtkleid aber nur, wenn sie im Besitz eines Revieres und balzaktiv sind. Unter den zumeist unzureichenden Hälterungsbedingungen, mit denen sie im Zierfischhandel vorlieb nehmen müssen, läßt sich ihre attraktive Färbung kaum erahnen.

Für die aquaristische Praxis ist ferner wichtig, daß sich viele Arten des Viktoriasees in der Körperform außerordentlich gleichen. Zwar lassen sich geschlechtsreife Männchen aufgrund ihres prächtigen und arttypischen Farbkleides in der Regel dennoch gut unterscheiden, die Weibchen, die ausnahmslos eine unscheinbare Färbung zeigen, sehen aber in vielen Fällen beinahe identisch aus. In der Praxis gestaltet es sich daher außerordentlich schwierig, den männlichen Fischen die artgemäßen Weibchen zuzuordnen. Leider erweist sich die Bestimmung der Artzugehörigkeit in vielen Fällen auch bei konserviertem Material als äußerst schwierig, bei lebenden Fischen ist sie meist unmöglich.

Aus dem Malawisee sind bisher gut 200 Cichlidenarten beschrieben worden, die 25 verschiedenen Gattungen zugeordnet werden. Mit Sicherheit liegt die Zahl der in diesem Gewässer beheimateten Buntbarsche

Die Arten- und Individuenzahl im Felslitoral des Malawisees ist erstaunlich: Auf dem Foto sind mindestens sieben verschiedene Mbuna-Cichliden zu identifizieren (Litoral der Insel Tumbi in vier Meter Tiefe).

aber weit höher. Neuere Schätzungen lassen es möglich erscheinen, daß sich diese Zahl vielleicht sogar auf über dreihundert Arten erhöhen wird. Von den bereits beschriebenen Cichliden werden rund 120 der Gattung *Haplochromis* zugeordnet, die zur Zeit überarbeitet wird. Es zeichnet sich bereits ab, daß diese Arten in nächster Zukunft einen neuen Gattungsnamen erhalten werden. Neben einer kleineren Zahl von Arten, die im wesentlichen aus der *Haplochromis*-Verwandtschaft stammt, haben vor allem die sogenannten *Mbuna*-Buntbarsche eine große Bedeutung in der Aquaristik erlangt. Unter dieser von den afrikanischen Fischern übernommenen Bezeichnung faßt man eine Gruppe von Cichliden zusammen, deren Verbreitung strikt auf die Geröll- und Felsenzone beschränkt ist, da sie als Aufwuchsfresser nur dort ihre Nahrung finden. Einige wenige Arten kommen auch in der Übergangszone zum Sandlitoral vor. Insgesamt handelt es sich bei den *Mbuna*-Cichliden um rund fünfzig Arten, die sich auf elf Gattungen verteilen. Ihre Zahl ist ständig im Steigen, da in diese Gruppe eine ganze Reihe von Buntbarschen gehört, die noch unbeschrieben, zum Teil aber bereits in der Aquaristik populär geworden sind.

Wichtige Zierfische finden sich auch unter den sogenannten *Utaka*-Buntbarschen. Diese Bezeichnung, die ebenfalls afrikanischen Ursprungs ist, kennzeichnet eine Gruppe von Cichliden, die nur zur Fortpflanzung in die Uferzone wandern, gewöhnlich aber eine pelagische Lebensweise haben, d. h., sie halten sich im offenen Wasser auf, wo sie sich vor allem von planktonischen Kleinkrebsen ernähren. Diese zumeist mittelgroßen Buntbarsche, die im männlichen Geschlecht meist herrliche Blautöne aufweisen, werden ausnahmslos der Gattung *Haplochromis* zugeordnet.

Für die aquaristische Praxis ist wichtig, daß die Malawicichliden beinahe ausnahmslos Maulbrüter sind. Die beiden einzigen Substratbrüter dieses Gewässers sind zwei *Tilapia*-Arten.

Aus dem Tanganjikasee sind rund 150 verschiedene Buntbarsche beschrieben worden. Auch diese Zahl wird sich noch erhöhen, wie sich aus den Neuentdeckungen der letzten Jahre ablesen läßt, denn große Teile der zu Tansania und Zaire gehörenden Küsten sind noch nicht genauer erforscht worden.

Die Tanganjikabuntbarsche verteilen sich auf 41 Gattungen. Die wichtigste von ihnen ist *Lamprologus* mit zur Zeit 45 Arten und Unterarten.

Der Tanganjikasee nimmt insofern eine gewisse Sonderstellung ein, als er im Gegensatz zum Malawi- und Viktoriasee, in denen die Maulbrüter dominieren, neben wenigen Offenbrütern auch eine größere Gruppe von Höhlenbrütern enthält. Insgesamt handelt es sich um rund 55 Arten, die den vier Gattungen *Lamprologus, Julidochromis, Chalinochromis* und *Telmatochromis* angehören.

Die Lebensräume der Buntbarsche, die in den drei großen ostafrikanischen Seen beheimatet sind, unterscheiden sich ganz wesentlich von den Biotopen ihrer westafrikanischen Verwandten, die bereits im ersten Band behandelt wurden. Die wichtigsten Cichlidenbiotope in Westafrika bilden Flüsse und Bäche des tropischen Regenwaldes. Hinzu kommen Gewässer, die in der Savanne gelegen sind. In Ostafrika sind dagegen die drei großen Seen die wichtigsten Lebensräume, in denen Buntbarsche für die Aquaristik gefangen werden. Infolge ihrer enormen Größe entsprechen diese Gewässer nicht mehr den Vorstellungen, die man gewöhnlich von einem Binnensee hat. Der Viktoriasee bedeckt eine Fläche von knapp 70000 Quadratkilometer. Er ist zwischen dreihundert und vierhundert Kilometer breit. Der Tanganjikasee hat eine Länge von beinahe siebenhundert und eine maximale Breite von rund achtzig Kilometern. Der Malawisee ist sechshundert Kilometer lang und bis zu siebenundachtzig Kilometer breit. Infolge ihrer ungewöhnlichen Größe herrschen in allen drei Gewässern Bedingungen, die man zum Teil durchaus mit denen in der Ostsee vergleichen kann. Ein mäßiger Wind führt bereits zu einem kräftigen Wellengang, ein Sturm zu einer gewaltigen Brandung, bei der sich nur noch seetüchtige Boote in das offene Wasser wagen können. Die größte Tiefe wird für den Tanganjikasee mit 1470 und für den Malawisee mit 758 Meter angegeben. Im Vergleich dazu ist der Viktoriasee flach, denn seine maximale Tiefe beträgt nur gut neunzig Meter. Die Oberflächentemperatur schwankt in allen drei Gewässern zwischen 24 und 29 Grad Celsius.

Ein typischer Lebensraum westafrikanischer Cichliden: Aus dem dunkelbraunen Wasserlauf im Regenwald ragen die weißen Blüten der Wasserlilie (Crinum natans).

Zu den beliebtesten westafrikanischen Aquariumfischen gehören die Pelvicachromis-Arten. Besonders farbenprächtig ist P. pulcher (Form B, rote Farbform).

Vor allem im Malawisee gibt es sehr ausgeprägte regelmäßige Temperaturschwankungen, die durch den jahreszeitlichen Rhythmus hervorgerufen werden. In größerer Tiefe fällt die Wassertemperatur im Malawisee auf ein Minimum von 22 und im Tanganjikasee auf 23 Grad Celsius. In beiden Gewässern gibt es keine Fische in der Tiefenzone, da dort das Wasser keinen Sauerstoff mehr enthält. Die Grenze, bis zu der Fische noch leben können, liegt nicht genau fest. Im allgemeinen befindet sie sich in dem Bereich zwischen einhundert und zweihundert Meter.

Tabelle Nr. 1
Wichtige Wasserwerte des Malawisees

Malawisee	
Sichtweite:	bis 20 m
pH-Wert:	7,7 – 8,8
Gesamthärte:	4 – 6
Karbonathärte:	6 – 8
Leitfähigkeit bei 20 Grad C:	210 – 335 Mikro-Siemens
Oberflächentemperatur:	24 – 29 Grad C
Tiefentemperatur:	22 Grad C

Das Wasser in den drei großen ostafrikanischen Seen unterscheidet sich in seinen chemischen und physikalischen Eigenschaften deutlich von den westafrikanischen Gewässern, in denen Buntbarsche leben. Die wichtigste Konsequenz, die sich aus dieser Tatsache für die aquaristische Praxis ergibt, besteht darin, daß sich die ostafrikanischen Cichliden im Aquarium viel leichter zur Fortpflanzung bringen lassen als ihre westafrikanischen Verwandten aus dem tropischen Regenwald. Das Wasser der drei großen Seen weist nämlich im allgemeinen eine deutlich alkalische Reaktion auf. Ferner enthält es viele Mineralien in gelöster Form und ist deshalb relativ hart. Insgesamt ähnelt es dadurch in Bezug auf die Gesamthärte weitgehend dem Wasser, das in den meisten Gebieten Mitteleuropas vorgefunden wird.
Wichtig für die aquaristische Praxis ist ferner, daß sowohl der Tanganjika- als auch der Malawisee außerordentlich klar sind und unter günstigen Bedingungen unter Wasser eine Sichtweite bis zu zwanzig Meter zulassen. Infolgedessen bestehen in beiden Gewässern sehr gute Möglichkeiten, Buntbarsche in ihren natürlichen Lebensräumen zu beobachten und zu fotografieren. Im Viktoriasee sind die Sichtverhältnisse weniger günstig, da sein Wasser viel reicher an Nähr-

Die Fischregionen Afrikas 7 – 10

(nach POLL, 1957)

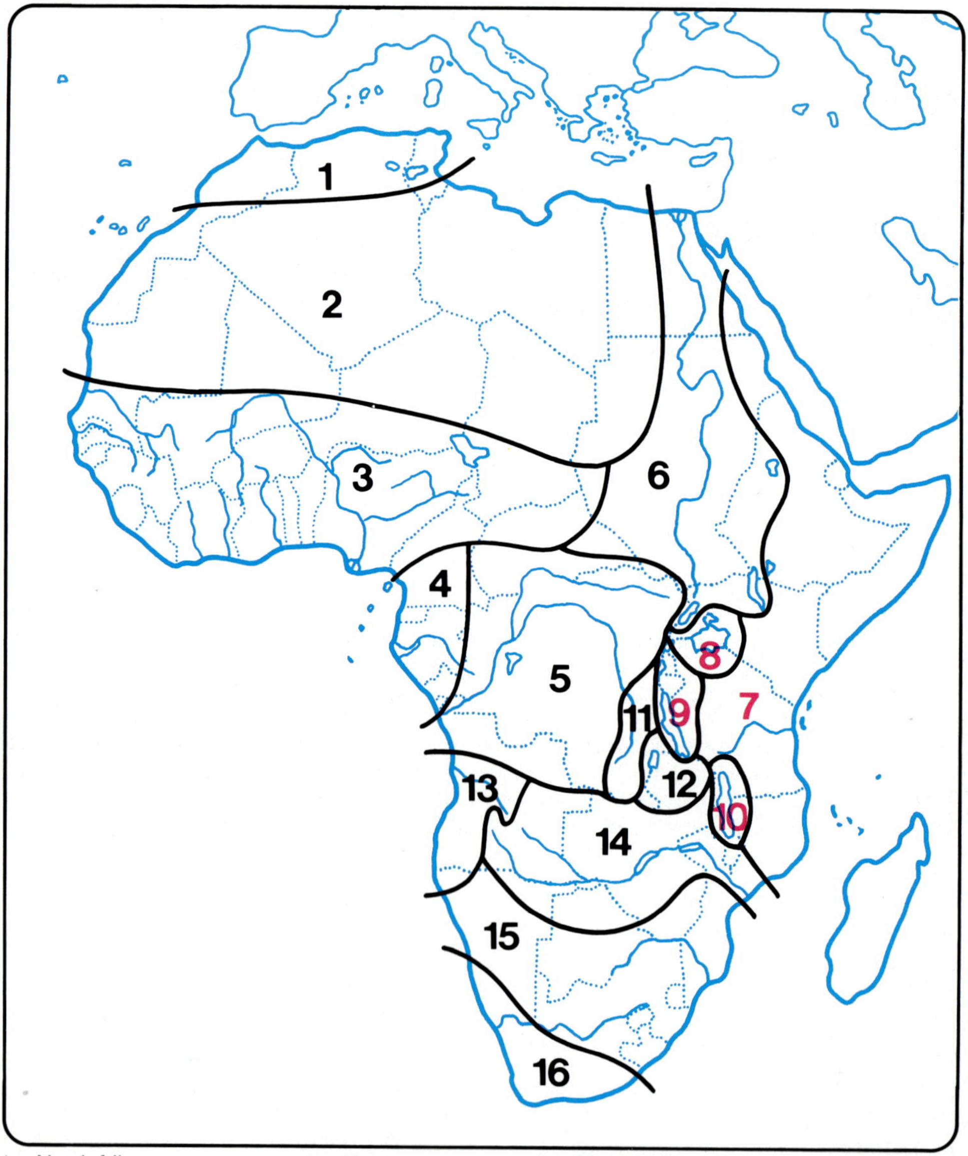

1 = Nordafrika	5 = Kongo	9 = Tanganjikasee	13 = Angola
2 = Sahara	6 = Nil	10 = Malawisee	14 = Sambesi
3 = Westafrika	7 = Ostafrika	11 = Lualaba	15 = Südafrika
4 = Kamerun und Gabun	8 = Viktoriasee	12 = Luapula	16 = Kapregion

Im ersten Band werden die Regionen 3 bis 5, im zweiten 7 bis 10 behandelt.

stoffen ist. Nur fern vom Ufer kann unter extrem guten Bedingungen einmal eine Sichtweite von acht Meter erreicht werden. Gewöhnlich beträgt sie in dem durch Algen und Schwebstoffe getrübten Wasser jedoch nur eineinhalb bis drei Meter.

Tabelle Nr. 2
Sichtweiten in ostafrikanischen Seen

Tanganjikasee:	bis 22 m
Malawisee:	bis 20 m
Viktoriasee:	bis 8 m

Jedes Gewässer enthält für Buntbarsche eine Vielzahl verschiedener Möglichkeiten, sich zu ernähren, geeignete Laichplätze zu finden und die Nachkommen aufzuziehen. Aus der Fülle bestehender Variationsmöglichkeiten nutzt jede Art jedoch nur einen kleinen, für sie ganz charakteristischen Ausschnitt, das heißt, sie hält, wie es die Ökologen ausdrücken, eine bestimmte ökologische Nische besetzt. Dadurch, daß es verhältnismäßig wenige Arten gibt, die eine ähnliche Nische beanspruchen, wird die zwischenartliche Konkurrenz in bezug auf Nahrung, Laich- und Versteckplätze wesentlich herabgesetzt. Erst dadurch wird es möglich, daß mehrere Arten im gleichen Areal harmonisch nebeneinander vorkommen.
Zu den Faktoren der unbelebten Umwelt, die über die Existenzmöglichkeiten von Fischen entscheiden, gehören die Temperatur, die Strömungsgeschwindigkeit sowie die chemischen und physikalischen Besonderheiten des betreffenden Gewässers ebenso wie die Struktur und Beschaffenheit seines Ufers und seines Untergrunds. Faktoren der belebten Umwelt sind Algen, höhere Wasserpflanzen und Tiere, die das Gewässer bewohnen und vor allem als Nahrungsquellen, Konkurrenten oder potentielle Feinde in Frage kommen. Die auf den ersten Blick unüberschaubare Vielzahl von Kombinationsmöglichkeiten der Umweltfaktoren wird dadurch etwas überschaubarer, daß sich bestimmte, häufig wiederkehrende Lebensräume unterscheiden lassen, welche die verschiedenen Faktoren in einer für sie ganz charakteristischen Kombination enthalten und von einer jeweils ganz typischen Lebensgemeinschaft besiedelt werden.

Sobald die ökologische Nische einer bestimmten Art erst einmal bekannt ist, genügt meist ein kurzer Blick auf die Beschaffenheit des Ufers und des Grundes, um zu entscheiden, ob ihr Vorkommen in dem betreffenden Teil des Gewässers zu erwarten ist. Aufgrund ihrer hochspezialisierten Ernährungs-, Fortpflanzungs- und Brutpflegeformen, die im allgemeinen eine ganz bestimmte Beschaffenheit des Bodens zur Voraussetzung haben, ist die Art des Gewässergrundes einer der wichtigsten Umweltfaktoren, die die Verbreitung der Buntbarsche in den ostafrikanischen Seen beeinflussen. Im folgenden sollen die wichtigsten Biotope ostafrikanischer Cichliden kurz vorgestellt werden.
Die in der Aquaristik bekannten Buntbarsche stammen beinahe ausschließlich aus dem Litoral, d. h. der Uferzone ihres Heimatgewässers. Je nach der Beschaffenheit des Gewässergrunds lassen sich das Geröll-, das Felsen- und das Sandlitoral unterscheiden. Die Verbreitung vieler Cichliden ist jeweils nur auf einen dieser drei Lebensräume beschränkt. Am stärksten von Fischen besiedelt sind jene Gebiete der ostafrikanischen Seen, die einen steinigen Grund aufweisen. Vor allem im flachen, ufernahen Bereich ist die Oberfläche der Felsen und Gesteinsbrocken von einem kurzen, meist gelblichen Algenrasen bedeckt, der die Nahrungsgrundlage der Buntbarsche bildet, die sich als Aufwuchsfresser ernähren. Aus diesen Lebensräumen stammt auch die Mehrzahl der Aquariumfische.

Tabelle Nr. 3
Wichtige Wasserwerte des Tanganjikasees

Tanganjikasee	
Sichtweite:	bis 22 m
pH-Wert:	7,5 – 9,2
Gesamthärte:	7 – 11
Karbonathärte:	16 – 18
Leitfähigkeit bei 20 Grad C:	606 – 620 Mikro-Siemens
Oberflächen-temperatur:	24 – 29 Grad C
Tiefentemperatur:	23 Grad C

Felsenzone an der Südwestküste des Malawisees (Cape Maclear).

Sowohl im Tanganjika- als auch im Malawisee kann die Geröllzone eine besonders erstaunliche Individuenzahl und Artenfülle aufweisen. Bisweilen bietet sich dem Taucher dort ein Bild wie in einem gut besetzten Aquarium. Dieser Biotop ist dadurch gekennzeichnet, daß sein Untergrund dicht mit Steinen und Geröll bedeckt ist. Zwischen den faust- bis fußballgroßen Steinen gibt es viele Spalten und kleine Höhlen, die den dort lebenden Fischen Zufluchtsstätten bieten. Im allgemeinen umfaßt diese ökologische Zone die ersten zehn oder zwanzig Meter des Uferstreifens. Meist reicht sie bis zu einer Tiefe von eineinhalb bis zwei Meter hinab. Zu ihren typischen Bewohnern gehören im Tanganjikasee die Grundelbuntbarsche, im Malawisee manche *Labidochromis*-Arten.

Der zweite wichtige Lebensraum mit steinigem Boden bildet das Felsenlitoral. Oft tritt diese ökologische Zone als Steilküste auf. In ihrer typischen Ausprägung umfaßt sie die Wassertiefe zwischen zwei und zwanzig Meter. Meist fehlt die Flachwasserzone, und der Grund fällt rasch von etwa zwei Meter in größere Tiefen ab. In diesem Biotop ist der felsige Boden mit großen bis riesigen Gesteinsbrocken bedeckt, zwischen denen es verhältnismäßig wenige, dafür aber um so größere Spalten und Höhlen gibt. Zu den charakteristischen Cichliden dieses Lebensraumes gehören im Malawisee manche *Trematocranus*-Arten, im Tanganjikasee *Tropheus duboisi* und im Viktoriasee *Haplochromis nigricans.*

Im Unterschied zu der Vielfalt der Farben, Formen und Arten, die über felsigem Untergrund zu beobachten ist, wirken Gebiete mit Sandboden überraschend eintönig. Die Zahl der dort vertretenen Arten ist deutlich geringer, obwohl die Individuenzahl ebenfalls beträchtlich sein kann, denn während die Buntbarsche steinigen Grundes vorwiegend einzeln oder paarweise auftreten, leben die Sandbodenbewohner häufig in Schwärmen. Sie ernähren sich zumeist, indem sie mit dem Maul Sand aufnehmen und nach Nahrung durchsieben.

Auch innerhalb des Sandlitorals lassen sich verschiedene Lebensräume unterscheiden. Der wichtigste von ihnen ist die Sandzone im engeren Sinne. Sie ist gekennzeichnet durch feinen weißlichen oder rötlichen Sand, in den gelegentlich einzelne Steine eingebettet sein können. Charakteristische Buntbarsche dieses Biotops sind im Malawisee die *Lethrinops*- und zahlreiche *Haplochromis-*, im Tanganjikasee die *Xenotilapia*-Arten. Den meisten Bewohnern des Sandbodens fehlen dunkle Farbtöne. Es sind vorwiegend farblos weißlich oder graue Fische, die auf den Körperseiten einen silbrigen, gelegentlich aber auch prächtig grünen oder blauen Metallglanz zeigen.

Weitere Biotope mit sandigem Untergrund bilden die Röhrichtzone sowie dichte Pflanzenbestände, die zum Teil an marine Seegraswiesen erinnern. An ihrer Entstehung können eine ganze Reihe verschiedener Pflanzenarten beteiligt sein. Die wichtigsten sind Vallisnerien, Hornkraut, Tausendblatt und mehrere Laichkräuter. Zu den typischen Bewohnern der Pflanzenzone gehört im Tanganjikasee *Limnochromis dardennii,* im Malawisee *Hemitilapia oxyrhynchus.* Auch die Übergangszone zwischen sandigem und steinigem Untergrund bildet einen besonderen Lebensraum mit einer ganz charakteristischen Lebensgemeinschaft. Cichliden dieses Biotops sind im Malawisee *Pseudotropheus lucerna* und bestimmte Vertreter der *Pseudotropheus-tropheops*-Gruppe sowie *Lamprologus tetracanthus* im Tanganjikasee. Ein weiterer Lebensraum, aus dem allerdings nur sehr wenige Aquarienfische stammen, ist die Freiwasserzone. Zu den Bewohnern dieses Biotops, die in der Aquaristik bekannt geworden sind, gehören die *Cyprichromis*-Arten des Tanganjikasees und die *Haplochromis*-Arten des Malawisees, die unter der Bezeichnung *Utaka*-Buntbarsche zusammengefaßt werden.

Der Vollständigkeit halber seien schließlich noch die Tiefenregion und die Mündungsbereiche größerer Flüsse als Lebensräume von Cichliden erwähnt. Für die Aquaristik sind beide Biotope aber so gut wie ohne Bedeutung.

Das biotopgerechte Aquarium für ostafrikanische Cichliden

Die erfolgreiche Haltung von Buntbarschen im Aquarium hat zur Voraussetzung, daß ihre Lebensansprüche möglichst optimal erfüllt werden. Deshalb kann man die Fische in der Gefangenschaft nur dann über längere Zeit bei voller Gesundheit pflegen und vielleicht sogar züchten, wenn man die Lebensbedingungen in den Biotopen, in denen sie normalerweise vorkommen, gut kennt und möglichst genau nachgestaltet.

Aus dieser Erkenntnis heraus gingen Aquarianer früher zum Teil sogar so weit, daß sie den Ehrgeiz entwickelten, ihr Aquarium so einzurichten, daß es nach Möglichkeit beinahe gänzlich ohne einen Eingriff des Menschen auskam und gleichsam als in sich geschlossenes System funktionierte. Ein derartiger Versuch kann jedoch niemals gelingen, da ein Aquarium einen künstlichen Lebensraum bildet, der sich notwendigerweise in vielfacher Hinsicht von natürlichen Gewässern unterscheidet. Hinzu kommt, daß oftmals auch übersehen wird, daß selbst ein stehendes Gewässer in der freien Natur kein in sich völlig abgeschlossenes Regelsystem darstellt, denn dadurch, daß ständig Stoffe neu hineingelangen, aber auch wieder verloren gehen, steht es im fortlaufenden Energie- und Stoffaustausch mit seiner Umgebung.

Da über unseren Aquarien beispielsweise die für einen Gasaustausch notwendige Luftbewegung fehlt, die Wellen entstehen läßt, müssen wir durch eine Luftpumpe oder einen Filter für eine Bewegung der Wasseroberfläche sorgen, um Sauerstoff zuzuführen. Wir kommen ferner nicht umhin, das Aquarium zu beleuchten und zu heizen, die Fische zu füttern und von Zeit zu Zeit das Wasser auszutauschen, um angesammlte Stoffwechselprodukte zu entfernen.

Die Ökologen, welche die Wechselbeziehungen zwischen den Organismen und ihrer Umwelt erforschen, unterscheiden euryöke Lebewesen, die sehr anpassungsfähig und gegen Änderungen ihrer Lebensbedingungen recht tolerant sind, und stenöke Arten, d. h. Spezialisten mit einem sehr engen Toleranzspektrum, die sich nur wohlfühlen, wenn die meisten Umweltfaktoren ganz genau stimmen. Zu dieser Gruppe gehören die sogenannten Problemfische, die sich nur schwer im Aquarium halten und noch schwerer züchten lassen.

Bei ihnen genügt es meist nicht, daß man sich über ihre Temperatur-, Licht- und Nahrungsansprüche informiert. Erfahrene Aquarianer wissen, daß Wasser beileibe nicht immer gleich Wasser ist, sondern daß sein Chemismus, d. h. seine alkalische oder saure Reaktion (pH-Wert) sowie die Menge und Zusammensetzung der in ihm gelösten Stoffe, einen wichtigen Umweltfaktor darstellt.

Diese Probleme werden in der aquaristischen Literatur immer wieder diskutiert. Viel-

Nachbildung der Geröllzone mit Bolbitis heudelotii und Anubias nana.

Nachbildung des Felsenlitorals mit Microsorium pteropus und Anubias nana.

fach wird aber auch von langjährigen Aquarianern übersehen, daß nicht nur die bereits genannten Umstände, sondern auch die Einrichtung und dekorative Gestaltung des Beckens wichtige Umweltfaktoren enthält, die das Wohlbefinden der Fische stark fördern oder beeinträchtigen können. Manche Arten enttäuschen ihren Pfleger dadurch, daß sie nicht die erhoffte Farbenpracht zeigen, sondern unscheinbar und wenig dekorativ aussehen. Das kann damit zusammenhängen, daß der Bodengrund und die übrige Aquarieneinrichtung zu dunkel gehalten sind und daß sich die Fische dieser Umgebung farblich anpassen. Andere Arten sehen dagegen blaß und nichtssagend aus, weil der Aquariengrund aus weißem Kies besteht, sie jedoch aus schattigen Urwaldgewässern mit einem dunklen Boden stammen.

Grundsätzlich ist die erfolgreiche Pflege der ostafrikanischen Buntbarsche auf die Dauer nur in Aquarien möglich, die mindestens eine Seitenlänge von eineinhalb Meter besitzen. Man benötigt für sie also weit größere Behälter als für ihre westafrikanischen Verwandten. Zwar gibt es vor allem unter den Cichliden aus dem Tanganjikasee durchaus einige Arten, die sich problemlos in weit kleineren Aquarien halten und züchten lassen – auf sie wird im folgenden besonders hingewiesen –, auch für sie gilt jedoch, daß der Behälter so groß wie möglich sein sollte. Große Aquarien haben gegenüber kleineren den Vorteil, daß in ihnen die Pflege ingesamt einfacher ist und daß sich die Fische um so natürlicher verhalten, je größer der Raum ist, der ihnen zur Verfügung steht.

Daß für die Haltung der Cichliden aus Ostafrika im allgemeinen größere Behälter benötigt werden als für die Pflege westafrikanischer Arten, liegt nicht unbedingt daran, daß sie größer sind. Die meisten von ihnen zählen ebenfalls zu den mittelgroßen Fischen. Der größere Raumbedarf der Ostafrikaner erklärt sich vor allem aus dem Umstand, daß sich diese Buntbarsche bis auf wenige Ausnahmen nicht paarweise pflegen lassen. Das gilt vor allem für die Mehrzahl der Maulbrüter. Bei dieser Gruppe von Cichliden entwickelt sich zwischen dem Männchen und dem Weibchen keine Partnerbindung. Die männlichen Fische sind ständig sexuell aktiv und balzen jeden weiblichen Artgenossen an. Da sie grundsätzlich nur laichbereite Tiere in ihrem Revier dulden, treiben sie im Aquarium die Weibchen sehr stark, die sich ihnen unter den beengten Raumverhältnissen nur schwer entziehen können. Die Männchen sind deshalb stets mit einem kleinen Harem zu pflegen.

Hinzu kommt, daß bei den meisten ostafrikanischen Cichliden eine besonders stark ausgebildete innerartliche Aggression zu beobachten ist. Sowohl Männchen als auch Weibchen sind gegenüber den Artgenossen häufig ausgesprochen unverträglich und streitsüchtig. Je kleiner das Aquarium ist, in dem die Fische gepflegt werden, desto störender macht sich diese unangenehme Eigenschaft der Tiere bemerkbar.

Die innerartliche Aggression dieser Buntbarsche läßt sich durch drei Maßnahmen dämpfen und auf ein erträgliches Ausmaß beschränken. Zum einen muß die Größe des Aquariums so bemessen sein, daß ihnen ein ausreichender Raum zur Verfügung steht. Zum anderen dürfen diese Arten nicht einzeln und für sich gehalten werden, sondern sie müssen in einem Gesellschaftsaquarium gepflegt werden, in dem sich noch andere, artfremde Buntbarsche befinden. Durch die Anwesenheit weiterer Fische werden sie von den Artgenossen abgelenkt, wodurch die Häufigkeit aggressiver Handlungen deutlich sinkt. Ein Gesellschaftsaquarium für Cichliden aus den ostafrikanischen Seen kann einen recht hohen Fischbestand aufweisen, da die Biologie dieser Arten darauf ausgerichtet ist, daß sie ihren Lebensraum mit zahlreichen anderen Fischen teilen müssen. Manche der Unterwasserfotos geben ein anschauliches Bild davon, wie dicht einige Biotope von Buntbarschen besiedelt sind.

Bei der Auswahl der Arten, die man vergesellschaften will, ist darauf zu achten, daß sie nach Möglichkeit auch im natürlichen Lebensraum nebeneinander vorkommen. Gewöhnlich ist dadurch gewährleistet, daß sie auch im Aquarium gut und harmonisch miteinander auskommen.

Gelegentlich hat es sich aber auch als zweckmäßig erwiesen, Arten aus ganz verschiedenen Biotopen miteinander in demselben Aquarium zu halten. Beispielsweise lassen sich *Cyprichromis*-Arten, die sich als Bewohner der Freiwasserzone vorzugsweise in der oberen Hälfte eines Aquariums aufhalten und auch im freien Wasser ablaichen, sehr gut mit ausgesprochenen Grundfischen aus der Geröllzone vergesellschaften. Andererseits ist es aber grundsätzlich nicht empfehlenswert, Arten aus verschiedenen Fischregionen, beispielsweise aus dem Tanganjika- und dem Viktoriasee, zusammen in einem Aqarium zu pflegen, selbst wenn die betreffenden Cichliden aus vergleichbaren ökologischen Zonen stammen. Auch Vertreter anderer Fischfamilien kommen kaum als weitere Bewohner des Aquariums in Betracht. Die einzige Ausnahme sind gewisse Welse, unter anderem aus den südamerikanischen Gattungen *Ancistrus, Hemiancistrus* und *Plecostomus.* Als eine dritte Maßnahme, um die innerartliche Aggression der Cichliden zu vermindern, hat sich schließlich die möglichst biotopgerechte Einrichtung des Aquariums erwiesen. Die ostafrikanischen Buntbarsche, die in der Aquaristik populär geworden sind und vorzugsweise gepflegt werden, stammen zu neunzig Prozent aus dem Geröll- und Felsenlitoral des Malawi- oder Tanganjikasees. Das wichtigste Kennzeichen dieser Lebensräume ist eine Vielzahl von Gesteinsspalten, Nischen und Hohlräumen unterschiedlicher Größe, die von den dort lebenden Fischen als Zufluchtsstätten, Laich- und Bruthöhlen sowie zur Abgrenzung ihrer Reviere benutzt werden. Buntbarsche aus diesen Biotopen fühlen sich nur dann wohl, wenn sie auch im Aquarium Steine und Felsspalten vorfinden, da nicht nur ihre Ernährungsweise und Fortpflanzungsbiologie, sondern auch ihr Sozialverhalten auf das Vorhandensein von Gestein ausgerichtet ist. Höhlen dienen unterlegenen Fischen als Zufluchtsstätten vor der Verfolgung durch dominierende Artgenossen und bieten Jungfischen anfangs sicheren Schutz vor Freßfeinden.

Infolgedessen werden für ein biotopgerechtes Aquarium viele Gesteinsbrocken und Felstrümmer benötigt. Da die ostafrikanischen Seen relativ hartes Wasser besitzen, kann auch kalkhaltiges Gestein ohne Einschränkung Verwendung finden, das im Aquarium für westafrikanische Buntbarsche schädlich wäre. Andererseits ist das sogenannte Lochgestein aus dem Mittelmeerraum wenig geeignet, da es zwar viel Raum einnimmt, jedoch auch bei günstigster Anordnung nur wenige Hohlräume bildet, die von den Fischen genutzt werden können.

Das Gestein wird im Aquarium zu Aufbauten angeordnet, die an der Hinterwand und an den Seitenwänden bis dicht unter die Wasseroberfläche reichen, denn die meisten Buntbarsche nutzen die obere Hälfte des Behälters nur, wenn sie auch dort Zufluchtsstätten vorfinden. Da sich die Mehrzahl aller Cichliden grundsätzlich in der Nähe des Untergrundes aufhält, ist die Bodenfläche die wichtigste Region des Aquariums. Sie sollte deshalb durch einige Steinaufbauten, die Sichtblenden darstellen, so gegliedert sein, daß es den Fischen leicht möglich wird, mehrere Reviere zu bilden, die durch klare Grenzmarkierungen getrennt sind. Zu beachten ist ferner, daß sich in Bodennähe auch kleine und kleinste Hohlräume befinden müssen, damit Jungfische in ihnen sichere Zufluchtsstätten finden können. Schließlich sollte nicht vergessen werden, daß viele Buntbarsche graben und im Untergrund wühlen. Alle Steinaufbauten müssen daher so fest auf der Bodenscheibe stehen, daß sie durch die Grabtätigkeit der Fische nicht zum Einstürzen gebracht werden.

Holz, das insbesondere in Form von Moorkienwurzeln in einem Aquarium für die westafrikanischen Cichliden ein wichtiges Dekorationsmittel ist, erscheint für die Nachbildung der Geröll- oder Felsenzone weniger geeignet. Einerseits könnte es, falls es nicht ausreichend gewässert wurde, das Aquariumwasser ansäuern, andererseits gibt es dem Wasser sehr rasch eine gelbe Färbung, durch die der herrliche Blauglanz, der viele Buntbarsche des Malawisees so attraktiv erscheinen läßt, verfälscht wird.

Die Frage, ob und wie ein Tanganjika- oder Malawiaquarium zu bepflanzen ist, wird in der Aquaristik zum Teil außerordentlich kontrovers diskutiert. Wie den Unterwasseraufnahmen zu entnehmen ist, gibt es in allen ostafrikanischen Seen Lebensräume, die einen reichen Pflanzenwuchs aufweisen. Sowohl in der Felsen- als auch in der Geröllzone gibt es jedoch keinerlei höhere Wasserpflanzen. Die einzigen Pflanzen, die in diesen beiden Biotopen auftreten, sind winzige Algen, die den wichtigsten Bestandteil des Aufwuchses bilden, der die Oberfläche von Steinen und Felsen überzieht.

Puristen sind deshalb der Meinung, daß Pflanzen nicht in eine Nachbildung des Geröll- oder Felsenlitorals gehören. Anderer-

seits kann ein begrüntes Aquarium durchaus an ästhetischem Reiz gewinnen. Hinzu kommt, daß dichte Pflanzenbestände nicht nur für Jungfische sichere und gern benutzte Zufluchtsstätten abgeben.
Grundsätzlich ist gegen eine Bepflanzung wenig einzuwenden. Sie darf allerdings auf keinen Fall den Lebensbedürfnissen der gepflegten Fische zuwiderlaufen. Viele ostafrikanische Buntbarsche sind lebhafte und gewandte Schwimmer, die zu ihrer natürlichen Entfaltung unbedingt einen ausreichend bemessenen freien Schwimmraum benötigen. Dieser ist jedoch in den meisten Aquarien bereits durch die Steinaufbauten drastisch eingeschränkt. Es wäre nicht zweckmäßig, ihn durch eine dichte Bepflanzung weiter zu verkleinern. Aus diesen Gründen sind für die Begrünung eines derartigen Beckens hochwüchsige Pflanzen wenig geeignet.
Ein Aquarium, in dem versucht wird, die Felsen- oder Geröllzone nachzubilden, sollte nur so sparsam bepflanzt werden, daß der freie Schwimmraum durch die Gewächse nicht beeinträchtigt wird. Zu seiner Dekoration werden in erster Linie Pflanzen verwendet, die ihre Blätter dicht über dem Boden treiben,beispielsweise *Cryptocoryne nevellii* oder ähnliche Vertreter dieser Gattung. Sehr empfehlenswert sind auch Gewächse, die nicht auf den Bodengrund angewiesen sind, sondern auf dem Gestein festwachsen. Zu diesen Pflanzen zählen die Farne *Microsorium pteropus* und *Bolbitis heudelotii* sowie die westafrikanischen *Anubias*-Arten. Insbesondere *A. nana* ist für diese Zwecke sehr geeignet, da sie niedrigwüchsig ist. Ein dichter Bestand dieser robusten Pflanze ist ein hervorragender Schutz für die Jungfische und wird gern als Ersatz eines Geröllfeldes angenommen. Mit den genannten Pflanzenarten kann infolgedessen eine Begrünung der Steinaufbauten erzielt werden, die nicht nur biologisch sinnvoll ist, sondern zusätzlich von hohem ästhetischen Reiz sein kann.
Der Beschaffenheit des Bodengrundes ist nur dann besondere Aufmerksamkeit zu schenken, wenn die gepflegten Cichliden aus der Sandzone stammen. Die Bewohner dieses Lebensraumes würden sich über sehr grobem Kies nicht wohlfühlen, da dieser einige ihrer angeborenen Tätigkeiten verhindert oder zumindest stark erschwert, beispielsweise die Nahrungssuche im Boden oder das Anlegen von Laichgruben. In einem Aquarium, in dem Buntbarsche aus dem Sandlitoral gehalten werden, sollten deshalb nur Sand oder sehr feiner Kies als Untergrund Verwendung finden. Die Cichliden aus der Geröll- oder Felsenzone stellen dagegen im allgemeinen an die Beschaffenheit des Bodens keine besonderen Ansprüche. Ein Gesichtspunkt sollte allerdings beachtet werden. Wie die Unterwasseraufnahmen zeigen, besitzt der Grund in den natürlichen Lebensräumen dieser Cichliden zumeist eine auffallend helle Färbung. Im Gegensatz zu ihren westafrikanischen Verwandten aus dem tropischen Regenwald, die gedämpftes Licht und dunklen Untergrund bevorzugen, fühlen sich die Buntbarsche aus dem Litoral des Malawi- und Tanganjikasees über hellem Boden wohl. Der Grund des Aquariums sollte deshalb nach Möglichkeit mit weißlichem oder hellgrauem Sand und Kies abgedeckt werden. In sehr dunklen Aquarien verlieren manche Arten ihre leuchtende Färbung, da sie sich in ihrem Aussehen ihrer Umgebung anpassen.
Die wichtigsten Unterschiede in den Lebensansprüchen west- und ostafrikanischer Buntbarsche betreffen den Chemismus des Wassers. Während die Gewässer der tropischen Regenwälder sehr weiches Wasser führen, dessen pH-Wert zum Teil im extrem sauren Bereich liegt, ist das Wasser in den ostafrikanischen Seen mittelhart bis hart und besitzt eine deutlich alkalische Reaktion. Die ostafrikanischen Cichliden dürfen infolgedessen weder im sauren pH-Bereich noch in weichem, mineralarmem Wasser gepflegt werden, da sie unter diesen Bedingungen geschädigt werden.
Die Temperatur des Aquariumwassers sollte den Bereich zwischen 24 und 29 Grad Cel-

Für den Transport von Malawicichliden wird gelegentlich das Linienschiff benutzt.

sius weder unter- noch überschreiten. Für Zuchtversuche empfiehlt es sich, Werte zu wählen, die nahe der oberen Grenze liegen, da höhere Temperaturen die Entwicklung von Eiern und Larven deutlich beschleunigen und dadurch den Zeitraum zwischen dem Ablaichen und dem Freischwimmen der Jungtiere erheblich verkürzen.

Charakteristisch für die großen ostafrikanischen Seen, insbesondere den Tanganjika- und den Malawisee, ist die ungewöhnliche Sichtweite, die in diesen Gewässern möglich ist. Diese Klarheit des Wassers ist ein Anzeichen für seine Sauberkeit. Es ist deshalb nicht erstaunlich, daß einige Buntbarsche aus den beiden großen Grabenseen recht empfindlich auf verunreinigtes Wasser reagieren. Wichtig ist deshalb, daß an das Aquarium ein wirkungsvoller Filter angeschlossen ist, der durch eine leistungstarke Motorpumpe betrieben wird und eine mechanische Reinigung des Wassers gewährleistet. Noch wichtiger ist jedoch ein regelmäßiger Wasserwechsel, durch den die unsichtbaren, im Aquarienwasser gelösten schädlichen Stoffwechselprodukte der Fische aus dem Aquarium entfernt werden. Einer intensiven Wasserpflege kommt insofern eine besondere Bedeutung zu, als ein Gesellschaftsaquarium mit ostafrikanischen Buntbarschen gewöhnlich einen relativ hohen Fischbestand aufweist. Im Abstand von vierzehn Tagen sollte deshalb eine regelmäßige Zufuhr von Frischwasser dadurch erfolgen, daß etwa ein Drittel oder die Hälfte des Aquariumwassers ausgetauscht wird. Bei kleinen Behältern und hohem Fischbesatz kann sich durchaus die Notwendigkeit eines häufigeren Wasserwechsels ergeben.

Da die modernen Hilfsmittel der Aquaristik, die das biotopgerecht eingerichtete Aquarium verläßlich und ohne großen Arbeitsaufwand funktionsfähig erhalten, bereits im ersten Band ausführlich diskutiert wurden, braucht an dieser Stelle auf die Aquarientechnik nicht eingegangen zu werden. Abschließend sei jedoch auf einen Gesichtspunkt hingewiesen, der bei der Auswahl der Beleuchtungskörper bedenkenswert ist. Bei Leuchtstoffröhren besteht die Möglichkeit, zwischen Lichtquellen mit einem hohen Gelbanteil, sogenannten Warmtonlampen, und einem hohen Blauanteil zu wählen. Die Männchen vieler Malawicichliden zeigen wunderschöne, metallisch glänzende Blautöne, die aber bei gelblichem Licht nur unvollkommen zur Geltung kommen. Für die Beleuchtung eines Aquariums mit diesen prächtigen Cichliden sind infolgedessen nur Leuchtstoffröhren mit einem hohen Blauanteil, sogenannte Tageslichtlampen, empfehlenswert.

Wenn zusätzlich eine ausreichende und abwechslungsreiche Ernährung gewährleistet ist, dürfte es, wie die langjährigen Erfahrungen des Verfassers beweisen, in einem Aquarium, das unter Beachtung der vorstehenden Hinweise biotopgerecht eingerichtet wurde, nicht schwerfallen, ostafrikanische Buntbarsche zur Fortpflanzung zu bringen und über lange Jahre gesund am Leben zu halten. In einem Aquarium, dessen Einrichtung in etwa den Bedingungen im natürlichen Lebensraum nahe kommt, besteht nicht mehr die Notwendigkeit, den Buntbarschen die Eier, Larven oder Jungfische wegzunehmen, denn bei einer biologisch richtig zusammengestellten Aquariumsdekoration werden die Jungfische, wenn auch nicht in jedem Falle vollzählig, so doch häufig ohne übergroße Verluste heranwachsen. Die Unterwasserfotos aus den natürlichen Lebensräumen der Buntbarsche enthalten manche Anregung für eine zugleich zweckmäßige und dekorative Einrichtung des Aquariums.

Tabelle Nr. 4
Je größer die Menge gelöster Mineralstoffe, desto höher die Leitfähigkeit

Elektrische Leitfähigkeit bei 20 Grad C	
Tanganjikasee:	606 – 620 Mikro-Siemens
Malawisee:	210 – 235 Mikro-Siemens
Viktoriasee:	98 – 145 Mikro-Siemens

Tabelle Nr. 5
Werte über pH-7 weisen auf eine alkalische Reaktion hin

pH-Wert	
Tanganjikasee:	7,5 – 9,2
Malawisee:	7,7 – 8,8
Viktoriasee:	7,1 – 9,0

Die ostafrikanischen Seen

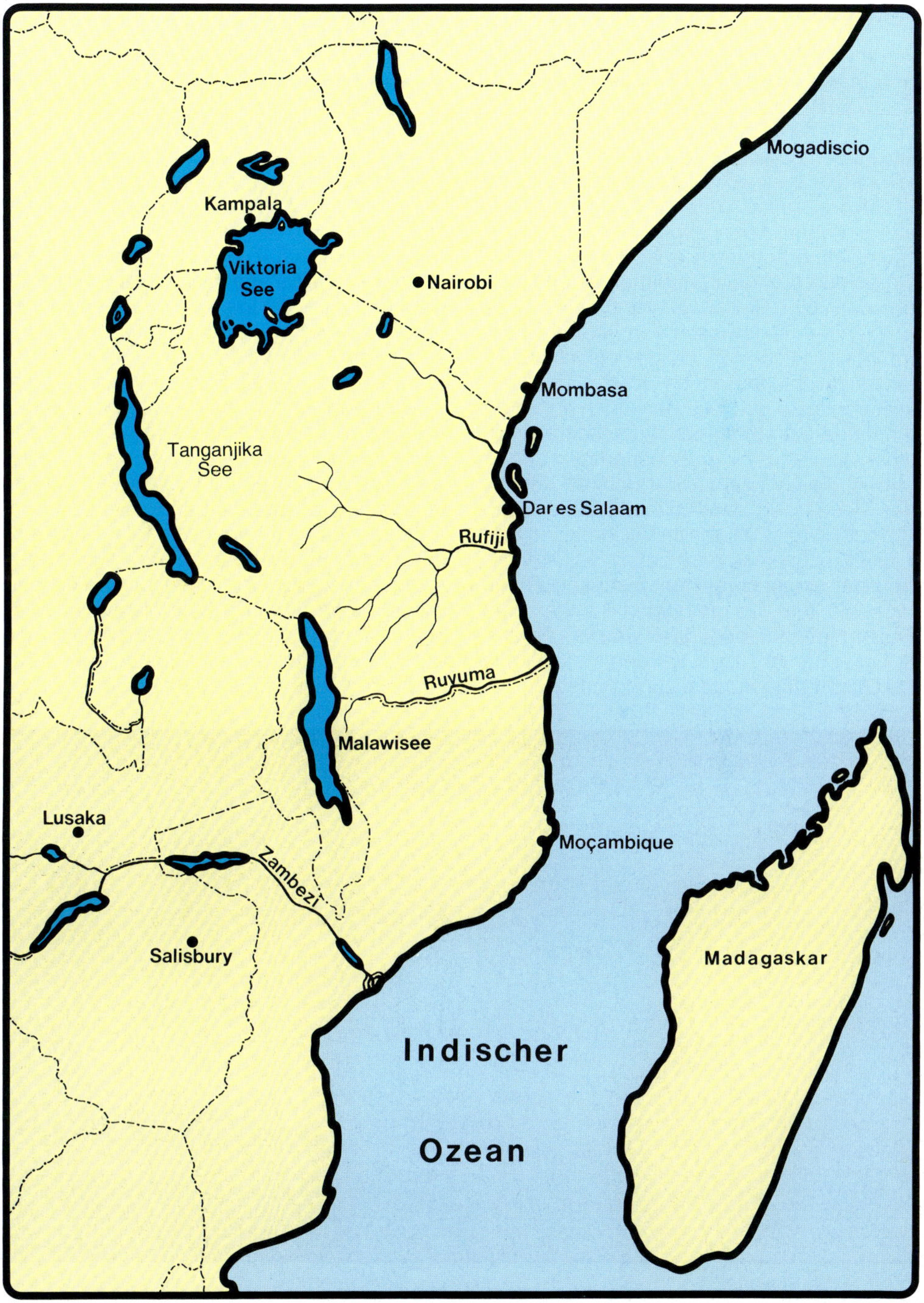

Die Gattung

Aulonocara

wurde von REGAN im Jahre 1921 beschrieben. Ihre Vertreter leben ausschließlich im Malawisee. Obwohl sie nur wenige Arten umfaßt, ist sie in der Aquaristik außerordentlich populär geworden, da in ihren Verwandtschaftkreis ungewöhnlich prächtig gefärbte Fische gehören, die überdies wegen ihrer relativ geringen Körpergröße auch in einem Wohnzimmeraquarium gut zu pflegen sind. Neben den drei beschriebenen Arten kennt man noch eine Reihe weiterer Cichliden, die ihr aber nur mit gewissen Vorbehalten zugeordnet werden dürfen, da sie noch nicht wissenschaftlich bearbeitet wurden.
Das wichtigste, auch für den Laien gut zu erkennende Merkmal der *Aulonocara*-Arten bildet eine Anzahl grübchenartiger Vertiefungen, die vor allem in der unteren Kopfregion der Fische deutlich ausgebildet sind. Vermutlich handelt es sich bei ihnen um Sinnesgruben, welche den Tieren die Orientierung bei eingeschränkten Sichtmöglichkeiten erleichtern. Da die beiden Buntbarsche, die im folgenden behandelt werden, derartige Grübchen besitzen, wurden sie vorläufig der Gattung *Aulonocara* zugeordnet.

Aulonocara spec.

(Gelber Kaiserbuntbarsch)

Da die wissenschaftliche Bearbeitung dieses Cichliden noch nicht erfolgt ist, fehlt für ihn bisher ein Name, der seine eindeutige Kennzeichnung ermöglicht. Die prächtigen Fische sind zwar bereits seit einer Reihe von Jahren in der Aquaristik bekannt, sie sind aber bislang nur verhältnismäßig selten gepflegt und noch seltener gezüchtet worden. Die Männchen erreichen eine maximale Länge von knapp zwölf Zentimetern, die Weibchen bleiben deutlich kleiner. Bei ausgewachsenen Fischen ist das Geschlecht ohne Schwierigkeit aufgrund deutlicher Unterschiede im Farbkleid zu erkennen. Bei den Männchen sind Körper und Flossen größtenteils gold- bis chromgelb gefärbt. Der untere Teil des Kopfes trägt ein metallisches Himmelblau. Die Schwanzflosse weist auf lichtblauem Untergrund ein Muster horizontaler goldgelber Längsstreifen auf.
Im Gegensatz zu dem auffälligen Farbkleid männlicher Fische sehen die Weibchen sehr unscheinbar aus. Auf einer olivgrauen bis beigegrauen Grundfärbung tragen sie zwischen dem Ansatz der Schwanzwurzel und dem Kiemendeckel ein Muster von zehn oder elf dunklen Querstreifen. Sie sind nur

Männchen des Gelben Kaiserbuntbarsches (Aulonocara spec.).

sehr schwer oder gar nicht von den Weibchen anderer *Aulonocara* zu unterscheiden. Bei der Vergesellschaftung mit verwandten Arten ist deshalb Vorsicht geboten. Jungfische zeigen dasselbe Farbkleid wie die Weibchen. Halbwüchsige Männchen behalten manchmal, und zwar vor allem bei der Anwesenheit eines größeren, bereits ausgefärbten gleichgeschlechtlichen Fisches, überraschend lange das Jungendkleid. So kann es bisweilen geschehen, daß sich ein scheinbares Weibchen dann eines Tages plötzlich doch als Männchen entpuppt.

Der
natürliche Lebensraum
dieser Fische ist außerordentlich begrenzt. Der einzige bekannte Fundort ist bisher die Uferzone der Maleri-Inseln, die im Südwesten des Malawisees gelegen sind. Dort trifft man diesen Buntbarsch in der Übergangszone zwischen sandigem und felsigem Untergrund an. Die Männchen sind standorttreu und halten sich meist vor oder in einer Felsspalte oder Höhle auf, die das Zentrum des von ihnen verteidigten Revieres bildet. Die Tiere, die ein relativ kleines Maul besitzen, ernähren sich aller Wahrscheinlichkeit hauptsächlich von Insektenlarven, die sie im Sandboden finden. Eine sehr ähnliche Form, der jedoch die blaue Farbzone in der Kopfregion weitgehend fehlt, lebt bei den Chindunga Rocks, unweit der Ortschaft Chipoka.

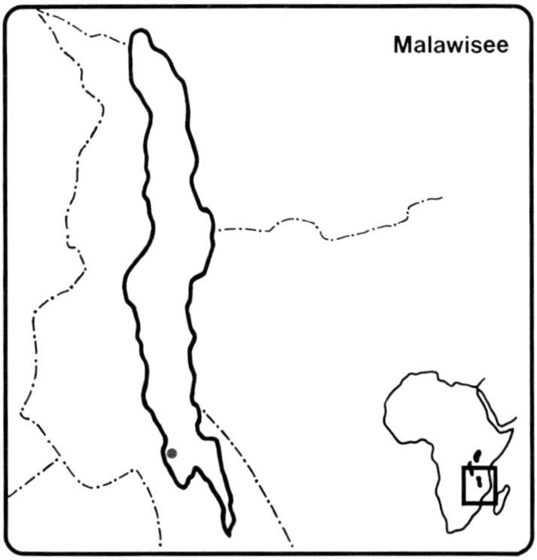

Fundort von Aulonocara spec. (Gelber Kaiserbuntbarsch).

Zur
Haltung
dieser Buntbarsche benötigt man ein Aquarium, das mindestens eine Seitenlänge von einem guten Meter hat. Das hintere Drittel des Behälters sollte zahlreiche Höhlen und Nischen enthalten. Die Steinaufbauten müssen bis nahe unter die Wasseroberfläche reichen, damit die Tiere auch die obere Aquarienhälfte als Schwimmraum nutzen. Da diese Cichliden pflanzenfreundlich sind, besteht die Möglichkeit, das Aquarium mit Pflanzenschmuck zu versehen. Allerdings gibt es im natürlichen Lebensraum der Tiere keine höheren Wasserpflanzen. Um den Schwimmraum, der durch die Steinaufbauten bereits eingeschränkt wurde, nicht zusätzlich zu verringern, sollte man keine hochwüchsigen, sondern vorzugsweise niedrig bleibende Gewächse verwenden. Durch die westafrikanischen *Anubias*-Arten und den Javafarn, *Microsorium pteropus*, die auf Steinen festwachsen, lassen sich auch die Aufbauten an der hinteren Aquarienwand begrünen. Die Einrichtung des Behälters sollte so beschaffen sein, daß durch Sichtblenden eine Gliederung erreicht wird, welche den Fischen die Abgrenzung mehrerer Territorien ermöglicht. Das Wasser sollte mittelhart sein und eine neutrale bis alkalische Reaktion besitzen.
Der Gelbe Kaiserbuntbarsch darf nicht paarweise gepflegt werden, da die Männchen die Weibchen häufig stark verfolgen. Ein männliches sollte mit zwei bis drei weiblichen Tieren zusammen gepflegt werden. Auch die Haltung im Artenbecken ist empfehlenswert. Die besten Erfahrungen wurden mit diesem Buntbarsch gemacht, wenn er mit anderen Malawi-Cichliden vergesellschaftet wurde. Da der Gelbe Kaiserbuntbarsch anderen Arten gegenüber wenig Durchsetzungsvermögen zeigt, kommen für die Vergesellschaftung auf keinen Fall sehr robuste und aggressive Cichliden in Frage. Man sollte deshalb sowohl auf die großen *Haplochromis*- als auch auf die meisten *Mbuna*-Arten, insbesondere die Gattung *Melanochromis,* verzichten und stattdessen die mittelgroßen *Haplochromis,* beispielsweise die Vertreter der *Utaka*-Gruppe, bevorzugen, die ein ähnli-

ches Verhalten zeigen. Männchen des Gelben Kaiserbuntbarsches, die sich nicht wohl fühlen, weil sie durch andere aggressivere Fische an ihrer Entfaltung gehindert werden, verlieren ihre prachtvolle Gelbfärbung und werden schmutzig gelbbraun. Zwei männliche Fische lassen sich nur in außergewöhnlich großen Aquarien zusammen pflegen.

Die
Zucht
dieser Art findet am besten in dem vorstehend beschriebenen Gesellschaftsaquarium statt. Da die Fische zu den spezialisierten Maulbrütern gehören, die während der Brutpflege eine Mutterfamilie bilden, sind die Männchen ständig balzaktiv. Sobald ein Weibchen fortpflanzungsbereit wird, steigert sich ihre Aktivität jedoch merklich. Durch Körperzittern und anschließendes Führungsschwimmen versucht das Männchen, das betreffende Weibchen, sobald es in der Nähe auftaucht, zum Laichsubstrat zu locken. Abgelaicht wird auf einer waagerechten Steinplatte, die vorzugsweise in einer Höhle liegt oder zumindest nach oben geschützt wird.

Die Entwicklung von der Befruchtung des Eies bis zum schwimmfähigen Jungfisch dauert bei einer Wassertemperatur von rund 26 Grad Celsius knapp drei Wochen. In dieser Zeit benötigt das brutpflegende Weibchen eine Zufluchtsstätte, in der es von anderen Fischen möglichst wenig gestört wird. Wenn diese Voraussetzung im Gesellschaftsaquarium gegeben ist, kann das Tier dort verbleiben. Ein Herausfangen bringt immer die Gefahr mit sich, daß die Eier oder Larven ausgespuckt werden. Wer die gesamte Brut aufziehen will, sollte das Muttertier erst dann herausfangen, wenn die Larvenentwicklung aller Voraussicht nach abgeschlossen ist. Wenn es dann in einen separaten Behälter überführt wird, in dem es ungestört ist, wird es die Jungtiere bald aus dem Maul entlassen. Die Brutpflege des Weibchens dauert dann noch mindestens eine Woche. Die Jungfische sind bereits rund zehn Millimeter lang und fressen von Anfang an *Cyclops* und zerriebenes TetraMin-Flockenfutter.

Sumpfige Flachwasserzone an der Nordwestküste des Malawisees (Itungi Port).

Aulonocara spec.

(Gelbbauch-Kaiserbarsch)

Für diesen Buntbarsch gibt es bisher keine eindeutige Bezeichung, da seine wissenschaftliche Bearbeitung noch aussteht. Seine Zuordnung zur Gattung *Aulonocara* ist vorläufig und erfolgt mit Vorbehalten. Die maximale Größe der Fische beträgt im männlichen Gechlecht rund zwölf, im weiblichen etwa elf Zentimeter. Infolge eines klar ausgebildeten farblichen Sexualdimorphismus sind erwachsene Männchen und Weibchen ohne Schwierigkeit zu unterscheiden. Kopf und Nacken ausgefärbter männlicher Fische weisen ein metallisch glänzendes Enzian- bis Ultramarinblau auf. Die Bauchregion ist chromgelb gefärbt. Die Schwanzflosse trägt auf lichtblauem Untergrund ein Muster horizontaler goldgelber Längsstreifen. Die Schwanzflosse weist eine Anzahl größerer pastelloranger ovaler Flecken auf. Die Weibchen und Jungtiere sehen unscheinbar olivgrau bis beigegrau aus und tragen etwa elf dunkle Querstreifen.

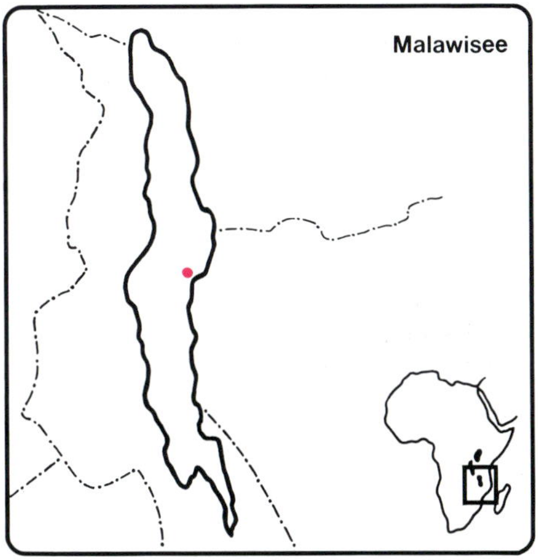

Fundort von Aulonocara spec. (Gelbbauch-Kaiser).

Die

natürliche Verbreitung

dieses Buntbarsches ist allem Anschein

Männchen des Gelbbauchkaisers (Aulonocara spec.).

nach nur auf ein sehr begrenztes Areal beschränkt. Der einzige bisher bekannte Fundort ist am Ostufer der Likoma Insel gelegen. Dort sind die Fische in einer Tiefe von rund zwanzig Metern in der Übergangszone zwischen sandigem und steinigem Untergrund in größerer Zahl anzutreffen. Ihr Lebensraum ist dadurch gekennzeichnet, daß sich zwischen zahlreichen großen Steinen und Felsbrocken, die viele Spalten und Höhlen bilden, immer wieder Sandflächen befinden, die bis zu einem Quadratmeter groß sind. Die Männchen sind offensichtlich territorial und verteidigen gegen Artgenossen ein Revier, in dessen Zentrum eine Zufluchtsstätte liegt.

Der Fang der Fische gestaltet sich schwierig. Da der Lebensraum recht tief gelegen ist, sind die Fänger auf Tauchgeräte angewiesen. Hinzu kommt, daß die Fische nicht unmittelbar nach dem Fang an die Oberfläche gebracht werden dürfen. Um zu verhindern, daß sie aufgrund der Druckunterschiede sterben oder bleibenden Schaden nehmen, müssen sie erst über mehrere Stunden in geringerer Wassertiefe gehältert werden, bevor der Weitertransport erfolgen kann.

Für die

Haltung

der Fische ist mittelhartes Wasser, das eine leicht alkalische bis neutrale Reaktion zeigt, am besten geeignet. Das Aquarium sollte mindestens eine Länge von einem guten Meter aufweisen. Entsprechend den Bedingungen im natürlichen Lebensraum dieser Buntbarsche besteht seine Einrichtung aus Steinaufbauten, die Höhlen und Zufluchtsstätten in großer Zahl bieten und zugleich die Abgrenzung mehrerer Reviere ermöglichen. Wie alle anderen spezialisierten Maulbrüter ist auch diese Art nicht paarweise zu halten, da das ständig balzaktive Männchen dem Weibchen zu stark zusetzen würde. Die besten Erfahrungen bei der Pflege und Zucht der Fische wurden gemacht, wenn sie mit anderen Malawi-Cichliden in einem Gesellschaftsaquarium gehalten wurden und das Männchen mit zwei bis drei Weibchen zusammen gepflegt wurde.

Auch dieser Cichlide zeigt im allgemeinen gegenüber anderen Arten wenig Durchsetzungsvermögen. Er darf deshalb nicht mit aggressiven oder deutlich größeren Fischen vergesellschaftet werden. Gute Ergebnisse erbrachten Versuche, kleinere und mittelgroße *Haplochromis*-Arten, beispielsweise aus der *Utaka*-Gruppe, in demselben Aquarium zu halten. Im Unterschied zum natürlichen Biotop, in dem keine höheren Pflanzen vorkommen, kann das Aquarium durchaus begrünt werden, da die Fische pflanzenfreundlich sind und in einem Aquarium, das ihren Bedrüfnissen entspricht, auch nicht wühlen.

Die

Zucht

dieses Buntbarsches ist, wenn man die vorstehenden Hinweise für seine Haltung in etwa beachtet, keineswegs schwierig. Als Laichplatz wird ein flacher Stein bevorzugt, der möglichst in einer Felsspalte liegen sollte. Wie bei anderen spezialisierten Maulbrütern werden die Nachkommen in einer Mutterfamilie aufgezogen. In einem biotopgerechten Aquarium, das nicht übervölkert ist, besteht keine Notwendigkeit, das pflegende Muttertier herauszufangen. Allerdings werden nur sehr wenige Jungfische wirklich groß werden. Ist man daran interessiert, die Brut vollständig aufzuziehen, sollte man das Weibchen, kurz bevor die Larvenentwicklung abgeschlossen ist – bei rund 26 Grad Celsius dauert sie knapp drei Wochen –, in ein kleines Aquarium umsetzen, um ihm dort die Möglichkeit zu bieten, seine Brutpflege zu beenden. Die Aufzucht der Jungtiere ist nicht schwierig, da sie bereits eine Länge von ungefähr einem Zentimeter haben, wenn sie erstmals das Maul der Mutter verlassen. Als Futtermittel kommen kleine Wasserflöhe und zerriebenes Flockenfutter, beispielsweise TetraMin oder TetraCichlid, in Frage.

Die Beschreibung der Gattung

Chalinochromis

ist erst jüngeren Datums. Ausgelöst wurde sie durch eine Anzahl von Fischen, die der belgische Ichthyologe POLL von dem Zierfischexporteur BRICHARD aus Burundi mit der Bitte um eine Identifizierung erhalten hatte. Die Untersuchung der Tiere ergab, daß es sich um eine noch unbeschriebene Art handelte, die sich keiner der bisher bekannten Gattungen zuordnen ließ. Im Jahre 1974 wurde deshalb die Erstbeschreibung der Fische zusammen mit der Beschreibung einer neuen Cichlidengattung publiziert.
Seitdem sind von FAINZILBER, einem anderen Exporteur tropischer Zierfische, in Tansania, an der zentralen Ostküste des Tanganjikasees, noch zwei weitere neue Buntbarsche entdeckt worden, die ohne jeden Zweifel ebenfalls der Gattung *Chalinochromis* zugeordnet werden müssen, die jedoch bisher noch nicht wissenschaftlich beschrieben wurden. Im Unterschied zu der schon bekannten Art tragen sie ein Muster von Längsstreifen auf den Flanken.

Chalinochromis brichardi

POLL, 1974

erreicht eine maximale Länge von ungefähr zwölf Zentimetern. Eine sichere Bestimmung der Geschlechtszugehörigkeit ist bei dieser Art anhand äußerer Merkmale nicht möglich. Bei sehr alten Männchen sind im allgemeinen die Rücken- und Afterflosse sowie die Bauchflossen stärker verlängert als bei den Weibchen. Manchmal zeigen sie auch zusätzlich die Andeutung eines Fettbuckels auf dem Nacken.
Kennzeichnend für alle *Chalinochromis*-Arten sind die schwarzen Zügelstreifen, die sich über Schnauze und den Nacken erstrecken. Im Unterschied zu den anderen Vertretern der Gattung trägt *Ch. brichardi* je-

Chalinochromis brichardi.

doch keine schwarzen Zeichnungen auf den Flanken. Der Körper der Fische zeigt die Farben Beige bis Hellelfenbein.
Ch. brichardi hat im Tanganjikasee eine relativ weite Verbreitung, kommt allerdings keineswegs überall dort vor, wo entsprechende Biotope bestehen.

Die
natürlichen Lebensräume,
die bisher bekannt wurden, liegen in der Nordostecke des Tanganjikasees (Burundi), im nördlichen Tansania und im Süden (Sambia). Im Bereich der zentralen Ostküste kommt diese Art mit Sicherheit nicht vor. Die Fische sind ausschließlich im Felsenlitoral anzutreffen. Die von ihnen bevorzugte Wassertiefe scheint zwischen zwei und zehn Metern zu liegen. Sie halten sich stets in der Nähe von Spalten und anderen Zufluchtsstätten auf.

Die
Haltung
dieses Buntbarsches kann auch im relativ kleinen Aquarien erfolgen, wenn man im Besitz eines harmonierenden Paares ist. In diesem Fall genügt ein Behälter mit einer Seitenlänge von 5O bis 6O Zentimeter. Als Bewohner der Felsenzone benötigen die Fische zu ihrem Wohlbefinden Steinaufbauten, die Zufluchtsstätten in genügender Anzahl bieten. Alle *Chalinochromis* sind ruhige Fische, die ihr Revier relativ langsam, immer wieder Beobachtungspausen einlegend, abschwimmen. Da sie grundsätzlich pflanzenfreundlich sind, kann das Aquarium begrünt werden. Allerdings sind vorzugsweise hartblättrige Arten zu empfehlen, da manche Fische gelegentlich die frischen Triebe zerbeißen.
Sehr empfehlenswert ist auch die Pflege dieses Cichliden in einem großen Gesellschaftsaquarium. Die Fische können mit allen Buntbarschen vergesellschaftet werden, die im Geröll- oder Felsenlitoral des Tanganjikasees vorkommen, d. h. insbesondere mit den zahlreichen Arten aus den Gattungen *Tropheus, Lamprologus, Julidochromis, Telmatochromis* und *Petrochromis.*
Die Ernährung frisch impotierter Exemplare gestaltet sich manchmal insofern problematisch, als diese Fische anfangs häufig kein Flockenfutter, sondern nur Lebendfutter an-

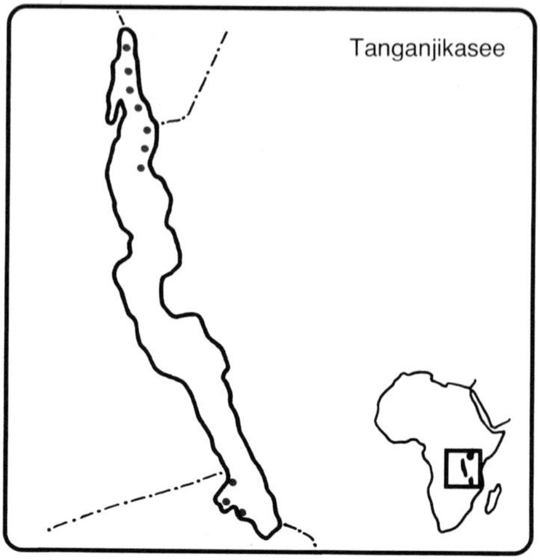

Fundorte von Chalinochromis brichardi.

nehmen. Bei einer Vergesellschaftung mit bereits eingewöhnten Tieren gelingt es unter dem Einfluß des Futterneides meist, nach einiger Zeit auch die *Chalinochromis* an dieses bisher unbekannte Futtermittel zu gewöhnen.

Die
Zucht
ist bislang aus unbekannten Gründen nur relativ selten gelungen. Die meisten Zuchterfolge sind nicht mit Wildfängen, sondern mit Nachzuchtfischen erzielt worden, die bereits an die Bedingungen der Gefangenschaft gewöhnt waren. Alle *Chalinochromis* sind Höhlenbrüter, die ihren Laich meist an der Decke oder der Seitenwand einer Felsspalte anheften. Die Fische zeigen eine enge Bindung an den Fortpflanzungspartner und pflegen die Nachkommen in einer Elternfamilie.
Die Zucht kann sowohl in einem Arten- wie in einem entsprechend eingerichteten Gesellschaftsaquarium erfolgen. Da die Jungfische sehr klein sind, kommen anfangs nur die Nauplien des Salinenkrebses oder fein zerriebenes TetraMin als Aufzuchtfutter in Frage. Im Unterschied zu den westafrikanischen Höhlenbrütern bilden die Jungfische keinen Schwarm, der von den Eltern geführt wird. Sie sind vielmehr Einzelgänger, die jedoch eine enge Bindung an das Revier der Eltern zeigen, das von jenen intensiv gegen Feinde verteidigt wird.

Die Gattung

Cynotilapia

ist von REGAN im Jahre 1921 aufgestellt worden. Einschließlich der erst in jüngster Zeit beschriebenen Spezies *Cynotilapia axelrodi* BURGESS, 1976 besteht sie aus zwei Arten. Beide sind im Malawisee endemisch. Die Vertreter der Gattung *Cynotilapia* besitzen im Unterschied zu den *Pseudotropheus*-Arten, mit denen sie nahe verwandt sind, in der äußeren Reihe konische Zähne, d. h. Zähne mit einer und nicht mit zwei oder drei Spitzen.

Cynotilapia afra
(GÜNTHER, 1893)

ähnelt in Körperform und Färbung sehr *Pseudotropheus zebra* und wird deshalb mit jener Spezies leicht verwechselt. Als erstes Unterscheidungsmerkmal kann der Verlauf der dunklen Querstreifen dienen, die sich bei *C. afra* bis in die Rückenflosse erstrecken. Bei *Ps. zebra* ist die Dorsale dagegen einfarbig und frei von schwarzen Zeichnungen. Eine eindeutige Identifizierung beider Arten ist mit Hilfe ihrer Bezahnung möglich. *Cynotilapia* hat in der äußeren Reihe Zähne mit nur einer Spitze, *Pseudotropheus* dagegen mit zwei.

Cynotilapia afra kann im Aquarium eine Länge von ungefähr zwölf Zentimetern erreichen. Da ein deutlich ausgebildeter farblicher Sexualdimorphismus besteht, ist die Unterscheidung der Geschlechter nicht schwer. Die Männchen sind strahlend licht- bis türkisblau gefärbt. Auf den Körperseiten tragen sie sieben schwarze Querstreifen, deren Farbintensität von vorn nach hinten immer schwächer wird. Die vorderen greifen auf die Rückenflosse über. Sie besitzt ein breites schwarzes submarginales Längsband. In der Afterflosse tragen sie drei bis vier ovale Flecken von safrangelber Farbe, die einen schwarzen Hof haben. Die Weibchen sehen unscheinbar taubenblau bis schiefergrau aus.

Cynotilapia afra ist leicht mit Pseudotropheus zebra zu verwechseln.

Den
natürlichen Lebensraum,
in dem sich die Fische bevorzugt aufhalten, bildet die Felsenküste. *Cynotilapia afra* wird zwar zu den *Mbuna*-Buntbarschen gerechnet, ist jedoch im Grunde gar kein Aufwuchs-, sondern ein Planktonfresser. Die Tiere werden weniger in direktem Kontakt zum Untergrund, sondern eher im freien Wasser angetroffen und ernähren sich vor allem von Kleinkrebsen aus der Verwandtschaft der Hüpferlinge (Copepoden), die sie dort aufschnappen. Wie viele der *Mbuna*-Cichliden tritt auch diese Spezies in verschieden gefärbten geographischen Rassen auf. Eine besonders hübsche Form, die nur über den Yofu Rocks vorzukommen scheint, einem Unterwasserriff, das der Nordspitze der Insel Likoma vorgelagert ist, besitzt eine kräftig orangefarbene Rückenflosse.

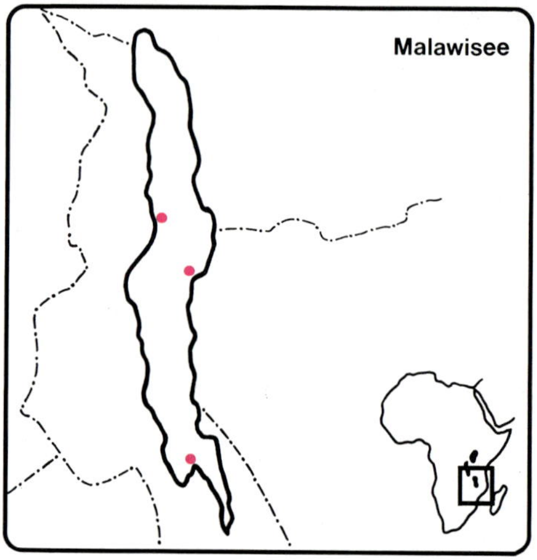

Fundorte von Cynotilapia afra.

Für eine artgerechte
Haltung
wird ein Aquarium benötigt, das über einen Meter lang ist. *Cynotilapia afra* sollte zweckmäßigerweise in einem Gesellschaftsbecken und nicht etwa für sich gehalten werden, denn die Tiere sind untereinander recht unverträglich und angriffslustig. Bei der Anwesenheit artfremder Fische macht sich diese innerartliche Aggression weniger störend bemerkbar. Als weitere Mitbewohner des Aquariums können Vertreter der Gattungen *Pseudotropheus, Labeotropheus* oder *Melanochromis* gewählt werden.
Auch in relativ großen Behältern ist es auf die Dauer nur möglich, ein einziges ausgewachsenes Männchen zu pflegen. Dieser Fisch wird mit einem kleinen Harem von zwei oder drei Weibchen gehalten. Die Einrichtung des Aqariums erfolgt mit Gesteinsbrocken, die so angeordnet werden, daß in etwa eine Nachbildung der Felsenzone mit Höhlen und Gesteinsspalten entsteht. Obwohl eine Bepflanzung nicht biotopgemäß ist, muß auf sie nicht unbedingt verzichtet werden, denn dieser Buntbarsch beschädigt harte Pflanzen nicht. Um eine möglichst abwechslungsreiche Ernährung sicherzustellen, werden Wasserflöhe, Insektenlarven und die verschiedenen Sorten Flockenfutter im Wechsel angeboten.

Für die
Zucht
sollte das Pärchen auf keinen Fall isoliert werden, denn *Cynotilapia afra* ist ein agamer Maulbrüter, bei dem es zwischen den Fortpflanzungspartnern keine Bindung gibt. Das Weibchen übernimmt die Pflege und Aufzucht der Nachkommen allein. Am zweckmäßigsten erfolgt die Zucht in dem vorstehend beschriebenen Gesellschaftsaquarium. Wenn es biotopgerecht eingerichtet ist, werden in ihm immer einige Jungfische auch ohne besondere Vorkehrungen heranwachsen. Sollte jedoch beabsichtigt sein, die Brut vollständig und ohne Verluste aufzuziehen, dann muß das Weibchen gut zwei Wochen nach der Eiablage in ein separates Aquarium überführt werden, denn die Entwicklung der Larven ist bei einer Wassertemperatur von ungefähr 27 Grad Celsius nach etwa knapp drei Wochen abgeschlossen. Die Jungfische sind bereits recht groß und selbständig, wenn sie das Maul der Mutter verlassen. Sie können bereits fein ausgesiebte Wasserflöhe fressen.

Die Beschreibung der Gattung

Cyphotilapia

erfolgte durch REGAN im Jahre 1920. Er ordnete ihr ursprünglich neben einer Art aus dem Tanganjikasee auch noch eine Spezies aus dem oberen Kongo zu, die aber später als *Haplochromis*-Art eingestuft wurde. Heute ist die Gattung infolgedessen monotypisch. Es sind jedoch zwei verschiedene Unterarten oder Farbrassen bekannt.

Cyphotilapia frontosa

(BOULENGER, 1906)
Fünfstreifige Unterart

Das Typusexemplar der Art wurde von CUNNINGTON in der Umgebung von Kigoma gefangen und gehört der nordöstlichen Unterart an, die sich, wie auch der Zeichnung von BOULENGER zu entnehmen ist, von der in der Aquaristik weit häufiger vertretenen und hier vorgestellten zweiten Subspezies dadurch farblich unterscheidet, daß sie nicht fünf, sondern sechs dunkle Querstreifen zwischen dem Rand des Kiemendeckels und der Schwanzflosse trägt. Bemerkenswerterweise ist es POLL, der im Jahre 1956 die Unterart mit fünf Querstreifen erstmals beschrieben sowie in einer Zeichnung und mehreren Fotos abgebildet hat, offenbar nicht aufgefallen, daß das Exemplar, das BOULENGER beschrieben und abgebildet hat, einen zusätzlichen Querstreifen aufweist.

Cyphotilapia frontosa wird über dreißig Zentimeter groß und ein halbes Kilogramm schwer. Das auffälligste Kennzeichen dieser Fische ist ein unförmiger Fettbuckel, der sich insbesondere bei älteren Männchen auf der Stirn bildet. Ein weiteres Merkmal, das die Unterscheidung der Geschlechter ermöglicht, bildet die Beflossung. Bei adulten männlichen Exemplaren sind die Bauchflossen sowie die After- und die Rückenflosse deutlich verlängert und fadenförmig ausgezogen.

Der

natürliche Lebensraum

der Unterart mit fünf Querstreifen ist deutlich größer als der der zweiten Subspezies. Ge-

Cyphotilapia frontosa, Unterart mit fünf Querstreifen.

sicherte Fundorte liegen sowohl in der Nordspitze (Burundi) als auch in der Südspitze des Sees (Sambia). Vermutlich erstreckt sich die Verbreitung auch über die Westküste, die zu Zaire gehört. Die Fische sind ausschließlich in der Felsenzone anzutreffen, und zwar besiedeln die erwachsenen Tiere nur die untere Uferregion, die in einer Tiefe von ungefähr 30–40 Metern liegt. In diesem Bereich treten sie in größeren Ansammlungen auf. Oberhalb von zwanzig Metern sind sie dagegen sehr selten. Meist sind es Jungtiere, die sich vereinzelt in der oberen Uferzone aufhalten. Da die Fische, die in größerer Tiefe gefangen werden, nur sehr langsam und vorsichtig an einen geringeren Druck gewöhnt werden können, ist der Fang dieser Art schwierig und aufwendig.
Trotz seiner Größe ist dieser Buntbarsch auch im natürlichen Lebensraum kein ausgesprochener Fischfresser. Er ernährt sich, wie Magenuntersuchungen ergaben, vorwiegend von Süßwassergarnelen. Kleine Fische werden nur selten erbeutet.

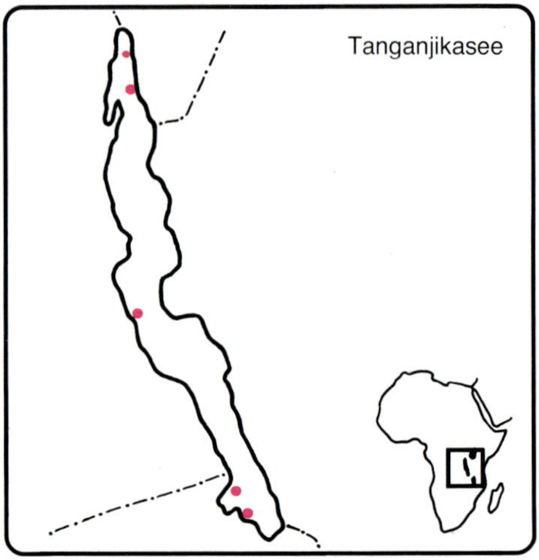

Fundorte der fünfstreifigen Unterart von Cyphotilapia frontosa.

Die

Haltung

erwachsener Exemplare kann nur in sehr großen Aquarien erfolgen, die über eineinhalb Meter lang sind. Zwar haben die *Cyphotilapia* im Verhältnis zu ihrer Körpergröße nur einen geringen Raumbedarf, da sie sehr ruhig sind und wenig umherschwimmen, als Maulbrüter kann man sie jedoch nicht paarweise, sondern nur in einer Gruppe halten, die am besten aus einem Männchen und mehreren Weibchen besteht. Die Vergesellschaftung mit anderen, auch kleineren Tanganjikabuntbarschen ist möglich. Hierfür kommen in erster Linie die größeren *Lamprologus*-Arten in Frage. Die Vertreter der Gattungen *Tropheus* und *Petrochomis* erscheinen weniger geeignet, da sie für die *Cyphotilapia* zu lebhaft und unruhig sind.
Als Bewohner der Felsenzone benötigen diese Buntbarsche Steinaufbauten, die ihnen Zufluchtsstätten bieten und eine Abgrenzung von Revieren ermöglicht. Die ausreichende Ernährung dieser Großcichliden ist nur mit gehaltvollen Futtermitteln zu gewährleisten. Eine optimale Fütterung wird mit Fischfleisch und Krebsfleisch erzielt, das man in Form von tiefgefrorenen Shrimps oder Tiefseegarnelen erhält. Als Zusatzfutter können Rinderherz, Regenwürmer und TetraMin-Großflocken angeboten werden.

Die Balz, die das erste Anzeichen dafür bildet, daß möglicherweise eine erfolgreiche

Zucht

unmittelbar bevorsteht, verläuft bei diesen Fischen sehr gemächlich und unauffällig. Sie sind Maulbrüter, die ihre Brut in einer Mutterfamilie aufziehen. Da die Eier groß und dotterreich sind, ist ihre Zeitigungsdauer relativ lang. Bei einer Wassertemperatur von 26 Grad Celsius dauert es rund vier Wochen, bis die bereits recht selbständigen Jungtiere erstmals das Maul der Mutter verlassen. Sie lassen sich problemlos mit kleinen Wasserflöhen und zerriebenem Flockenfutter aufziehen. In einem entsprechend eingerichteten Artenbecken, das ihnen genügend Zufluchtsstätten bietet, werden sie trotz der Anwesenheit erwachsener Artgenossen heranwachsen.
Cyphotilapia sind nicht produktiv. Auch bei ausgewachsenen Weibchen liegt die Zahl der Eier im allgemeinen kaum über fünfzig. Bei allen Zuchtversuchen sollte man unbedingt darauf achten, daß die beiden Unterarten nicht gekreuzt werden. Bastarde weisen häufig auf der einen Körperseite fünf und auf der anderen sechs Querstreifen auf.

Eine weitere Gattung, die nur Tanganjika-Buntbarsche enthält, ist

Cyprichromis.

Sie umfaßt zur Zeit drei Arten, die untereinander sehr ähnlich sind. Ursprünglich wurden alle in der Gattung *Limnochromis* geführt. Wegen ihrer Sondermerkmale überführte SCHEUERMANN diese Cichliden im Jahre 1977 in eine neue systematische Einheit.

Cyprichromis microlepidotus

(POLL, 1956)

erreicht eine maximale Körperlänge von gut zehn Zentimetern. Da die Fische einen gut ausgebildeten farblichen Sexualdimorphismus zeigen, bietet die Bestimmung des Geschlechts bei ihnen keine Schwierigkeiten. Weibliche Fische sehen unscheinbar grünbraun bis khakigrau aus. Ihre Körperseiten glänzen silbrig.

Die Männchen sind außerordentlich prächtig gefärbt. Als Ausnahme unter Tanganjikasee-Cichliden weisen sie einen farblichen Polymorphismus auf, d. h., Fische desselben Fundortes können unterschiedlich aussehen. Die eine Morphe besitzt eine goldgelbe, die andere eine schwarzblaue Schwanzflosse. Rücken- und Afterflosse sind schwarzblau bis türkisblau getönt. Die obere Körperhälfte ist beige gefärbt. Über die Flanken erstrecken sich sehr unregelmäßige lichtblau glänzende Streifen. Die Spitzen der Bauchflossen sehen goldgelb aus.

Der

natürliche Lebensraum

dieses Buntbarsches scheint recht begrenzt zu sein. Alle bislang bekannt gewordenen Fundorte sind im nördlichen Teil des Sees gelegen (Burundi, Zaire). Die Fische leben in Schwärmen und führen wahrscheinlich eine pelagische Lebensweise, d. h., sie sind Be-

Männchen von Cyprichromis microlepidotus, Morphe mit schwarzblauer Schwanzflosse.

wohner der Freiwasserzone. Nur um abzulaichen, wandern sie in den unteren Bereich des Felsenlitorals. Im allgemeinen trifft man sie nur in größerer Tiefe an. Die obere Grenze ihres Auftretens liegt bei ungefähr zehn Meter. Die Art ist nicht häufig, tritt aber immer in riesigen Ansammlungen auf. Im natürlichen Lebensraum ernähren sich die Fische vorwiegend von Kleinkrebsen aus dem Verwandtschaftskreis der Hüpferlinge (Copepoden), die sie mit Hilfe ihres beweglichen, röhrenförmig vorstülpbaren Maules erbeuten.

Bei der

Haltung

dieser Cichliden ist zu beachten, daß sie niemals allein, sondern in Schwärmen leben. Einzeln oder zu zweit gepflegte Tiere fühlen sich nicht wohl und kümmern häufig. Wer sich zur Haltung dieser Fische entschließt, sollte daher mindestens ein halbes Dutzend Exemplare erwerben. Da die *Cyprichromis* keine Bindung an den Fortpflanzungspartner entwickeln, empfiehlt es sich, daß die Gruppe nach Möglichkeit mehr Weibchen als Männchen enthält.

Wichtig ist auch, daß diese Fische zu ihrer vollen Entfaltung relativ viel freien Schwimmraum benötigen. Man sollte sie deshalb nur in Aquarien pflegen, die eine Seitenlänge von mehr als einem Meter haben. Da sie sich überhaupt nicht an Pflanzen vergreifen und auch nicht buddeln, sind sie

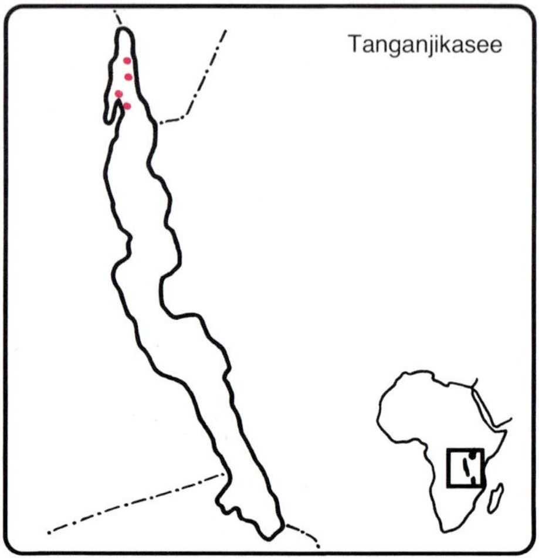

Fundorte von Cyprichromis microlepidotus.

die idealen Cichliden für den Unterwassergärtner. Bei der Auswahl der Gewächse sollte man jedoch darauf achten, daß der Pflanzenwuchs keinesfalls den Schwimmraum der Fische stärker einengt. Im natürlichen Lebensraum der Tiere gibt es außer Algen keine Wasserpflanzen.

Da die Kärpflingscichliden, wie man die *Cyprichromis* auch nennt, gegenüber anderen Arten wenig Durchsetzungsvermögen zeigen, kommen für eine Vergesellschaftung keine aggressiven Buntbarsche in Betracht.

Cyprichromis sind im unteren Felsenlitoral anzutreffen: zwei kämpfende Männchen von C. leptosoma in fünf Meter Tiefe.

Cyprichromis leben im Schwarm: hier C. leptosoma im natürlichen Lebensraum.

Gut geeignet erscheinen alle Arten, die eine enge Bindung an den Untergrund zeigen, beispielsweise die kleineren *Julidochromis* oder die Grundelbuntbarsche, denn die *Cyprichromis* halten sich bevorzugt in der oberen Hälfte des Aquariums, also im freien Wasser, auf.
Die Kärpflingscichliden sind ausgesprochene Kleinbrockenfresser. Das ideale Futter sind Wasserflöhe und *Cyclops* sowie Flokkenfutter, beispielsweise TetraMin oder TetraCichlid. Frisch importierte Tiere nehmen allerdings anfangs nur Lebendfutter an. Spätestens nach einem halben Jahr werden aber auch andere Futtermittel gefressen. Diese Eingewöhnungszeit verkürzt sich merklich, wenn sich im Aquarium bereits eingewöhnte Fische befinden, die gern Flokkenfutter zu sich nehmen.

Die
Zucht
dieses interessanten Buntbarsches ist bisher nur sehr selten geglückt. Das liegt aber vor allem daran, daß diese Art nur selten eingeführt wird. Die *Cyprichromis* bilden unter Cichliden den einzigen bisher bekannten Fall, in dem die Eier im freien Wasser und nicht über einem Substrat ausgestoßen werden. Im Unterschied zu allen anderen Buntbarschen, die ausnahmslos Substratlaicher sind, handelt es sich bei diesen Fischen also um echte Freilaicher. Im Aquarium finden die temperamentvolle Balz und der Laichvorgang dicht unter der Oberfläche statt. Nach der Abgabe eines Eies dreht sich das Weibchen blitzschnell um, folgt dem hinabsinkenden Laichkorn und nimmt es in sein Maul auf. Wie bei anderen spezialisierten Maulbrütern wird der Laich erst im Maul des Muttertieres befruchtet, das die vom Männchen abgegebenen Spermien, die anfangs eine recht gut erkennbare Wolke bilden, aufnimmt.
Bis das Muttertier die Jungfische aus dem Maul entläßt, vergehen bei einer Wassertemperatur von 26 Grad Celsius gut drei Wochen. Da die Kehlhaut des Weibchens dünn und durchscheinend ist, kann die Entwicklung der Larven gut von außen beobachtet werden. Die Jungfische, die von der Mutter nicht wieder ins Maul aufgenommen werden und recht selbständig sind, halten sich als Schwarm unmittelbar unter der Oberfläche auf. Sie fressen bereits ausgesiebte kleine *Cyclops* und Daphnien, nehmen aber auch fein zerriebenes TetraMin oder TetraCichlid.
Da die erwachsenen Kärpflingscichliden die eigenen Jungfische nicht fressen, empfiehlt es sich natürlich, diese Fische im Artenaquarium zu züchten.

Die für die Aquaristik interessantesten Tanganjikacichliden leben in der Geröll- und Felsenzone.

Die Verbreitung der Gattung

Haplochromis

erstreckt sich nicht nur über die großen Grabenseen und Flüsse Ostafrikas, sondern auch über Gewässer in Nord-, West- und Südafrika. Mit weit über 300 Arten ist sie zur Zeit noch die größte Cichlidengattung. Da die kaum noch überschaubare Vielzahl der Buntbarsche, die ihr zugeordnet werden, keine verwandtschaftliche Einheit bildet, sondern in mehrere recht heterogene Gruppen zerfällt, wird zur Zeit daran gearbeitet, diese systematische Einheit in mehrere kleinere Gattungen aufzuteilen.

Haplochromis borleyi

ILES, 1960

Dieser Buntbarsch erreicht eine Maximallänge von ungefähr dreizehn Zentimetern. Da Männchen und Weibchen unterschiedliche Farbkleider tragen, ist die Unterscheidung der Geschlechter unproblematisch. Ein auffälliges Merkmal männlicher Fische bilden die in extremer Weise verlängerten, an der Vorderkante weiß bis leicht bläulich gefärbten Bauchflossen, die bei älteren Exemplaren die hintere Kante der Afterflosse erreichen können. Der Kopf und die vordere Rückenregion zeigen ein metallisch glänzendes Ultramarinblau. Der restliche Körper ist honiggelb gefärbt.

Weibliche Tiere sehen unscheinbar staubgrau aus. Auf den Flanken, die einen silbrigen Glanz besitzen, tragen sie drei schwarze Flecken. Der erste, der am größten ist, liegt unmittelbar unter der Seitenlinie zwischen der neunten und zwölften Schuppe. Der zweite befindet sich direkt über der unteren Seitenlinie, unterhalb der letzten Strahlen der Rückenflosse. Der dritte liegt in der Mitte der Schwanzwurzel.

Die

natürlichen Lebensräume

dieser Art liegen im Felsenlitoral des Malawisees. Innerhalb dieses Gewässers scheint sie recht weit verbreitet zu sein. Vor allem über Unterwasserriffen sind die Fische re-

Männchen von Haplochromis borleyi.

gelmäßig anzutreffen. Man zählt sie zu den *Utaka*-Cichliden, die zumindest zeitweilig die ufernahen Bereiche der Freiwasserzone bewohnen und spezialisierte Zooplanktonfresser sind, die ihre Nahrung mit Hilfe ihres besonders vorstülpbaren Maules einsaugen. Fortpflanzungsbereite Männchen werden territorial. Sie bilden in der Felsenzone ein Revier, in dessen Mitte der Laichplatz liegt. Meist handelt es sich um die waagerechte, glatte Oberseite eines Felsbrockens.

Für eine

Haltung,

welche die wichtigsten Lebensansprüche der Fische berücksichtigt, benötigt man geräumige Aquarien, die eine Seitenlänge von über einem Meter haben. Für ihre Einrichung können neben Steinaufbauten auch Pflanzen verwendet werden, da sie von diesen Buntbarschen nicht beschädigt werden. Bei der Dekoration des Behälters ist darauf zu achten, daß genügend freier Schwimmraum verbleibt.

Die besten Erfahrungen wurden gemacht, wenn man ein Männchen und mehrere Weibchen zusammen mit anderen Malawibuntbarschen in einem Gesellschaftsaquarium pflegte. Da *H. borleyi* zu den relativ friedlichen Cichliden gehört, kommen für ein derartiges Aquarium keine aggressiven Arten in Betracht. Gut geeignet erscheinen andere mittelgroße *Haplochromis* sowie die Vertreter der Gattung *Aulonocara.* Bei der Fütterung ist zu beachten, daß es sich bei diesem Buntbarsch um einen Kleinbrockenfresser handelt, der aber alle gängigen Futtermittel gern annimmt.

Ebenso wie bei den meisten anderen ostafrikanischen Maulbrütern erfolgt die

Zucht

am besten im Gesellschaftsaquarium. Als Laichsubstrat wird eine waagerechte Steinplatte bevorzugt. Die Balz erfolgt nach dem für afrikanische Maulbrüter bekannten Schema. Die auffälligsten Handlungen des Männchens sind Rütteln und Führungsschwimmen. Bei der Laichabgabe bewegen sich die Fortpflanzungspartner auf einer Kreisbahn, wobei sie eine charakteristische T-Stellung einnehmen. Die Aufzucht der Jungen erfolgt in einer Mutterfamilie. Die Entwicklung der Eier und Larven dauert bei einer Wassertemperatur von 26 Grad Celsius knapp drei Wochen. Wenn die Jungfische das Maul der Mutter verlassen, sind sie bereits relativ groß und selbständig. Ihre Fütterung kann mit ausgesiebten kleinen Wasserflöhen und fein zerriebenem Flockenfutter erfolgen.

Für den Fall, daß die gesamte Brut aufgezogen werden soll, empfiehlt es sich, daß Muttertier nach gut zwei Wochen aus dem Gesellschaftsbecken herauszufangen und in ein besonders vorbereitetes Aquarium zu überführen. Dies muß nicht unbedingt vollständig eingerichtet sein, es muß aber zumindest einen Durchlüfterstein, der die ausreichende Sauerstoffzufuhr garantiert, und einen halbierten Blumentopf enthalten, der als Zufluchtsstätte dienen kann. Das Weibchen wird von seiner Brut getrennt, sobald es die Jungfische nicht mehr in das Maul aufnimmt.

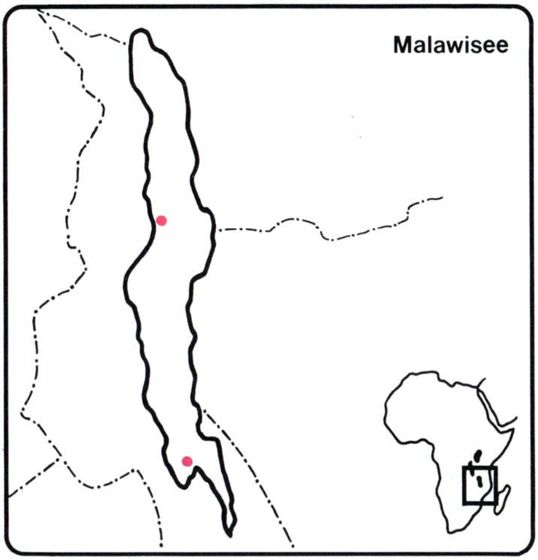

Fundorte von Haplochromis borleyi.

Haplochromis fenestratus

TREWAVAS, 1935 (Maleri-Variante)

Jungtiere und Weibchen dieser Spezies tragen auf silbrigem bis kieselgrauem Untergrund ein Muster von neun bis zwölf dunklen Quer- und zwei dunklen Längsstreifen, von denen der untere ungefähr in Höhe des Auges verläuft. Insgesamt entsteht dadurch der Eindruck einer Art Karomuster. Im Unterschied zu dem unscheinbaren Aussehen der Weibchen zeigen Männchen prächtige Blautöne.

Im Laufe der Zeit sind mindestens fünf Cichliden entdeckt worden, die im weiblichen Geschlecht alle das vorstehend beschriebene Farbkleid zeigen, im männlichen Geschlecht aber ganz verschieden gefärbt und deshalb gut zu unterscheiden sind. Ob es sich bei dieser Gruppe von Buntbarschen um geographische Rassen einer Spezies oder um mehrere verschiedene Arten handelt, konnte bisher nicht eindeutig entschieden werden. Hinzu kommt, daß auch *Haplochromis taeniolatus* TREWAVAS, 1935 mehr oder weniger dasselbe Farbkleid trägt. Der im folgenden vorgestellte Cichlide kann daher nur mit Vorbehalten dem Taxon *H. fenestratus* zugeordnet werden.

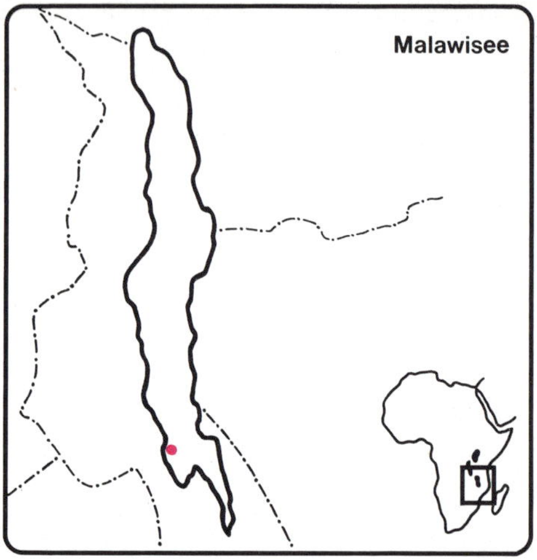

Fundort von Haplochromis fenestratus (Maleri-Variante).

Kopf, Rücken- und Schwanzflosse der Männchen zeigen ein strahlendes Ultrama-

Männchen von Haplochromis fenestratus, Maleri-Variante.

rinblau. Die Flanken sind im vorderen Bereich maisgelb, im hinteren currygelb getönt. Die Schwanzflosse trägt unregelmäßige braunrote Längsstreifen, der hintere Bereich der Rückenflosse gleichfarbige ovale Flekken.
Die Männchen werden im allgemeinen mit einer Länge von ungefähr neun Zentimeter importiert, können aber im Aquarium im Laufe der Zeit bis zu vierzehn Zentimeter lang werden.

Der
natürliche Lebensraum
dieses Buntbarsches bildet die ufernahe Felsenzone. Der einzige bisher bekannte Fundort ist das Litoral der Maleri Inselgruppe, die im südwestlichen Teil des Malawisee gelegen ist. Meist stehen die Männchen dort einzeln über einem größeren Felsblock mit einer waagerechten Oberfläche, der den Mittelpunkt ihres Reviers bildet. Die von ihnen bevorzugte Wassertiefe scheint zwischen drei und sechs Metern zu liegen. Die Fische haben ein recht kleines Maul. Obwohl sie keine echten Aufwuchsfresser sind, scheint doch der Algenrasen mit seinen Bewohnern, der Steine und Felsen überzieht, ihre wichtigste Nahrungsgrundlage zu sein.

Die
Haltung
dieses Buntbarsches ist sehr zu empfehlen, denn er gehört zu den friedlichen Arten. Da die Tiere recht lebhaft sind und einen entsprechenden Schwimmraum benötigen, muß das Aquarium eine Seitenlänge von über einem Meter haben. Nach den Erfahrungen des Autors werden die Weibchen von den Männchen nur selten getrieben. In einem Gesellschaftsaquarium von rund zwei Meter Länge war es ohne Probleme möglich, diesen Buntbarsch paarweise zu halten. Als Mitbewohner kommen keine aggressiven Fische in Frage, sondern vorzugsweise andere kleine *Haplochromis*- sowie *Aulonocara*- und *Trematocranus*-Arten.
Die biotopgerechte Einrichtung des Behälters erfolgt mit großen Steinen und Felsbrokken, die zu Höhlen und Spalten angeordnet werden. Da die Tiere absolut keine Pflanzen beschädigen, kann das Aquarium auch begrünt werden. Die Bepflanzung sollte jedoch nicht den Schwimmraum einschränken, sondern aus Arten bestehen, die niedrig bleiben oder auf den Steinen festwachsen.
Die Fische sind Kleinbrockenfresser, gehen aber willig an alle gängigen Futtermittel heran. Eine abwechlungsreiche Fütterung sollte aus Wasserflöhen, weißen Mückenlarven, zerkleinertem Krebsfleisch (Shrimps), TetraMin oder TetraCichlid bestehen.

Die
Zucht
erfolgt wie bei anderen *Haplochromis* am günstigsten im Gesellschaftsaquarium. Die Tiere sind Maulbrüter und entwickeln keine Partnerbindung. Die Brutpflege übernimmt das Weibchen allein. Bei einer Wassertemperatur um 26 Grad Celsius ist die Entwicklung der Jungfische nach knapp drei Wochen so weit fortgeschritten, daß sie von der Mutter aus dem Maul entlassen werden. Zu diesem Zeitpunkt können sie mit MikroMin, frisch geschlüpften Nauplien von *Artemia salina*, aber auch fein ausgesiebten Wasserflöhen und zerriebenem TetraMin gefüttert werden. Nach acht Wochen können die Jungtiere bereits 30 Millimeter groß sein.

Männchen aus der Haplochromis-fenestratus-Gruppe in seinem Balzrevier in fünf Meter Tiefe.

Haplochromis johnstoni
(GÜNTHER, 1893)

Für diese Art ist eine maximale Länge von 17 Zentimeter belegt. Im Aquarium bleiben die Fische aber deutlich kleiner. Sie verfügen über einen klar ausgebildeten Sexualdimorphismus, so daß die Geschlechter ohne Schwierigkeiten zu unterscheiden sind. Fortpflanzungsbereite Männchen sind außerordentlich prächtig gefärbt. Vor allem der Kopf, aber auch der restliche Körper sind von einem metallisch glänzenden Türkisblau überzogen. Die Rücken- und die Schwanzflosse tragen auf lichtblauem Untergrund ein Muster kräftig rotvioletter ovaler Flecken. Zwischen dem Rand des Kiemendeckels und der Schwanzflosse erstrecken sich sechs dunkle Querstreifen über die Körperseiten. Auch die Weibchen und die Jungtiere zeigen diese Querstreifen. Ihr Körper ist jedoch unscheinbar gelbgrau bis grünbeige gefärbt.

Die
natürlichen Lebensräume
dieses Buntbarsches liegen im Sandlitoral des Malawisees. Bevorzugte Aufenthaltsorte sind die Bestände von Vallisnerien, die regelrechte Unterwasserwiesen bilden können. Innerhalb ihres Heimatgewässers sind die Fische weit verbreitet und auch relativ häufig.

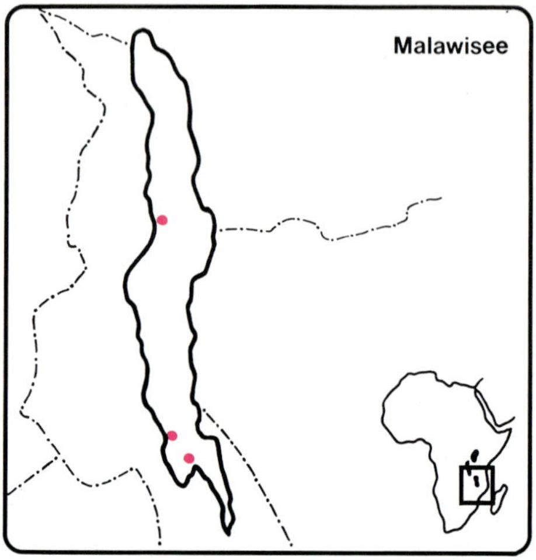

Fundorte von Haplochromis johnstoni.

Männchen von Haplochromis johnstoni.

Die erfolgreiche

Haltung

erfolgt am besten in einem großen Gesellschaftsaquarium, das eine Länge von mindestens einem Meter hat. Als weitere Beckeninsassen kommen andere *Haplochromis,* aber auch *Mbuna*-Cichliden, beispielsweise aus den Gattungen *Pseudotropheus* oder *Labeotropheus* in Frage. Die Bodenfläche sollte mit Steinaufbauten, die zugleich Versteckplätze bieten, gut gegliedert sein. Zur Bepflanzung sollten nur harte Arten verwendet werden, denn *H. johnstoni* knabbert gelegentlich an zarten, frischen Trieben. Auch schnellwüchsige Pflanzen verkraften gelegentliche Beschädigungen gut. Deshalb eignet sich für die Begrünung eines derartigen Aquariums eine dichte Gruppe von Riesenvallisnerien. Der Bodengrund sollte aus grobem Sand oder feinem Kies bestehen, der vor der Verwendung gut gewaschen wird.

Die Fütterung der Fische ergibt überhaupt keine Probleme: Wasserflöhe, Insektenlarven, Fisch- und Krebsfleisch (Shrimps), aber auch Flockenfutter, beispielsweise Tetra-Cichlid oder TetraMin-Großflocken, im Grunde alle gängigen Futtermittel, werden gern als Nahrung angenommen.

Auch bei dieser Art erfolgt die

Zucht

am besten nicht in einem gesonderten Behälter, sondern im Gesellschaftsaquarium, da sich die Weibchen dort den Nachstellungen des Männchens besser entziehen können. *H. johnstoni* zählt wie alle anderen *Haplochromis* zu den spezialisierten Maulbrütern, die ihre Nachkommen in einer Mutterfamilie aufziehen.

Fortpflanzungsbereite Männchen legen im Zentrum ihres Reviers eine schüsselförmige Grube an, in der abgelaicht wird. Die Weibchen werden durch Körperrütteln und anschließendes Führungsschwimmen angebalzt und zum Laichplatz gelockt. Der Laichvorgang vollzieht sich in der für die meisten ostafrikanischen Maulbrüter typischen Weise.

Bei Wassertemperaturen um 26 Grad Celsius werden die Jungfische nach gut zwei bis drei Wochen erstmals aus dem Maul entlassen. Diese Art ist recht produktiv. Größere Weibchen können über hundert Jungtiere erbrüten. Auch nachdem die Brut bereits frei schwimmt, wird sie von der Mutter behütet und verteidigt. Vor allem während der Nachtstunden kehrt sie in das schützende Maul des Muttertieres zurück.

Trotz der intensiven Brutpflege werden im Gesellschaftsaquarium nur ausnahmsweise einmal Jungfische heranwachsen. Ihre angeborenen Verhaltensweisen sind nicht geeignet, um ein Überleben unter derartigen Bedingungen zu gewährleisten. Der Züchter ist daher gezwungen, ein Aufzuchtaquarium vorzubereiten, in das der pflegende Mutterfisch gesetzt wird, sobald der Zeitpunkt kurz bevorsteht, an dem die Brut erstmalig ausgespuckt wird. Die Aufzucht der Jungfische erfolgt anfangs mit den Nauplien des Salinenkrebses, *Artemia salina*, und mit Staubfutter, später mit ausgesiebten kleinen Wasserflöhen.

Pflanzenzone des Malawisees in zwei Meter Tiefe (Cape Maclear).

Haplochromis labrosus

(TREWAVAS, 1935) - Mbenji-Variante

Der Beschreibung dieser Spezies liegt nur ein einziger Jungfisch von fünfeinhalb Zentimeter Länge zugrunde. Ursprünglich wurde die Art in der Gattung *Melanochromis* geführt. Diese Zuordnung war jedoch nach Meinung der meisten Ichthyologen eine Fehlentscheidung.

Wie im wissenschaftlichen Artnamen angedeutet wird, zählt dieser Cichlide zu den sogenannten Lippen-Buntbarschen, die stark vergrößerte, oft mit einem hakenförmigen Fortsatz ausgestattete Lippen besitzen. Erstaunlicherweise ist das auffällige Merkmal kein Anzeichen für eine nähere verwandtschaftliche Beziehung, denn es ist im Laufe der Erdgeschichte in mehreren ichthyologischen Regionen entstanden, die zum Teil auf verschiedenen Kontinenten liegen. Buntbarsche mit derartigen merkwürdigen Lippen gibt es nicht nur im Malawisee, sondern auch im Tanganjika-, Viktoria- und sogar im Nikaraguasee in Mittelamerika.

Auch im Malawisee gibt es möglicherweise mehr als zwei Arten mit derartig vergrößerten Lippen, denn die aus diesem Gewässer bekannt gewordenen Lippen-Buntbarsche zeigen ganz verschiedene Farbkleider. Ob es sich bei diesen Fischen um eigenständige

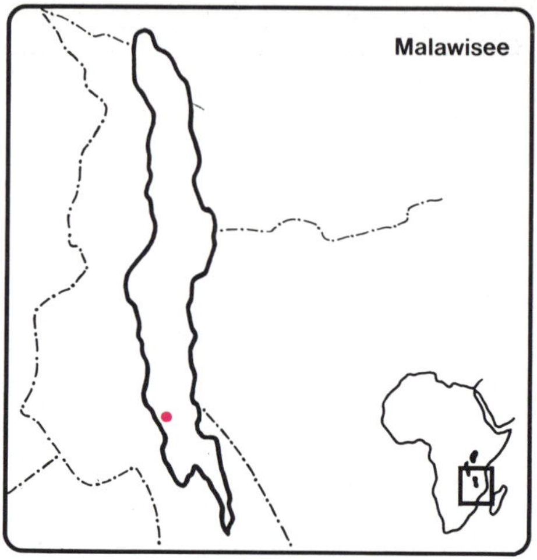

Fundort von Haplochromis labrosus (Mbenji-Variante).

Halbwüchsiges Männchen von Haplochromis labrosus, Mbenji-Variante.

Arten oder nur um Farbrassen einer einzigen Spezies handelt, ist jedoch bisher nicht untersucht worden. Die Zuordnung des im folgenden beschriebenen Cichliden zu dem Taxon *Haplochromis labrosus* erfolgt infolgedessen mit gewissen Vorbehalten und ist möglicherweise nur vorläufig.
Die Fische werden über fünfzehn Zentimeter groß. Bei erwachsenen Tieren ist das Geschlecht leicht zu ermitteln, da sie einen deutlich ausgeprägten farblichen Sexualdimorphismus zeigen. Jungtiere und Weibchen tragen auf orangebraunem bis braunbeigefarbenem Untergrund zwischen dem Rand des Kiemendeckels und dem Ansatz der Schwanzflosse fünf breite dunkle Querstreifen. Ein weiterer erstreckt sich direkt über den Kiemendeckel und den Nacken. Bei den Männchen zeigt die obere Hälfte des Kopfes ein metallisches Himmelblau, die untere ein Türkisblau. Bei balzaktiven Fischen nimmt auch der restliche Körper blaugrüne Farbtöne an, so daß sie mehr oder weniger einfarbig wirken.

Der
natürliche Lebensraum
ist allem Anschein nach sehr begrenzt. Der einzige bisher bekannte Fundort ist die felsige Uferzone der Mbenji Inseln, die im südwestlichen Teil des Malawisees gelegen sind. Da die Fische relativ selten sind, ist nur wenig über ihre Lebensweise bekannt. Recht umstritten sind beispielsweise noch immer die Funktion und der biologische Sinn der auffällig vergrößerten Lippen. Eine Hypothese ist, daß sich die Tiere als Aufwuchsfresser ernähren und daß die Lippen besonders reich mit Sinneszellen ausgestattet sind und als Tastorgane wirken, die das Aufspüren von Insektenlarven und anderen kleinen Beutetieren erleichtern. Eine andere Vermutung ist, daß die Fische mit Hilfe der verdickten Lippen enge Gesteinsspalten verschließen können, um dann darin befindliche Beutetiere aus ihrem Versteck herauszusaugen.
Da dieser Buntbarsch recht groß wird, kann die

Haltung
erwachsener Fische nur in Aquarien erfolgen, die über einen Meter lang sind. Die biotopgerechte Einrichtung besteht aus Gesteinsbrocken, zwischen denen sich Höhlen und Nischen bilden und die eine Abgrenzung verschiedener Reviere ermöglichen. Eine optimal zusammengesetzte Gruppe besteht aus einem Männchen und zwei bis drei Weibchen. Die Fische sind recht robust und verstehen es, sich auch gegenüber aggressiven Mitbewohnern Respekt zu verschaffen. Für eine Vergesellschaftung kommen daher nicht nur größere *Haplochromis*-Arten, sondern auch die vitalen *Mbuna*-Cichliden aus den Gattungen *Pseudotropheus, Melanochromis* und *Labeotropheus* in Betracht.
Harte und widerständsfähige Pflanzen werden im allgemeinen nicht beschädigt. Um den meistens nicht allzu geräumigen Schwimmraum nicht noch weiter zu verringern, empfiehlt es sich, vorzugsweise Gewächse zu verwenden, die auf den Steinaufbauten gedeihen und diese begrünen. Dazu gehören die westafrikanischen *Anubias*-Arten sowie der Javafarn, *Microsorium pteropus.*
Die Ernährung dieser Cichliden ist unproblematisch, da sie praktisch alle bekannten Futtermittel fressen. Es sollte allerdings beachtet werden, daß ausgewachsene Exemplare als Großbrockenfresser anzusehen sind, die auf eine gehaltvolle Ernährung angewiesen sind. Der Pfleger sollte deshalb mit Fisch- und Krebsfleisch, Regenwurmstückchen und TetraMin-Großflocken füttern.

Die
Zucht
erfolgt am besten im Gesellschaftsaquarium. Wie alle *Haplochromis* des Malawisees zählt auch diese Art zu den spezialisierten Maulbrütern, die ihre Brut in einer Mutterfamilie aufziehen. Die Entwicklung der Eier und Larven dauert bei Wassertemperaturen um 26 Grad Celsius knapp drei Wochen. Gegebenenfalls ist das brütende Weibchen, kurz bevor diese Zeit verstrichen ist, aus dem Gesellschaftsbecken herauszufangen und in ein eigenes Aquarium zu überführen, damit es dort die Brutpflege beenden kann.
Die Jungfische sind relativ groß und können deshalb mit fein ausgesiebten Wasserflöhen und zerriebenem Flockenfutter gefüttert werden.

Eine der über 200 Arten, die im Viktoriasee beheimatet ist und in jüngster Zeit mehrfach eingeführt wurde, soll im folgenden vorgestellt werden:

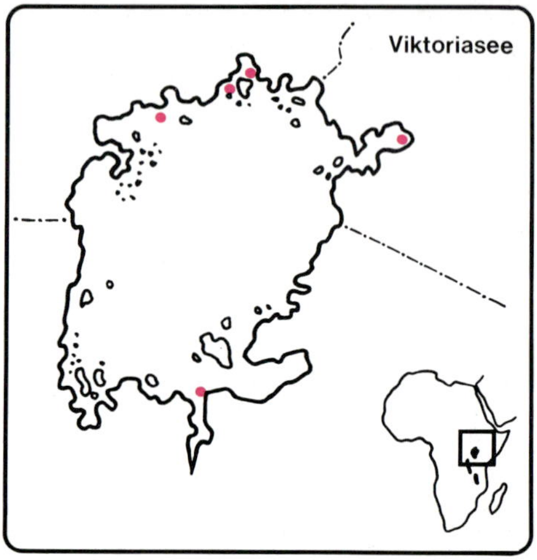

Fundorte von Haplochromis obliquidens.

Haplochromis obliquidens
HILGENDORF, 1888

Die Männchen können eine Länge von knapp zwölf Zentimetern erreichen, die Weibchen bleiben kleiner. Da die Fische einen deutlich ausgebildeten farblichen Sexualdimorphismus besitzen, ist die Bestimmung des Geschlechtes bei ausgewachsenen Exemplaren kein Problem. Die Flanken balzaktiver Männchen zeigen ein kräftiges Kadmiumgelb. Die Oberseite des Kopfes und der Nacken sind rotorange gefärbt. Die Kehle und die Bauchregion sind lichtblau getönt. Die Bauchflossen sehen tiefschwarz aus, alle unpaaren Flossen weisen dagegen blaue und rote Farbtöne auf.
Im Unterschied zu den prächtig gefärbten Männchen besitzen weibliche Fische ein sehr unscheinbares Farbkleid. Auf gelbgrauem bis silbrig glänzendem Untergrund tragen sie ein Muster von acht bis neun dunklen Querstreifen. Da die Weibchen einer ganzen Reihe anderer Cichliden aus dem Viktoriasee mit identischer oder sehr ähnlicher Körpergestalt genau dasselbe Farbkleid zeigen,

Männchen von Haplochromis obliquidens.

ist es äußerst schwierig, den Männchen jeweils die richtigen weiblichen Fische zuzuordnen

Die
natürlichen Lebensräume
dieses Buntbarsches liegen in der flachen Uferzone. Die Fische besiedeln anscheinend bevorzugt die Felsenzone, kommen aber auch über sandigem Untergrund sowie zwischen Pflanzen, insbesondere in der Röhrichtzone, vor. Die Fundorte liegen in allen Teilen des Viktoriasees.

Die
Haltung
der Fische ist nicht schwierig, da sie recht robust sind. Männliche Tiere beanspruchen große Reviere und können bei der Verteidigung ihrer Territorien recht aggressiv werden. Aus diesem Grund werden Aquarien mit einer Seitenlänge von über einem Meter benötigt. Das Männchen sollte auf keinen Fall mit nur einem, sondern mit mehreren Weibchen zusammen gepflegt werden. Am günstigsten ist die Pflege in einem Gesellschaftsaquarium, in dem sich weitere ähnlich robuste Buntbarsche aus dem Viktoriasee befinden.
Das Aquarium sollte so eingerichtet werden, daß durch Steinaufbauten und dichte Pflanzengruppen einerseits genügend Zufluchtsstätten gebildet werden und andererseits eine Aufteilung der Grundfläche in mehrere Reviere erleichtert wird. Auch bei der Fütterung der Fische gibt es keine Probleme, da sie mehr oder weniger Allesfresser sind, die alle gängigen Futtermittel willig annehmen.

Wie bei vielen anderen ostafrikanischen Maulbrütern kann die
Zucht
durchaus in einem Gesellschaftsbecken erfolgen. Die Brutpflege des Weibchens dauert knapp drei Wochen. Wenn darauf Wert gelegt wird, alle Jungfische aufzuziehen, sollte das Muttertier nach gut vierzehn Tagen in einen separaten Behälter überführt werden, damit es dort seine Brutpflege beenden kann. Die relativ großen und selbständigen Jungtiere können mit fein ausgesiebten Wasserflöhen und zerriebenem Flockenfutter, z. B. TetraCichlid, gefüttert werden.

Übergangszone vom Sand- zum Felsenlitoral im Viktoriasee in der Nähe von Mwanza.

Haplochromis polystigma
REGAN, 1921

zählt zu den größeren Vertretern der Gattung und kann eine Länge von etwa 23 Zentimeter erreichen. Im Aquarium bleiben die Tiere bedeutend kleiner. Sie erreichen die Geschlechtsreife mit ungefähr zwölf Zentimetern. Wie die meisten *Haplochromis* besitzt auch diese Art einen klar ausgeprägten farblichen Sexualdimorphismus. Weibliche Fische tragen auf einem beigefarbenen bis kieselgrauen Untergrund ein Muster kleiner rotbrauner Pünktchen, die zu unregelmäßigen Längsbändern zusammentreten. Die Jungtiere zeigen dieses Farbkleid bereits, wenn sie das Maul der Mutter verlassen. Mit dem Eintritt der Geschlechtsreife verlieren männliche Tiere diese auffälligen Zeichnungen. Der untere Teil des Kopfes zeigt dann ein metallisches Gelbgrün, und der Nacken sowie der Bereich hinter den Augen trägt ein intensives Himmelblau. Der restliche Körper sieht mehr oder weniger einfarbig schilf- bis resedagrün aus.

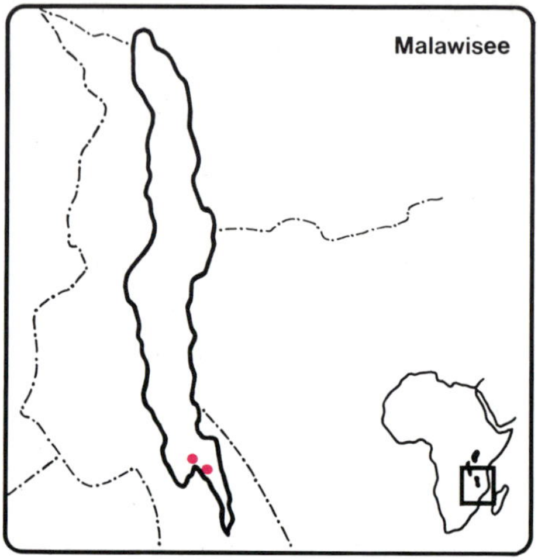

Fundorte von Haplochromis polystigma.

Die
natürlichen Lebensräume
liegen ausschließlich in den ufernahen Bereichen des Malawisees. Die Fische sind vor allem im südlichen Teil des Gewässers weit verbreitet und relativ häufig. Im Unterschied zu den meisten anderen Malawibuntbarschen zeigen sie keine eindeutige Bevorzugung eines bestimmten Untergrundes. Ich konnte sie sowohl in der Felsen- als auch in der Sandzone sowie in Pflanzenbeständen beobachten. Wahrscheinlich liegt der Schwerpunkt ihres Auftretens im Über-

Ausgefärbtes Männchen von Haplochromis polystigma.

gangsbereich zwischen steinigem und sandigem Grund.
Ab einer gewissen Größe scheint sich *H. polystigma* vorwiegend als fischfressender Raubfisch zu ernähren. Die Fische fangen ihre Beute vorwiegend als Lauerjäger. Ihr Farbkleid, das eine ausgeprochene Tarnfarbe darstellt, ist dieser Art des Beuteerwerbs gut angepaßt.
Entsprechend ihrer Endgröße haben die Fische einen recht großen Raumbedarf, so daß die

Haltung

nur in größeren Behältern mit einer Seitenlänge von deutlich über einem Meter erfolgen kann. Zum Wohlbefinden der Tiere sind Versteckplätze und Zufluchtsstätten erforderlich, die mit Hilfe von Steinaufbauten geschaffen werden. Da diese Art als pflanzenfreundlich gelten kann, besteht die Möglichkeit einer Begrünung mit robusten, größeren Pflanzen.
Auch bei diesem Maulbrüter werden für ein Männchen mindestens zwei, besser drei Weibchen benötigt. Man sollte die Fische nicht für sich halten, sondern in ein Gesellschaftsbecken geben, da dort innerartliche Aggressionen weniger heftig sind. *H. polystigma* läßt sich gut mit anderen größeren *Haplochromis* und *Mbuna*-Cichliden aus den Gattungen *Melanochromis, Pseudotropheus* und *Labeotropheus* zusammen pflegen, denn die Art ist recht robust.
Mit einer Länge von ungefähr zehn Zentimetern sind die schnellwüchsigen Fische bereits ausgesprochene Großbrockenfresser, die nicht mehr mit Wasserflöhen ausreichend ernährt werden können. Die Fütterung muß daher mit Fisch- und Krebsfleisch (tiefgefrorene Krabben usw.) sowie Großflocken (TetraMin) erfolgen. Rinderherz ist, da es von Warmblütern stammt, kein optimales Futter und sollte deshalb nur selten verabreicht werden.

Bei einem ausreichenden Raumangebot ist die

Zucht

keineswegs schwierig. Sie sollte im Gesellschaftsaquarium erfolgen, aus dem das brutpflegende Weibchen herausgefangen wird, kurz bevor die Entwicklung der Larven abgeschlossen ist. Der Laichplatz wird vom Männchen bestimmt. Meist handelt es sich um eine waagerechte Steinplatte, die im Zentrum seines Reviers liegt. Der Laichvorgang erfolgt nach dem Schema, das für die meisten Vertreter dieser Gattung typisch ist.
H. polystigma ist sehr produktiv. Ein mittelgroßes Weibchen kann knapp einhundert Eier legen. Da sie sehr dotterreich sind, ist auch die Entwicklungszeit bis zum fertigen Jungfisch, der dann bereits relativ groß und selbständig ist, wenn er das Maul der Mutter verläßt, im Vergleich zu den Offenbrütern sehr lang. Bei Wassertemperaturen, die um 26 Grad Celsius liegen, werden die Jungtiere erst knapp drei Wochen nach dem Ablaichen vom Weibchen ausgespuckt. Bei Gefahr und während der Nachtstunden kehren sie in die schützende Mundhöhle zurück. Die Maulbrutpflege kann sich über weitere vierzehn Tage erstrecken. Infolge ihrer Größe kann die Fischbrut von Anfang an mit fein ausgesiebten Wasserflöhen gefüttert werden. Auch zerkleinertes Flockenfutter wird von ihnen ohne weiteres gefressen, solange es im Wasser treibt.
Bei der Aufzucht ist zu beachten, daß eine größere Anzahl von Jungfischen durch die Stoffwechelprodukte stark das Aquariumwasser belastet. Erreichen sie eine höhere Konzentration, stagniert das Wachstum, oder es kommt sogar zu einer bleibenden Schädigung der Tiere. Ein regelmäßiger Wasserwechsel, dessen Häufigkeit von der Größe des Aufzuchtbehälters bestimmt wird, ist deshalb unbedingt notwendig.

Larve von Haplochromis polystigma am 16. Tag nach der Befruchtung der Eier.

Haplochromis rostratus
(BOULENGER, 1899)

kann eine maximale Länge von über zwanzig Zentimeter erreichen. Der farbliche Sexualdimorphismus ist bei dieser Art so kraß, daß ein unbefangener Betrachter kaum annehmen würde, daß Männchen und Weibchen derselben Spezies angehören. Weibliche Fische tragen auf den Körperseiten in Augenhöhe eine Längsreihe von fünf großen schwarzen Flecken. Eine zweite derartige Reihe von zumeist nur vier Flecken liegt darüber, direkt unter dem Ansatz der Rückenflosse. Gelegentlich können einige weitere Flecken auch an der Basis der Dorsale auftreten. Die Grundfarbe der Fische ist ein Grünbeige.

Ausgefärbten Männchen fehlt jegliches Fleckenmuster. Sie sind einfarbig gelbgrau getönt und tragen auf dem Kopf und dem Körper einen schönen Kupferglanz. Die Rücken-, After- und Schwanzflosse sind überwiegend himmelblau gefärbt. Bei balzaktiven Tieren sind die Bauchflosse und die untere Körperregion tiefschwarz, der Nacken glänzt silbriggrün.

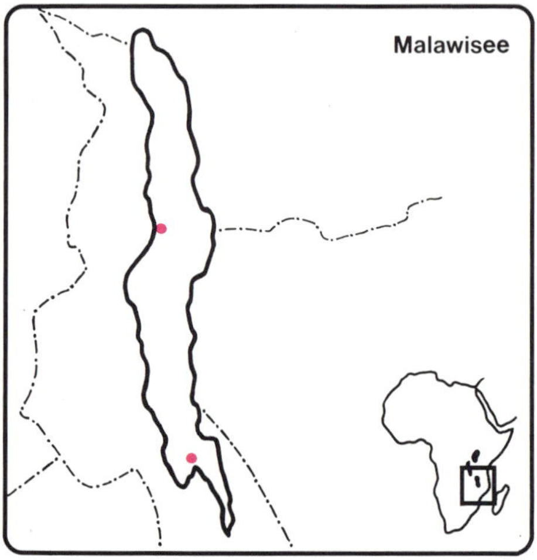

Fundorte von Haplochromis rostratus.

Die

natürlichen Lebensräume

dieser Art liegen in der Uferzone des Malawisees, in dem sie endemisch ist. Ihr eigentlicher Biotop ist die Sandzone. Halberwachsene Exemplare bilden häufig große

Haplochromis rostratus.

Schwärme, die von mir auch im Felsenlitoral beobachtet wurden. Über sandigem Untergrund zeigt dieser Buntbarsch ein interessantes Fluchtverhalten. In akuter Gefahr graben sich die Fische blitzschnell im Boden ein. Sie werden daher verhältnismäßig selten gefangen, denn auf diese Weise können sie selbst Zug- oder Schleppnetzen entgehen, die dicht über den Gewässergrund gezogen werden. Mehrfach konnte ich das bemerkenswerte Verhalten persönlich beobachten, als ich die Fische als Taucher in ein Stellnetz treiben wollte.
Die Art ist in ihrem Heimatgewässer weit verbreitet und zählt zu den häufigsten Buntbarschen. Die Fische finden ihre Nahrung vor allem, indem sie im Sand buddeln. Erwachsene Exemplare sind aber sicherlich auch Fischräuber.

Für die artgemäße

Haltung

dieses großen Buntbarsches werden Behälter benötigt, die eine Seitenlänge von anderthalb Meter haben. Man sollte die Art nicht einzeln halten, sondern mit anderen Malawicichliden vergesellschaften, da sich unter derartigen Bedingungen die innerartliche Aggression weniger störend bemerkbar macht. Anderen Buntbarschen gegenüber sind die Fische verträglich. Als Mitbewohner des Aquariums sollte man weitere *Haplochromis* sowie *Mbuna*-Buntbarsche, beispielsweise aus den Gattungen *Melanochromis* oder *Pseudotropheus,* wählen.
Die Aquarieneinrichtung besteht in erster Linie aus großen Steinen, mit denen die Bodenfläche gegliedert und Zufluchtsstätten gebaut werden. Auch Pflanzen können zur Dekoration verwendet werden, da *H. rostratus* relativ pflanzenfreundlich ist. Es sollten allerdings nur harte oder schnellwüchsige Arten gewählt werden. Da die Fische praktisch alle gängigen Futtermittel gern fressen, bietet ihre Ernährung keine Probleme. Größere Exemplare benötigen natürlich eine angemessene Futtermenge, vor allem dann, wenn die Weibchen Laich ansetzen sollen. Dann reicht Flockenfutter allein nicht aus, sondern es müssen auch Fisch- und Krebsfleisch sowie Regenwürmer verfüttert werden.

Auch bei dieser Art hat es sich herausgestellt, daß die

Zucht

am besten im Gesellschaftsaquarium versucht wird. *H. rostratus* ist ein spezialisierter Maulbrüter. Die Pflege und Aufzucht der Brut wird allein vom Weibchen vorgenommen. Das Gelege eines mittelgroßen Fisches enthält zwischen fünfzig und hundert Eier. Abgelaicht wird meist auf der waagerechten Oberfläche eines glatten Steins.
Um zu verhindern, daß ein großer Teil der Jungfische den anderen Aquariumbewohnern zum Opfer fällt, muß das Muttertier nach gut zwei Wochen herausgefangen und in ein gesondertes Becken gebracht werden, wo es die Brutpflege ungestört beenden kann. Die Fütterung der Jungfische erfolgt mit fein ausgesiebten Wasserflöhen und zerriebenem Trockenfutter, beispielsweise TetraCichlid. Bei guter Ernährung und regelmäßigem Wasserwechsel sind sie überraschend schnellwüchsig.

Übergangsbereich von der Felsen- zur Sandzone. Litoral der Insel Likoma in vier Meter Tiefe.

Haplochromis venustus

BOULENGER, 1908

gehört zu den größeren Vertretern der Gattung. Als maximale Länge sind knapp 25 Zentimeter belegt. Erwachsene Männchen und Weibchen sind ohne weiteres an dem unterschiedlichen Farbkleid zu erkennen. Weibliche Fische tragen auf sandgelbem bis elfenbeinfarbenem Untergrund große unregelmäßige reh- bis olivbraune Flecken, die zum Teil eine entfernt rhombenähnliche Form besitzen. Bei den Männchen verschwinden diese braunen Zeichnungen. Ihre Flanken sind einfarbig curry- bis zitronengelb gefärbt. Kopf und Nacken zeigen ein intensives Himmel- oder Ultramarinblau. Von der Vorderlippe erstreckt sich über die Nase und die Stirn ein goldgelber Streifen, der sich meist im äußeren Bereich der Rückenflosse fortsetzt. Jungtiere tragen das Farbkleid der Weibchen.

Der

natürliche Lebensraum

dieses Buntbarsches ist das Sandlitoral des Malawisees. Regelmäßig sind die Fische auch in den *Vallisneria*-Wiesen anzutreffen. Ausgewachsene Exemplare ernähren sich überwiegend als Fischräuber.

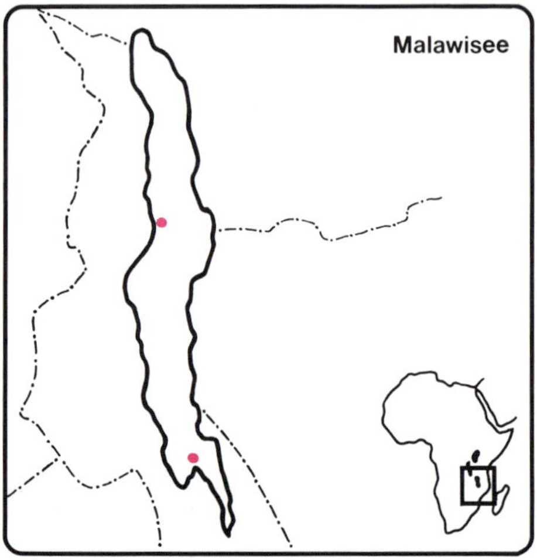

Fundort von Haplochromis venustus.

Da die männlichen Fische außerordentlich prächtig gefärbt sind, ist die Art trotz ihrer Größe in der Aquaristik sehr beliebt.

Für ihre erfolgreiche

Haltung

werden aber sehr große Aquarien benötigt,

Männchen von Haplochromis venustus.

die eine Seitenlänge von ungefähr eineinhalb Meter haben sollten. Ebenso wie die meisten anderen Buntbarsche des Malawisees ist auch *H. venustus* am günstigsten im Gesellschaftsbecken zu pflegen. Als Mitbewohner des Aquariums sind weitere größere *Haplochromis* sowie robuste *Mbuna*-Cichliden zu empfehlen, beispielsweise *H. polystigma, H. linni, H. livingstonii, Pseudotropheus zebra* oder *Labeotropheus fuelleborni.* Auch bei diesem Cichliden müssen dem Männchen mehrere Weibchen zugesellt werden, da ein einzelner weiblicher Fisch stark verfolgt werden würde.
Obwohl *H. venustus* ein Bewohner sandigen Untergrundes ist, empfiehlt es sich, für die Dekoration des Aquariums größere Steinplatten zu verwenden, die die Bodenfläche in Reviere gliedern und Versteckmöglichkeiten bieten. Da diese Art sich an zarten Pflanzenblättern vergreift, kommen für eine Begrünung nur harte oder schnellwüchsige Gewächse in Frage. Mit dicht gepflanzten Riesenvallisnerien wurden beispielsweise gute Erfahrungen gemacht.
Für die ausreichende Ernährung erwachsener Exemplare wird eine gehaltvolle Kost benötigt. Es muß deshalb regelmäßig mit Fischfleisch gefüttert werden. Zusätzlich können Regenwürmer, TetraMin-Großflocken und Krabbenfleisch, gelegentlich auch einmal Rinderherz verwendet werden.

Die
Zucht
ist bei der Beachtung der vorstehenden Hinweise für die Hälterung der Fische einfach. Sie wird am besten im Gesellschaftsaquarium versucht. Die Balz und das Ablaichen erfolgen auf die für *Haplochromis* typische Weise, die bereits bei der Vorstellung anderer Arten beschrieben wurde. Auch diese Spezies zählt zu den Maulbrütern, die ihre Brut in einer Mutterfamilie aufziehen. Eine Bindung zwischen den Fortpflanzungspartnern besteht nicht. Das pflegende Muttertier muß, kurz bevor die Larvenentwicklung der Brut abgeschlossen ist, isoliert werden, wenn die Jungfische aufgezogen werden sollen. Bei einer Wassertemperatur von 26 Grad Celsius liegt der Zeitpunkt, an dem das Weibchen in ein eigenes Aquarium umgesetzt werden muß, etwa um den 15. oder 16. Tag nach dem Ablaichen. Die Jungfische sind recht groß und selbständig. Ihre Aufzucht bereitet deshalb keine Probleme. Als Anfangsfutter sind bereits fein ausgesiebte Wasserflöhe geeignet. Größere Weibchen können mehr als 100 Jungtiere pro Brut aufziehen.

Die Arten- und Individuenzahl der Mbuna-Cichliden ist stellenweise erstaunlich hoch (Litoral der Insel Tumbi in vier Meter Tiefe).

Die Gattung

Hemitilapia

wurde von BOULENGER im Jahre 1902 aufgestellt. Sie ist sehr nahe mit *Haplochromis* verwandt und enthält zur Zeit nur eine einzige Art, die nur im Malawisee vorkommt.

Hemitilapia oxyrhynchus

BOULENGER, 1902

kann eine maximale Länge von knapp zwanzig Zentimeter erreichen. Balzaktive Männchen sind an ihrem prächtigen Farbkleid zu erkennen. Ihr gesamter Körper erstrahlt in einem metallischen Türkisblau, das insbesondere in der Kopfregion eine besondere Leuchtkraft besitzt. Die Flossenhäute der Caudale tragen orange Striche und Punkte. Der hintere Bereich der Rückenflosse zeigt ebenfalls ein Muster ovaler orangefarbener Flecken. Weibliche Fische sehen silbrig bis gelbgrau aus. In der Rückenregion besitzen sie drei große schwarze Flecken, deren Ausbildung jedoch stimmungsabhängig ist. Einer liegt unter dem stacheligen Bereich der Rückenflosse, ein zweiter unter ihrem weichen Bereich. Der dritte befindet sich in der oberen Hälfte der Schwanzwurzel.

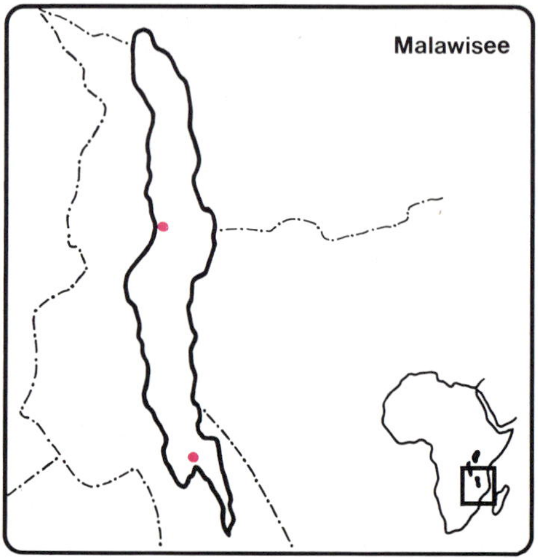

Fundorte von Hemitilapia oxyrhynchus.

Männchen von Hemitilapia oxyrhynchus.

Der
natürliche Lebensraum
dieser Art ist das Sandlitoral, insbesondere Bereiche, die mit *Vallisneria* bewachsen sind. In den Unterwasserwiesen, welche diese Pflanze bildet, zeigen die Fische eine merkwürdige Art des Nahrungserwerbs, die ihnen den Namen Vallisnerienlutscher eingebracht hat. Sie ernähren sich als Aufwuchsfresser, die Algen und Mikroorganismen abweiden, die sich auf den Blättern der Vallisnerien angesiedelt haben. Um an diese Nahrungsquelle heranzukommen, legen sich die Fische auf die Seite und ergreifen eines der langen, bandartigen Blätter mit ihrem spitzen Maul, um dann, ohne die Pflanze zu beschädigen, die Nahrung abzuschaben.

Die erfolgreiche
Haltung
dieser Art ist nur in größeren Aquarien möglich, die eine Seitenlänge von ungefähr eineinhalb Meter haben. Die Fische sollten nach Möglichkeit nicht paarweise gepflegt werden, da die Weibchen vom Männchen häufig stark verfolgt werden. Am günstigsten ist die Haltung im Gesellschaftsaquarium. Als weitere Bewohner des Beckens sind insbesondere die Vertreter der Gattung *Haplochromis* geeignet, zu denen ein oder zwei Vertreter der sogenannten *Mbuna*-Cichliden hinzukommen können.
Obwohl dieser Buntbarsch ein Bewohner der Sandzone ist, sollten bei der Einrichtung des Aquariums Steinplatten verwendet werden, um Zufluchtsstätten zu schaffen und die Bodenfläche in mehrere Bereiche zu gliedern. In Anbetracht der Größe, welche die Tiere erreichen, kommen für eine Bepflanzung nur große, widerstandsfähige Gewächse in Frage. Wer Wert auf eine möglichst biotopgerechte Dekoration legt, wird natürlich Vallisnerien pflanzen und für den Bodengrund Sand verwenden.
Die Ernährung der Fische ist völlig unproblematisch, da sie alle gängigen Futtermittel fressen.

Für die
Zucht
gelten die Hinweise, die bei der Besprechung der *Haplochromis*-Arten des Malawisees gegeben wurden. Auch *Hemitilapia oxyrhynchus* ist ein Maulbrüter. Die Fische sind agam, d. h., eine Paarbildung findet nicht statt. Die Aufzucht und Pflege der Brut ist ausschließlich Sache der Weibchen. Bei ungefähr 26 Grad Celsius ist die Entwicklung der Jungfische nach knapp drei Wochen soweit abgeschlossen, daß sie das erste Mal das Maul der Mutter verlassen. Sie müssen dann mit fein ausgesiebten Wasserflöhen und zerriebenem Flockenfutter gefüttert werden.

Sandzone bei Cape Maclear. Im Hintergrund die Inseln Tumbi und Dombwe.

Die Gattung

Julidochromis

ist bereits im Jahre 1898 von BOULENGER aufgestellt worden. Trotz der Neubeschreibungen der letzten Jahrzehnte ist sie eine sehr kleine systematische Einheit geblieben. Bis heute ordnet man ihr nur fünf Arten zu, deren Verbreitung auf den Tanganjikasee beschränkt ist. Es ist jedoch nicht auszuschließen, daß bei einer genaueren Erforschung dieses Gewässers noch die eine oder andere neue Spezies entdeckt wird. Die Tatsache, daß diese kleine Gattung in der Aquaristik außerordentlich populär geworden ist, erklärt sich aus der Tatsache, daß alle ihre Vertreter ausgesprochen ideale Aquarienfische sind.

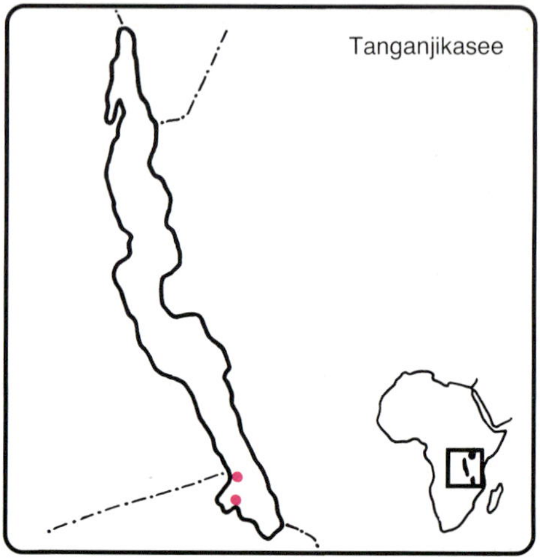

Fundorte von Julidochromis dickfeldi.

Julidochromis dickfeldi

STAECK, 1975

Die Entdeckung dieses kleinen Buntbarsches ist neueren Datums. Sie erfolgte im Januar 1975, als eine Gruppe deutscher Aquarianer den Süden des Tanganjikasees bereiste, um dort die natürlichen Lebensräume von Aquarienfischen zu studieren. *J. dickfeldi* erreicht eine maximale Körperlänge von ungefähr elf Zentimeter. Die im See be-

Männchen von Julidochromis dickfeldi.

obachteten Exemplare waren aber zumeist deutlich unter zehn Zentimeter lang. Männliche und weibliche Exemplare sehen völlig gleich aus, so daß eine Unterscheidung der Geschlechter aufgrund äußerer Merkmale kaum möglich ist. Eine absolut sichere Geschlechtsbestimmung ergibt sich infolgedessen nur aus der Beobachtung des Laichvorganges. *J. dickfeldi* ist der einzige Vertreter der Gattung, der eine orangebraune Grundfärbung zeigt. Ein weiteres Unterscheidungsmerkmal ist die besonders hohe Rückenflosse.

Der

natürliche Lebensraum

dieses Cichliden scheint ausschließlich in der südwestlichen Ecke des Tanganjikasees zu liegen. Die einzigen bekannten Fundorte befinden sich in Sambia, vor allem an der Nordgrenze des Sumbu Nationalparks. Dort sind die Fische in den ufernahen Bereichen des Gewässers über steinigem und felsigem Untergrund anzutreffen. Vorzugsweise scheinen sie in einer Tiefe von zwei bis sechs Metern zu leben. Sie sind standorttreu, und im Mittelpunkt ihres Revieres liegt die Bruthöhle, zumeist eine waagerechte oder senkrechte Felsspalte, die eine Weite von zwei bis drei Zentimeter hat.
Die Fische suchen niemals das freie Wasser auf, sondern halten immer engsten Kontakt zum Untergrund. Bei der geringsten Beunruhigung verschwinden sie zwischen den Steinen. Ihr Fang gestaltet sich deshalb äußerst mühselig und zeitaufwendig. Das ist einer der Gründe dafür, daß die kleinen *Julidochromis* sehr selten und dann nur in geringer Stückzahl importiert wurden.
Die kleineren *Julidochromis*-Arten zählen unter anderem deshalb zu den idealen Aquarienfischen, weil ihre

Haltung

unter gewissen Voraussetzungen bereits in einem Aquarium erfolgen kann, das nur eine Länge von einem knappen halben Meter hat. Die Pflege in einem derartig kleinen Behälter ist aber nur möglich, wenn man ein gut harmonierendes Paar besitzt.
Weit interessantere Beobachtungen ergeben sich freilich, wenn man die Fische – vielleicht sogar mehrere Paare – in einem rund eineinhalb Meter langen Gesellschaftsaquarium hält, in dem sich weitere Buntbarsche aus dem Geröll- und Felsenlitoral des Tanganjikasees befinden. Als Mitbewohner kommen *Tropheus-*, *Chalinochromis-* und *Telmatochromis*-Arten sowie die kleineren *Lamprologus* in Betracht.
Das biotopgerecht eingerichtete Aquarium muß viele Steinplatten und Felsbrocken enthalten, zwischen denen es enge Spalten gibt, die den *Julidochromis* als Bruthöhlen und Zufluchtsstätten dienen. Der Bodengrund sollte möglichst aus Sand oder feinem Kies bestehen. Im natürlichen Lebensraum der Fische gibt es außer den Algen, die sich im Aufwuchs der Steine befinden, keine Pflanzen. Dennoch ist es möglich, das Aquarium zu begrünen. Da die *Julidochromis* selbst zarte Gewächse völlig unbehelligt lassen, unterliegt die Auswahl der Pflanzen keiner Beschränkung. Es empfiehlt sich jedoch, vorzugsweise Arten zu berücksichtigen, die entweder einen niedrigen Wuchs haben oder auf der Felsendekoration des Aquariums festwachsen.
J. dickfeldi ist ein Kleinbrockenfresser, der sich im natürlichen Lebensraum von kleinen Insektenlarven, Schnecken und Krebschen ernährt. Ideale Futtermittel sind deshalb Wasserflöhe und weiße Mückenlarven. *(Corethra)*. Frisch importierte Exemplare verweigern anfangs die Annahme von Flockenfutter. Nach einer Eingewöhnungszeit, die manchmal bis zu einem halben Jahr dauern kann, werden aber auch TetraMin und TetraCichlid gern gefressen.

Wie bereits eingangs angedeutet wurde, kann ein harmonierendes Pärchen auch in einem relativ kleinen Aquarium zur

Zucht

angesetzt werden. Andererseits erbringt aber auch die Pflege in einem biotopgerecht eingerichteten Aquarium gute Zuchtergebnisse. Die Hälterung in kleinen Aquarien ist insofern problematisch, als alle *Julidochromis* bereits auf geringste Störungen sehr empfindlich reagieren. Charakteristisch für diese Cichliden ist, daß sich auch bei bewährten Zuchtpaaren, die wiederholt vorbildlich ihre Jungen aufgezogen haben, Männchen und Weibchen ganz plötzlich und scheinbar spontan auf das heftigste be-

Die Nkamba Bay im Süden des Tanganjikasees. An der abgebildeten Stelle wurden Buntbarsche aus den Gattungen Chalinochromis, Eretmodus, Julidochromis, Lamprologus und Tropheus gefunden.

kämpfen, wenn man im Aquarium etwas verändert. Selbst ein einfacher Wasserwechsel kann der Auslöser für derartige Kämpfe sein, die leider in aller Regel rasch zum Tod des kleineren Fisches führen.
Alle *Julidochromis* sind Höhlenbrüter. Als Bruthöhlen werden waagerechte, aber auch senkrechte Gesteinsspalten bevorzugt, die gerade genug Raum bieten, daß die Fische hineinschwimmen können. In waagerechten Höhlen wird nicht der Grund, sondern stets das Dach als Laichsubstrat verwendet.
Diese Cichliden pflegen und verteidigen ihre Brut in einer Elternfamilie, in der Männchen und Weibchen mehr oder weniger dieselben Aufgaben übernehmen. Zwischen den Fortpflanzungspartnern entwickelt sich eine Bindung, die aber nicht so eng zu sein scheint wie bei den westafrikanischen Buntbarschen. Im Aquarium kommt es gelegentlich zu Dreiergruppen, wenn ein Jungtier heranwächst und von der Eltern auch nach dem Eintritt der Geschlechtsreife weiter im Revier geduldet wird. Ein derartiges Verhalten scheint aber die Folge des geringen Raumangebots bei der Aquarienhälterung zu sein, denn es ist bisher niemals bei Unterwasserbeobachtungen im natürlichen Lebensraum nachgewiesen worden.
Die Brutpflege der *Julidochromis*-Arten erscheint im Vergleich zu den westafrikanischen Höhlenbrütern wenig intensiv, denn die Elternfische halten sich nur relativ selten am Gelege auf. Hinzu kommt, daß die Jungfische nicht von Männchen und Weibchen in einem Schwarm geführt werden, sondern eher Einzelgänger sind. So ist es nicht verwunderlich, daß Pfleger dieser Arten des öfteren gar nichts davon merkten, daß die Fische gelaicht hatten, und erst viel später zu ihrem Erstaunen feststellen mußten, daß im Aquarium Jungfische herumschwammen, die bereits relativ groß waren.
J. dickfeldi ist nicht sehr produktiv. Ein Gelege umfaßt kaum mehr als vierzig Eier. Sie haben eine graugrüne Färbung. Bei einer Wassertemperatur von 28 Grad Celsius schlüpfen die Larven nach etwa 60 Stunden. Die eben geschlüpften Larven werden von den Eltern meist gegen die Decke des Brutverstecks gespuckt, an der sie mit Hilfe ihrer Klebdrüsen, die sie am Kopf tragen, haften bleiben. Ungefähr am siebten Tag nach der Laichabgabe beginnen die Jungfische an den Wänden und dem Dach der Bruthöhle entlangzuschwimmen. Mit einer Länge von rund drei Millimeter sind sie recht winzig. Zu ihrer Aufzucht benötigt man daher sehr kleines Futter. Gut geeignet sind die frisch geschlüpften Nauplien des Salinenkrebses *Artemia salina* sowie MikroMin oder fein zerriebenes TetraMin. In einem biotopgerecht eingerichteten Gesellschaftsaquarium braucht man die Jungfische nicht gesondert zu füttern, da bei der Fütterung der übrigen Tiere stets genügend winzige Futterpartikel entstehen, die zu ihrer Ernährung ausreichen.
Bei einem reichlichen Nahrungsangebot können die Jungtiere nach drei Wochen bereits eine Länge von rund zwanzig Millimeter erreichen. Später wachsen sie jedoch relativ langsam. Sobald sie ungefähr drei Zentimeter groß sind, werden sie von den Eltern aus dem Brutrevier vertrieben.
Von Aquarianern wird gelegentlich beklagt, daß die *Julidochromis*-Arten wenig produktiv sind und daß ein Gelege oftmals nur aus zehn Eiern besteht. In diesem Zusammenhang ist die Beobachtung wichtig, die auch durch Unterwasserbeobachtungen im natürlichen Lebensraum gestützt wird, daß diese Buntbarsche über zwei verschiedene Fortpflanzungsweisen verfügen. Einerseits können sie nämlich – gleichsam als Dauerlaicher – in rascher Folge ein Gelege nach dem anderen produzieren. Oft liegen dann nur rund zehn Tage zwischen zwei aufeinander folgenden Bruten. Bei diesem Fortpflanzungsmodus ist die Zahl der Nachkommen sehr klein. Andererseits kann das Gelege aber auch aus einer größeren Zahl von Eiern bestehen, die Zwischenräume zwischen den Laichabgaben sind dann aber deutlich größer. Oft betragen sie bis zu einem halben Jahr.

Julidochromis ornatus

BOULENGER, 1898 (nördliche Farbrasse)

wurde 1958 erstmals als Aquarienfisch eingeführt. Da in der Folgezeit Neuimporte nur ganz vereinzelt und in sehr kleinen Mengen erfolgten, gehen viele der zur Zeit gepflegten Aquariumpopulationen noch auf die Erstimporte zurück. Daß bei dieser Art verschiedentlich gewisse Degenerationserscheinungen aufgetreten sind, ist bei dieser Sachlage nicht verwunderlich.

J. ornatus kann maximal eine Körperlänge von knapp acht Zentimeter erreichen. Die hier vorgestellte nördliche Farbrasse zeigt auf goldgelbem Untergrund zwei braunschwarze Längsstreifen auf den Körperseiten. Ein dritter derartiger Streifen liegt an der Basis der Rückenflosse. Die südliche Farbrasse, die aus Sambia, aus der Umgebung von Mupulungu stammt, besitzt statt der goldgelben eine elfenbeinfarbene Körperfärbung. Männchen und Weibchen sehen gleich aus.

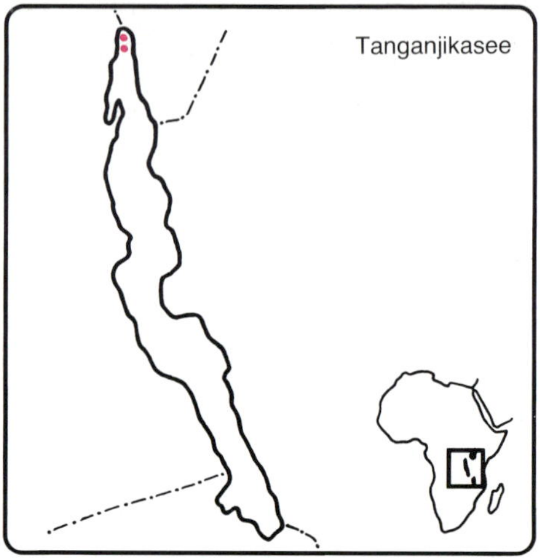

Fundorte der nördlichen Farbrasse von Julidochromis ornatus.

Der
natürliche Lebensraum
der nördlichen Farbrasse liegt an der nord-

Julidochromis ornatus (nördliche Rasse).

westlichen Küste des Tanganjikasees. Als Fundorte sind die Orte Uvira, Kalungwe und Kashekezi im nördlichen Zaire belegt. Die Fische wurden dort vorzugsweise in einer Tiefe von zwei bis vier Metern nachgewiesen. Sie leben ausschließlich im Geröll- und Felsenlitoral des Gewässers.

Die
Haltung
der Fische kann entweder im Gesellschaftsaquarium oder paarweise in einem kleineren Behälter, der eine Mindestlänge von knapp fünfzig Zentimeter haben sollte, erfolgen. Gute Erfahrungen wurden gemacht, als sie zusammen mit den maulbrütenden *Tropheus*-Arten gepflegt wurden. Eine Vergesellschaftung mit anderen Bewohnern aus dem oberen Geröll- und Felsenlitoral, beispielsweise den kleineren *Lamprologus*-Arten oder den Grundelbuntbarschen, ist ebenfalls gut möglich. Vor allem im Gesellschaftsaquarium sollte die Einrichtung die Lebensbedingungen im natürlichen Lebensraum genau imitieren, damit die Fische eine ausreichende Anzahl von Zufluchtsstätten vorfinden. Hervorzuheben ist, daß *J. ornatus* auch zarte Pflanzentriebe unbeschädigt läßt. Da die Fische ein kleines Maul besitzen, erfolgt die Fütterung mit Wasserflöhen, kleinen Insektenlarven und Flockenfutter.

Larven von Julidochromis ornatus am fünften Tag nach der Befruchtung der Eier.

Die
Zucht
ist vielerorts gelungen und bereitet keine Schwierigkeiten, wenn mittelhartes Wasser mit einer leicht alkalischen oder neutralen Reaktion zur Verfügung steht. Wie alle *Julidochromis* ist auch diese Art ein spezialisierter Höhlenbrüter, der die Nachkommen in einer Elternfamilie betreut und aufzieht. Da im Fortpflanzungsverhalten keine Unterschiede gegenüber *J. dickfeldi* auftreten, kann auf die Ausführungen verwiesen werden, die sich in den Abschnitten über jene Art finden.

Das Felsenlitoral des Tanganjikasees ist der Lebensraum der Julidochromis- Arten.

Julidochromis regani

POLL, 1942

kann in seinem natürlichen Biotop eine Körperlänge von fünfzehn Zentimeter erreichen und ist damit der größte Vertreter der Gattung. Da ein Sexualdimorphismus fehlt, sind Männchen und Weibchen nur schwer zu unterscheiden. Sobald die Fische aber eine Länge von ungefähr zehn Zentimeter erreicht haben, liefert das Studium der Genitalpapille, die bei diesen *Julidochromis* ständig sichtbar ist, brauchbare Hinweise. Bei weiblichen Tieren ist sie kurz und nach vorn gerichtet, bei männlichen dagegen auch außerhalb der Laichaktivitäten bis etwa vier Millimeter lang und nach hinten gerichtet.

Von *Julidochromis regani* sind mehrere Farbrassen bekannt, die sich dadurch unterscheiden, daß der Anteil, den die dunklen und hellen Zeichnungen im Farbkleid dieser Art haben, unterschiedlich ausgebildet ist. In der Regel tragen die Fische vier dunkle Streifen auf gelblichem Untergrund. Manche Rassen scheinen aber eher helle Streifen auf dunklem Untergrund zu besitzen. An gewissen Fundorten weisen die Flossen der Tiere auffallende dunkle Zeichnungen auf, an anderen sind sie dagegen beinahe farblos.

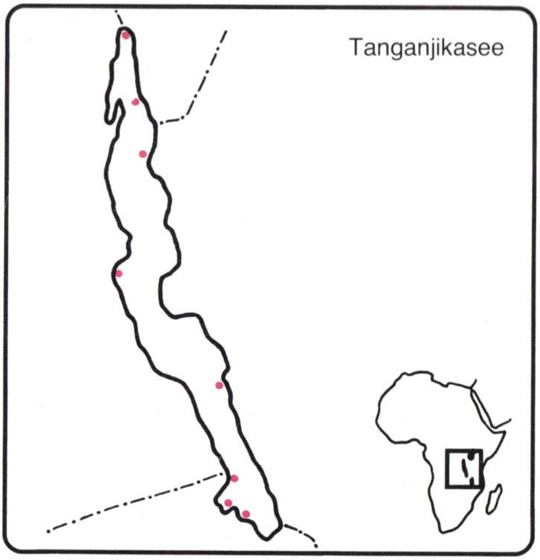

Fundorte von Julidochromis regani.

Männchen von Julidochromis regani, nördliche Rasse.

Der

natürliche Lebensraum

der hübschen Rasse, die hier im Foto vorgestellt wird, liegt in Burundi: Nach Angaben von BRICHARD (1978) findet man diese Farbform nur in einem sehr kleinen Areal, das in der Nordspitze des Tanganjikasees, unweit der Stadt Bujumbura gelegen ist. Da die dunklen Zeichnungen bei den Fischen auffallend breit sind, scheinen sie auf braunschwarzem Untergrund ein Muster sandgelber Längsstreifen zu tragen.

Julidochromis regani ist ein Bewohner des Geröll- und Felsenlitorals. Die Art hat von allen Vertretern der Gattung die größte Verbreitung und ist deshalb zugleich auch am häufigsten zu beobachten. Nicht nur im Norden (Burundi, Tansania) und Süden (Sambia), sondern auch an der mittleren Westküste (Zaire) sind Fundorte bekannt geworden. Ich konnte die Art auch an der zentralen Ostküste nördlich von Kipili (Tansania) nachweisen. In der Umgebung von Kigoma tritt sie in einer Farbform auf, die wie eine Zwischenform zwischen *J. marlieri* und *J. regani* aussieht.

Im natürlichen Lebensraum ernähren sich diese Buntbarsche von verschiedenen Kleinlebewesen, die sie im Aufwuchs finden. Die Fütterung von frisch importierten Fischen gestaltet sich deshalb in der Regel etwas schwierig, da sie Flockenfutter nicht annehmen, sondern nur lebende Kleinkrebse und Insektenlarven fressen. Nach einer Eingewöhnungszeit, die im allgemeinen ein halbes Jahr dauert, nehmen sie alle gängigen Futtermittel an. Unter der Voraussetzung, daß man im Besitz eines harmonierenden Pärchens ist, das man für sich pflegen will, genügt für die

Haltung

ein Aquarium, das eine Länge von einem guten halben Meter hat. Grundsätzlich ist aber auch die Pflege in einem großen Gesellschaftsaquarium empfehlenswert, in dem *Lamprologus-*, *Chalinochromis*-Arten oder Grundelbuntbarsche leben. In jedem Fall muß das Becken aber mit Gesteinsbrokken biotopgerecht eingerichtet werden.

Nicht nur für die

Zucht

sind viele Spalten und Hohlräume wichtig, die diese Höhlenbrüter zum Ablaichen und zur Aufzucht der Brut benötigen. Derartige Zufluchtsstätten dienen auch der Abgrenzung von Revieren und ermöglichen es schwächeren Fischen, nach kämpferischen Auseinandersetzungen aus dem Blickfeld des Siegers zu verschwinden. Da es im Sexual- und Brutpflegeverhalten der *Julidochromis* keine wesentlichen Unterschiede gibt, sei auf die detaillierten Ausführungen verwiesen, die zu diesem Thema anläßlich der Besprechung von *J. dickfeldi* gemacht wurden.

Julidochromis regani im natürlichen Lebensraum: Geröll-Litoral im Sumbu Nationalpark (Sambia), zwei Meter Tiefe.

Julidochromis transcriptus

MATTHES, 1959

ist seit dem Anfang der sechziger Jahre in der Aquaristik bekannt. Weitere Importe erfolgten in ganz geringem Umfang erst wieder im Jahre 1979. Es ist deshalb nicht erstaunlich, daß sich bei einigen der Aquarienstämme gewisse Degenerationserscheinungen eingestellt haben, die insbesondere die Färbung betreffen. Gut gezeichnete Tiere tragen wie das im Foto abgebildete Importmännchen auf tiefschwarzem Untergrund vier bis fünf schmale elfenbeinfarbene bis cremeweiße Querstreifen. Auch die Rückenflosse ist schwarz gefärbt. Da Männchen und Weibchen völlig gleich aussehen, ist eine Bestimmung des Geschlechtes aufgrund äußerer Merkmale nicht möglich.

J. transcriptus ist der kleinste Vertreter der Gattung. Die maximale Länge dieser Art beträgt nur gut sechs Zentimeter. Weibliche Fische scheinen im allgemeinen etwas kleiner zu bleiben.

Der

natürliche Lebensraum

dieses Buntbarsches scheint sehr begrenzt

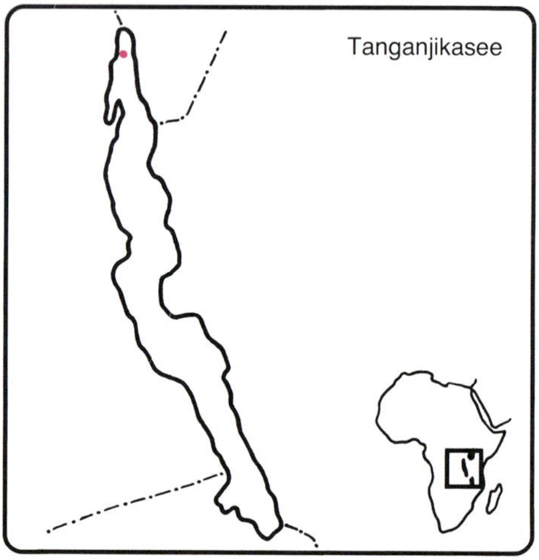

Fundort von Julidochromis transcriptus.

zu sein. Der einzige bekannte Fundort liegt in der nordwestlichen Ecke des Tanganjikasees, im nördlichen Zaire. Das von ihm besiedelte Areal erstreckt sich zwischen den beiden Orten Luhanga und Makobola.

Die Fische leben ausschließlich im Geröll-

Männchen von Julidochromis transcriptus.

und Felsenlitoral. Die von ihnen bevorzugte Tiefe liegt zwischen einem und fünf Metern. Taucher haben sie aber gelegentlich auch noch in einer Tiefe von fünfzehn und sogar dreißig Metern beobachtet. Sie finden ihre Nahrung vor allem im Aufwuchs. Magenuntersuchungen ergaben, daß sie neben Algen Kleinkrebse verschiedenster Art und vor allem kleine Insektenlarven gefressen hatten.

Die biotopgerechte
Haltung
erfolgt in einem Aquarium, das den Fischen durch entsprechende Steinaufbauten zahlreiche enge Spalten und Nischen bietet, die von ihnen als Bruthöhlen oder Zufluchtsstätten genutzt werden können. Obwohl sich dieser hübsche Buntbarsch durchaus paarweise in relativ kleinen Behältern mit einer Seitenlänge von etwa fünfzig Zentimetern gut pflegen läßt, sollte er nach Möglichkeit doch in einem eineinhalb Meter großen Aquarium mit anderen Cichliden aus der steinigen und felsigen Uferzone des Tanganjikasees vergesellschaftet werden, da diese Hälterung viel interessanter ist. Ein derartiges Aquarium könnte mit Grundelbuntbarschen, *Tropheus*- oder kleineren *Lamprologus*-Arten besetzt werden. Auch *J. dickfeldi* und *J. regani* lassen sich in größeren Behältern gut zusammen mit *J. transcriptus* pflegen.
Zwar gibt es im natürlichen Lebensraum dieser Fische keine höheren Wasserpflanzen, da die Tiere aber selbst zarte Triebe unberührt lassen, kann das Aquarium dennoch bepflanzt werden. Frisch importierte Exemplare nehmen Flockenfutter erst nach einer längeren Gewöhnungszeit als Nahrung an. Wasserflöhe und Mückenlarven werden dagegen sofort gern gefressen.
Wie alle anderen *Julidochromis* ist auch diese Spezies ein Höhlenbrüter, der die Brut in einer Elternfamilie versorgt und verteidigt.

Da sich seine
Zucht
in keiner Weise von den übrigen Vertretern der Gattung unterscheidet, kann auf die Hinweise verwiesen werden, die zu *J. dickfeldi* gegeben wurden.

Der Hafen von Ujiji (Tansania) liegt an einem sumpfigen Küstenabschnitt.

Die Gattung

Labeotropheus

ist von AHL im Jahre 1927 beschrieben worden. Ihr werden zwei Arten zugeordnet, die sich sehr ähnlich sind und nur anhand ihrer unterschiedlichen Körpergestalt unterscheiden lassen. *L. trewavasae* ist schlank und langgestreckt, *L. fuelleborni* dagegen relativ gedrungen und hochrückig. Beide werden zu den *Mbuna*-Cichliden gezählt, d. h., sie sind Aufwuchsfresser, deren Nahrungsgrundlage der Algenrasen mit seinen Mikroorganismen ist, der in der oberen Uferzone Steine und Felsen überzieht. Die *Labeotropheus*-Arten sind in ganz besonderer Weise an diese Ernährungsweise angepaßt, denn ihr extrem unterständiges Maul erlaubt es ihnen, den Aufwuchs in einer mehr oder weniger normalen Schwimmlage abzuweiden. Andere *Mbuna*-Arten müssen sich dagegen zum Fressen beinahe auf den Kopf stellen. Die Verbreitung der Gattung *Labeotropheus* ist auf den Malawisee beschränkt.

Labeotropheus fuelleborni

AHL, 1927

erreicht im allgemeinen eine Länge von zwölf Zentimeter, kann unter Aquarienbedingungen im Einzelfall aber auch bis knapp fünfzehn Zentimeter lang werden. Die Art zeigt einen bemerkenswerten farblichen Polymorphismus, d. h. , Tiere, die an demselben Fundort gefangen wurden, können ganz verschieden gefärbt sein. Männchen der häufigeren Variante zeigen ein strahlendes Lichtblau. Die dazugehörenden Weibchen sehen graublau aus. Neben dieser Normalform gibt es noch eine gescheckte Morphe, die auf elfenbeinfarbenem bis gelborangem Untergrund unregelmäßige schwarze Flekken und Tüpfel trägt. Sie besteht beinahe ausschließlich aus Weibchen. Die äußerst selten auftretenden gescheckten Männchen sind an einem bläulichen Unterton zu erkennen, der insbesondere während der Balz deutlich hervortritt.

Männchen von Labeotropheus fuelleborni, Mbenji-Variante.

Der

natürliche Lebensraum

dieses Buntbarsches ist das Geröll- und Felsenlitoral des Malawisees. Vor allem im südwestlichen Teil des Gewässers sind die Fische weit verbreitet. An der nordöstlichen Küste (Tansania) scheinen sie dagegen zu fehlen.

Die Art tritt in einer ganzen Reihe unterschiedlicher Farbrassen auf. Das hier im Foto vorgestellte Männchen, das einen goldgelben Farbfleck auf den Körperseiten trägt, stammt aus dem Litoral der Mbenji Inseln. Fische von den Maleri Inseln sehen dagegen einfarbig blau aus. In der Umgebung von Cape Maclear sind die Bauchflossen sowie der hintere Bereich der Rücken- und Afterflosse bei den Männchen gelborange gefärbt. Eine besonders schöne rotorange Rückenflosse tragen männliche Tiere von den Chindunga Rocks in der Nähe der Ortschaft Chipoka. Exemplare von Cinyankwazi weisen dagegen eine schwarze Rückenflosse auf. Männchen von der Insel Likoma sehen einfarbig hellblau aus.

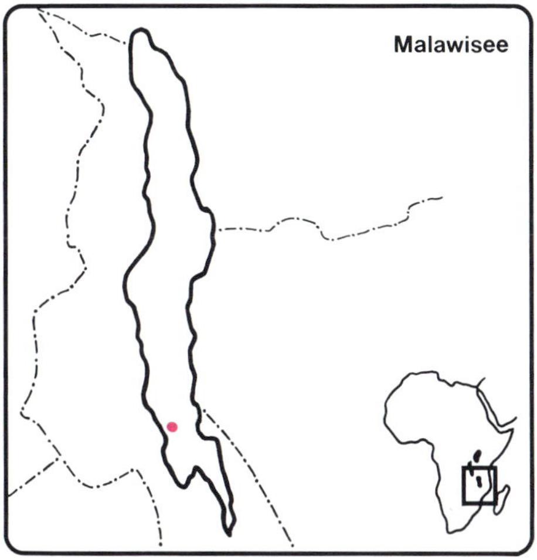

Fundort der Mbenji-Variante.

Bei der Beachtung einiger weniger Grundregeln ist die

Haltung

dieses Cichliden völlig unproblematisch.

Labeotropheus fuelleborni, Weibchen der gescheckten Morphe.

Nach Möglichkeit sollte *L. fuelleborni* nicht für sich, sondern in einem geräumigen Gesellschaftsaquarium gepflegt werden, das etwa eineinhalb Meter lang ist. Da die Männchen die weiblichen Fische im allgemeinen stark treiben, kommt eine paarweise Haltung nicht in Frage, sondern es werden zwei oder drei Weibchen benötigt. Zwei männliche Exemplare lassen sich nur in ungewöhnlich großen Behältern zusammen pflegen, denn die innerartliche Aggression ist bei dieser Spezies stark ausgebildet.

Als Mitbewohner des Aquariums eignen sich andere Mbuna-Cichliden, beispielsweise *Pseudotropheus-, Melanochromis-* oder *Labidochromis*-Arten, sowie robuste *Haplochromis.* Die biotopgerechte Einrichtung des Aquariums erfolgt mit Gesteinsbrocken und Felsplatten, die an der Rückwand so angeordnet werden, daß zahlreiche Nischen und Höhlen entstehen. Der Bodengrund sollte aus Sand oder nicht allzu grobem Kies bestehen. Obwohl im natürlichen Lebensraum der Tiere keine höheren Pflanzen zu finden sind, kann das Aquarium begrünt werden. Es sind jedoch nur harte und robuste Arten, beispielsweise die westafrikanischen *Anubias* oder der aus Asien stammende Farn *Microsorium pteropus* geeignet, da die Aufwuchsfresser auf der Nahrungssuche Pflanzen und Steine ständig mit ihren Zähnen abraspeln.

Obwohl *L. fuelleborni* als ausgesprochener Nahrungsspezialist einzustufen ist, ergeben sich bei der Ernährung keine Probleme. Wasserflöhe, Insektenlarven, TetraMin und TetraPhyll werden gern gefressen. Dagegen sind Rinderherz und ballastarme Futtermittel, wie beispielsweise Regenwürmer, für diesen Aufwuchsfresser nicht geeignet und nur als gelegentliches Zusatzfutter zu verwenden.

Die

Zucht

erfolgt am günstigsten im Gesellschaftsaquarium, aus dem das brutpflegende Weibchen herausgefangen wird, wenn die Larvenentwicklung der Brut kurz vor dem Abschluß steht. *L. fuelleborni* ist ein spezialisierter Maulbrüter, der die Nachkommen in einer Mutterfamilie aufzieht. Die Fische sind agam, d. h. , zwischen den Fortpflanzungspartnern besteht keine Bindung. Die Männchen balzen unter Rütteln und Führungsschwimmen jedes laichbereite Weibchen an und versuchen, es in ihr Revier zu locken. Als Laichsubstrat wird ein flacher Stein bevorzugt, der in einer Höhle oder an einem anderen geschützten Platz liegt. Das Weibchen gibt die Eier meist einzeln ab und nimmt sie dann sofort in das Maul. Im Anschluß daran folgt es mit seinem Kopf der Analregion des Männchens. Dabei saugt es die Spermien auf, die den Laich befruchten. Bei einer Wassertemperatur von ungefähr 26 Grad Celsius ist damit zu rechnen, daß die Jungfische nach ungefähr zwanzig Tagen erstmals das Maul der Mutter verlassen. Sie sind dann bereits knapp zehn Millimeter groß und recht selbständig. Ihre Aufzucht bereitet mit fein ausgesiebten Wasserflöhen und zerriebenem Flockenfutter keine Schwierigkeiten. Da sie angeborenerweise Verhaltensweisen zeigen, die ein Überleben in einem dicht mit Fischen besiedelten Lebensraum ermöglichen, wachsen auch in einem Gesellschaftsaquarium, wenn es biotopgerecht eingerichtet ist, regelmäßig einige Jungtiere auf.

Männchen von L. fuelleborni beim Maulkampf, Felsenlitoral der Insel Dombwe, drei Meter Tiefe.

Lamprologus

ist die größte Cichlidengattung des Tanganjikasees. Einschließlich der jüngsten Neubeschreibungen enthält sie 45 Arten. Ihr Verbreitungsgebiet ist jedoch keineswegs auf dieses Gewässer beschränkt, sondern erstreckt sich auch auf das Kongostromsystem. Aus dieser Fischregion sind rund ein halbes Dutzend weiterer *Lamprologus*-Arten bekannt.
Die in dieser systematischen Einheit zusammengefaßten Buntbarsche bieten eine überraschende Vielfalt der Formen und Lebensweisen. Neben Arten, die über dreißig Zentimeter lang werden *(L. profundicola),* finden wir in ihr auch wahre Zwerge, die kaum eine Größe von fünf Zentimeter erreichen. *(L. kungweensis).* Einige Arten besitzen einen sehr schlanken, langgestreckten Körper mit einem ovalen bis rundlichen Querschnitt, beispielsweise *L. attenuatus*, bei anderen ist der Körper seitlich in extremer Weise zusammengedrückt und abgeflacht. Sie sind dann ausgesprochen hochrückig. Typische Vertreter dieses Körperbautyps sind *L. calvus* und *L. compressiceps.*
So variabel wie die Körpergestalt in der Gattung *Lamprologus* ist, so vielfältig sind die Lebensweisen ihrer Vertreter. Neben fischfressenden Räubern gibt es spezialisierte Schnecken- und Kleinkrebsfresser. Besonders bemerkenswert sind winzige Schneckenbarsche, die leere Schneckenhäuser als Heimstätte benutzen und auch darin ablaichen. Neben unscheinbar gefärbten Arten, die aber oftmals höchst interessante Verhaltensweisen zeigen, die sie für die Aquaristik attraktiv erscheinen lassen, gibt es auch einige Formen mit sehr hübschen Farbkleidern. *Lamprologus* gehört zu den ältesten Cichlidengattungen, denn sie wurde bereits im Jahre 1891 von SCHILTHUIS beschrieben.

Am Felsenufer werden die interessantesten Tanganjikacichliden gefangen.

Lamprologus brevis
BOULENGER, 1899

ist erst in jüngster Zeit der Aquaristik zugänglich geworden. Die ersten Importe wurden Ende 1979 durchgeführt. Dieser Buntbarsch gehört mit einer maximalen Körperlänge von knapp sechs Zentimeter zu den Zwergcichliden des Tanganjikasees. Bedauerlicherweise ist es aufgrund äußerer Merkmale nicht möglich, die Geschlechter mit Sicherheit zu unterscheiden. Weibliche Tiere bleiben vermutlich deutlich kleiner als die Männchen.

Die Grundfarbe der Fische ist ein Braunbeige, das zum Bauch hin deutlich heller wird. Auf den Körperseiten tragen sie neun schmale Querstreifen, die hinten weißgrün, in der vorderen Körperhälfte dagegen licht-

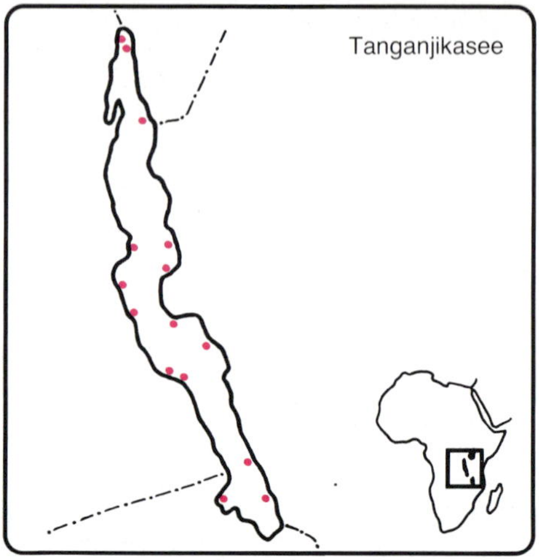

Fundorte von Lamprologus brevis.

Lamprologus brevis

blau glänzen. Unmittelbar unter dem Auge befindet sich eine auffallend blaulila Glanzzone. Anfänglich wurde diese Art wiederholt irrtümlich als *L. ocellatus* angesprochen.

Der
natürliche Lebensraum
dieses kleinen Buntbarsches ist der schlammige und sandige Untergrund an den Stellen, an denen Schnecken aus der Gattung *Neothauma* in größerer Anzahl vorkommen. Die leeren Häuser dieser Mollusken dienen den Cichliden als Zufluchtsstätten und Laichhöhlen. Der Umstand, daß sie nur selten importiert werden, erklärt sich dadurch, daß sie vorzugsweise in größerer Wassertiefe angetroffen werden. Belegt sind Fundorte, die zwischen sechs und weit über 50 Meter tief lagen. Im natürlichen Lebensraum scheinen Copepoden, d. h. Kleinkrebse aus der Verwandtschaft der Hüpferlinge, bei der Ernährung der Fische eine wichtige Rolle zu spielen. Das Vorkommen der Tiere erstreckt sich über den gesamten See. Fundorte sind aus dem nördlichen und südlichen Zaire, aus Sambia und allen Teilen Tansanias bekannt.

Für die artgemäße
Haltung
der Schneckenbarsche sind natürlich leere Schneckenhäuser eine unbedingte Voraussetzung. Glücklicherweise benötigt man jedoch nicht die im Foto abgebildeten Originalgehäuse der Tanganjikaschnecken. Die Fische nehmen auch mit den Häusern der einheimischen Weinbergschnecke vorlieb, die in etwa dieselbe Größe haben, allerdings dünnwandiger sind und auch eine etwas andere Form besitzen. Die Schneckenhäuser bekommt man in Feinkostgeschäften, die tiefgefrorene Weinbergschnecken für Liebhaber der französischen Küche anbieten. Der Bodengrund des Aquariums sollte möglichst aus einer vier bis fünf Zentimeter hohen Sandschicht bestehen, die es den Tieren erlaubt, ihr Schneckenhaus in der ihnen zusagenden Form zu verbuddeln. Meist ist am Ende von dem Molluskengehäuse bis auf die Öffnung nicht mehr viel zu sehen. Interessant ist, daß die Fische ihr Haus solange bearbeiten, bis es in einem ganz bestimmten Neigungswinkel auf dem Untergrund liegt, denn nur dann ist es ihnen möglich, bei Gefahr blitzschnell in den gewundenen Gang des Schneckenhauses hineinzuschwimmen. Um diese Arbeiten durchzuführen, verwenden die Fische mindestens drei verschiedene Techniken. Einerseits schieben sie das Haus direkt, in dem sie es am Rand mit den Kiefern greifen oder dagegenschwimmen. Andererseits bewegen sie es indirekt, indem sie den Sand unter ihm weggraben, so daß es sich langsam nach einer Seite neigt oder im Untergrund verschwindet. Schließlich können sie das Schneckenhaus noch durch „Pflügen" vergraben oder mit Sand zudecken. Dabei führen sie, mit dem Bauch auf dem Grund liegend, heftige Schwanzschläge aus, die größere Sandmengen nach hinten befördern.
Da Pflanzen von den Schneckenbarschen überhaupt nicht beschädigt werden, können sie zur Dekoration des Aquariums verwendet werden. Es ist jedoch zu beachten, daß die Fische zu ihrem Wohlbefinden ausreichend große freie Sandflächen benötigen.
Es ist ohne weiteres möglich, *L. brevis* paarweise in einem Behälter von etwa fünfzig Zentimeter Länge zu pflegen. Empfehlenswerter ist es jedoch, mehrere Paare in einem größeren Aquarium zu halten, in das auch noch weitere Tanganjikacichliden gesetzt werden. Erst unter diesen Pflegebedingungen zeigen die Fische ihr höchst interessantes Revier- und Kampfverhalten. Als weitere Bewohner eines derartigen Gesellschaftsaquariums kommen unter anderem die Grundelcichliden, *Julidochromis transcriptus, J. ornatus* und *Tropheus duboisi* in Betracht.

Bis zum Abschluß dieses Manuskriptes lagen noch keine Berichte über eine erfolgreiche
Zucht
der Fische vor. Erfahrungen mit *L. ocellatus,* einer Art, die bereits wiederholt im Aquarium zur Fortpflanzung gebracht wurde, lassen jedoch vermuten, daß die Jungtiere sehr klein sind. Zu ihrer Aufzucht werden deshalb anfangs unbedingt frisch geschlüpfte Nauplien des Salinenkrebses, *Artemia salina,* benötigt.

Lamprologus brichardi

POLL, 1974

ist ohne Einschränkung als ein idealer Aquariumfisch zu bezeichnen. Die Tiere erreichen eine maximale Länge von ungefähr neun Zentimeter. Sie wirken weniger durch ihr Farbkleid, sondern durch ihre elegante Körper- und Flossenform attraktiv. Da Männchen und Weibchen gleich aussehen, ist eine Bestimmung der Geschlechter anhand äußerer Merkmale unmöglich. Die Grundfarbe des Körpers ist ein Braunbeige. Im oberen Winkel des Kiemendeckels liegt ein oranger Farbfleck. Die Wangen tragen türkisblaue Zeichnungen. Charakteristisch sind ein tiefschwarzer Längsstrich, der Auge und Kiemendeckel verbindet sowie der gleichfarbige Rand des Kiemendeckels.

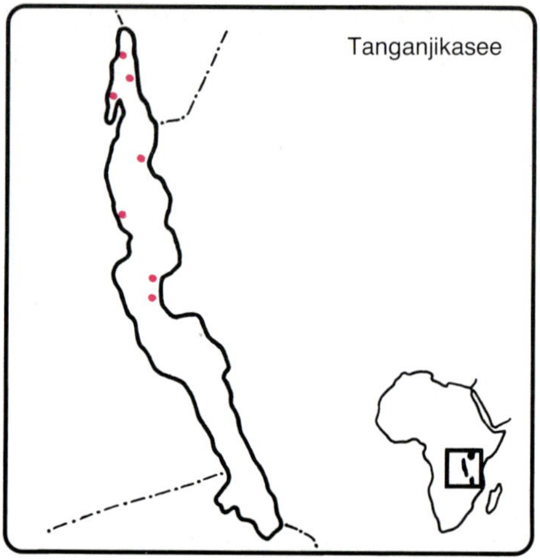

Fundorte von Lamprologus brichardi.

Lamprologus brichardi.

Der
natürliche Lebensraum
dieses Buntbarsches liegt im unteren Geröll- und Felsenlitoral. Seine Verbreitung scheint sich vor allem über die nördliche Hälfte des Tanganjikasees zu erstrecken. In Sambia scheint stattdessen die sehr ähnliche Art *L. pulcher* vorzukommen.
Die Fische treten besonders häufig in einer Tiefe zwischen fünf und zehn Metern auf. Man trifft sie niemals einzeln oder paarweise, sondern immer in großen Verbänden an, die standorttreu sind. Sie sind Kleinbrockenfresser, die Kleinkrebse und andere Wirbellose aus dem Aufwuchs heraussammeln.

Da *L. brichardi* recht robust ist, ergeben sich bei der
Haltung
in einem biotopgerechten Aquarium keine Schwierigkeiten. Wenn die Fische für sich gehalten werden, genügen kleinere Aquarien, die zwischen fünfzig und neunzig Zentimeter lang sind. Im Gesellschaftsaquarium entwickeln diese Buntbarsche jedoch einen relativ großen Platzbedarf, da sie ein Revier, in dem sie ihre Brut aufziehen, sehr nachdrücklich verteidigen. Trotz ihrer geringen Größe verstehen sie es, sich auch gegenüber weit größeren Cichliden durchzusetzen. Geeignete Mitbewohner des Gesellschaftsbeckens sind *Tropheus-, Julidochromis-, Telmatochromis-, Chalinochromis-* sowie die kleineren *Lamprologus*-Arten.
Für die Einrichtung des Aquariums werden Felsbrocken und Steine gebraucht. Sie werden an der Hinterwand des Behälters so angeordnet, daß möglichst viele Spalten und Versteckplätze entstehen. Diese Aufbauten sollten bis dicht unter die Oberfläche reichen. Da *L. brichardi* auch zarte Pflanzen unbehelligt läßt, ist eine Bepflanzung des Beckens möglich. Es sollte aber genügend freier Schwimmraum übrig bleiben, denn im natürlichen Biotop der Fische gibt es außer dem Aufwuchs keine Pflanzen.

Die
Zucht
kann, falls man nicht unbedingt größere Mengen Jungfische aufziehen will, durchaus im Gesellschaftsaquarium erfolgen, da infolge der intensiven Brutpflege, die diese Art zeigt, auch dort ein Teil der Brut aufgezogen wird. *L. brichardi* ist ein Höhlenbrüter, der seinen Laich in einer engen Gesteinsspalte deponiert. Das Brutpflegeverhalten dieser Art ist nach unseren bisherigen Kenntnissen insofern einmalig unter Cichliden, als die Jungfische in einer Großfamilie aufwachsen. Ältere Geschwister übernehmen die Rolle von Brutpflegehelfern und unterstützen die Eltern bei der Aufzucht der Larven. Auch nach dem Eintritt der Geschlechtsreife werden die Jungtiere noch im Revier der Eltern geduldet, so daß schließlich ein Sippenverband entsteht. So erklärt es sich, daß dieser Cichlide im natürlichen Lebensraum stets in großen Verbänden auftritt. Die Jungfische sind sehr winzig und benötigen daher frisch geschlüpfte Nauplien von *Artemia salina* oder MikroMin als Futter. In einem großen Gesellschaftsaquarium braucht man sie jedoch nicht gesondert zu versorgen, da bei der Fütterung der übrigen Fische stets kleine und kleinste Futterbröckchen entstehen, die ihre Ernährung gewährleisten.

Geröllzone im Sumbu National Park (Sambia).

Lamprologus compressiceps
BOULENGER, 1898

gehört zweifellos zu den eindrucksvollsten Fischgestalten des Tanganjikasees. Der spitze Kopf, der hochrückige, seitlich stark abgeflachte Körper und die hohe Rückenflosse verleihen den Tieren ein unverwechselbares Aussehen. Allerdings ist im Jahre 1978 durch POLL mit *L. calvus* eine zweite Spezies mit beinahe identischer Körpergestalt beschrieben worden. Jene Art ist jedoch etwas schlanker und weniger hochrückig.

Die Fische erreichen im Ausnahmefall eine maximale Länge von knapp dreizehn Zentimeter. Sie sind monomorph, d. h., Männchen und Weibchen sehen gleich aus. Eine Bestimmung des Geschlechts ist deshalb sehr schwierig. Bei älteren Männchen sind allerdings Rücken- und Afterflosse, insbesondere aber die Bauchflossen etwas länger als bei den Weibchen vergleichbarer Größe. *Lamprologus compressiceps* hat mehrere Rassen mit unterschiedlicher Körperfarbe herausgebildet. Die Tiere können je nach Fundort braunbeige, currygelb, beigebraun und olivgrün aussehen. Die Brustflossen sind chromgelb bis rotorange gefärbt. Vor allem bei jüngeren Exemplaren treten auf den Flanken sechs bis sieben dunkle Querstreifen auf, die in der vorderen Körperhälfte oft

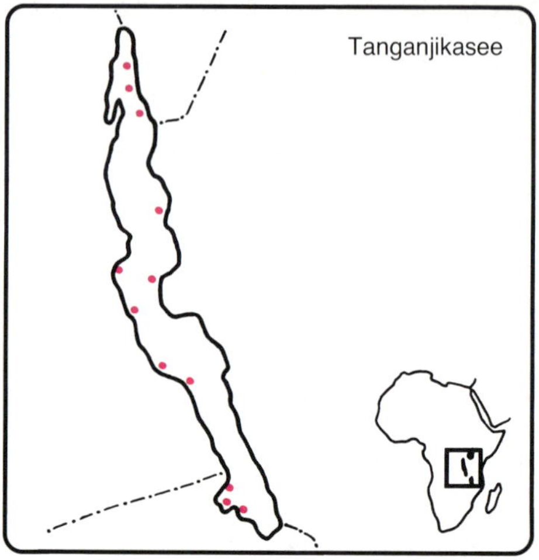

Fundorte von Lamprologus compressiceps.

Lamprologus compressiceps.

als Doppelstreifen erscheinen.

Der
natürliche Lebensraum

dieses Cichliden ist das Geröll- und Felsenlitoral bis zu einer Tiefe von etwa dreißig Meter. Am häufigsten sind die Tiere in dem Bereich zwischen zwei und zehn Meter. Fundorte sind für alle Teile des Tanganjikasees belegt.
Das stark bezahnte, dehnungsfähige Maul von *L. compressiceps* erscheint als Merkmal eines fischfressenden Räubers. Magenuntersuchungen sowie Beobachtungen im natürlichen Biotop und im Aquarium ergaben jedoch, daß dieser Buntbarsch keineswegs ein Fischräuber ist. Zwar werden auch Fische gefressen, diese dürfen aber nur eine überraschend geringe Körpergröße haben. Die wichtigste Nahrungsquelle im Tanganjikasee sind wahrscheinlich kleine Süßwassergarnelen, die der Cichlide mit Hilfe seines spitzen, seitlich zusammengedrückten Körpers in engen Gesteinsspalten und anderen Zufluchtsstätten aufspürt.

Für die artgemäße
Haltung

genügen vergleichsweise kleine Aquarien mit einer Seitenlänge zwischen einem halben und einem Meter, wenn man die Fische paarweise pflegt. Allerdings ist es nicht leicht, ein harmonierendes Pärchen zu erhalten, da die innerartliche Aggression der Tiere recht stark ist. Es empfiehlt sich daher, mehrere Exemplare solange in einem Gesellschaftsaquarium von etwa eineinhalb Meter Länge zu halten, bis sich zwischen zwei Fischen eine feste Partnerbindung herausgebildet hat. Das Aquarium sollte man so einrichten, daß mit Hilfe von Steinaufbauten eine Anzahl von Höhlen geschaffen werden, die zugleich eine Abgrenzung mehrerer Reviere erleichtern. Ebenso wie die anderen Vertreter der Gattung ist auch *L. compressiceps* ausgesprochen duldsam gegenüber Pflanzen und beschädigt selbst zarte Triebe nicht. Dennoch sollte man, um den Schwimmraum nicht unnötig zu verkleinern, vorzugsweise Pflanzen verwenden, die auf den Steinaufbauten festwachsen.
L. compressiceps ist ein ausgesprochen ruhiger Fisch, der im allgemeinen nur wenig umherschwimmt und anderen Fischen gegenüber wenig Durchsetzungsvermögen zeigt. Man kann ihn deshalb nicht mit robusten und sehr lebhaften Arten vergesellschaften, beispielsweise den Vertretern der Gattungen *Tropheus* oder *Petrochromis.* Gut geeignet sind dagegen die kleineren *Julidochromis*- und *Lamprologus*-Arten.
Frisch importierte Exemplare verweigern anfangs die Annahme von Flockenfutter. Wasserflöhe werden dagegen gern gefressen. Erwachsene Tiere benötigen, insbesondere wenn sie Laich ansetzen sollen, eine gehaltvolle Nahrung. Man muß ihnen deshalb regelmäßig Insektenlarven, vor allem weiße Mückenlarven, und entsprechend zerkleinertes Krebsfleisch (Shrimps) anbieten.

Zur
Zucht

müssen diese Fische in einem biotopgerecht eingerichteten Aquarium paarweise gepflegt werden. Sie sind Höhlenbrüter und pflegen den Laich, die Larven und die Jungfische in einer Elternfamilie. Bisher ist es nur selten gelungen, diese Art im Aquarium zur Fortpflanzung zu bringen. Die Gründe dafür dürften zumeist in einer unzureichenden Ernährung der Tiere zu suchen sein. Die Jungfische sind sehr klein und müssen deshalb anfangs mit den Nauplien von *Artemia salina,* des Salinenkrebses, und fein zerriebenem Flockenfutter gefüttert werden. Sie wachsen relativ langsam. Nach einem Jahr haben sie häufig erst eine Länge von rund fünf Zentimeter erreicht.

Auch am Tanganjikasee finden sich schnell Helfer, wenn Aquariumfische gefangen werden.

Lamprologus fasciatus

BOULENGER, 1898

gehört zu den Tanganjika-Cichliden, die in der Aquaristik kaum bekannt sind. Das liegt daran, daß die Fische nur selten importiert wurden. Ihre maximale Länge liegt bei etwa vierzehn Zentimeter. Eine Unterscheidung von Männchen und Weibchen ist aufgrund äußerer Merkmale nicht möglich. Beide Geschlechter tragen auf sandgelbem bis elfenbeinfarbenem Untergrund ein Muster von ungefähr neun, zum Teil gegabelten dunklen Querstreifen. Ein charakteristisches Merkmal dieser Art ist die türkisblau gefärbte Iris.

Der

natürliche Lebensraum

ist das Geröll- und Felsenlitoral. In Sambia konnte ich die Fische wiederholt in Tiefen zwischen zwei und fünf Metern beobachten. Als weitere Fundorte sind die West- und Nordwestküste (Zaire) belegt.
Die Fische suchen ihre Nahrung vor allem im Aufwuchs, der Steine und Felsen überzieht. Eine wichtige Rolle bei ihrer Ernährung scheinen kleine Süßwassergarnelen zu spielen.

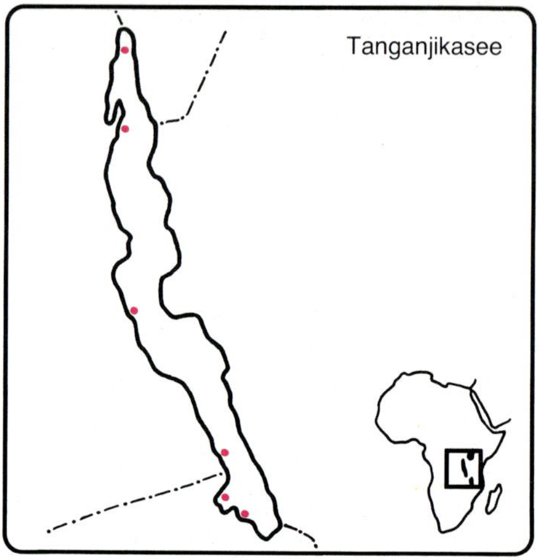

Fundorte von Lamprologus fasciatus.

Die

Haltung

dieses Buntbarsches erfolgt am günstigsten in einem Gesellschaftsaquarium, das eine Seitenlänge von über einem Meter haben muß. Als weitere Bewohner des Beckens sind andere kleine bis mittelgroße *Lamprolo-*

Lamprologus fasciatus.

gus sowie Cichliden aus den Gattungen *Julidochromis, Chalinochromis, Telmatochromis, Spathodus* und *Eretmodus* geeignet, die ebenfalls die obere Region der Uferzone mit steinigem Untergrund bewohnen. Grundsätzlich erscheint auch eine Vergesellschaftung mit *Tropheus*-Arten möglich. Wenn sich jedoch zu viele dieser unruhigen und gierig fressenden Fische im Aquarium befinden, besteht die Gefahr, daß sich *L. fasciatus,* der recht ruhig ist, nicht mehr wohl fühlt und auch nicht genügend Futter bekommt. Bei der ausschließlichen Fütterung mit Wasserflöhen und Flockenfutter ist die ausreichende Ernährung erwachsener Fische nicht mehr gewährleistet. Zusätzlich müssen auch gehaltvollere Futtermittel, beispielsweise weiße Mückenlarven, *Mysis*-Krebse oder das entsprechend klein geschnittene Fleisch von Tiefseegarnelen (Shrimps) angeboten werden.
Das Aquarium sollte mit Steinaufbauten an seiner Rückwand so eingerichtet werden, daß Versteckplätze entstehen und die Aufteilung des Raumes in mehrere Reviere erleichtert wird. Pflanzen fehlen im natürlichen Lebensraum der Fische. Sie können aber dennoch in maßvoller Weise zur Dekoration verwendet werden, da sich *L. fasciatus* an ihnen nicht vergreift.

Über die

Zucht

liegen bisher noch keine Berichte vor. Das dürfte vor allem daran liegen, daß dieser Buntbarsch nur selten und dann meist in einzelnen Exemplaren im Zierfischhandel auftaucht. Aufgrund der Erfahrungen, die mit nahe verwandten Arten gemacht wurden, ist nicht zu erwarten, daß es sehr schwierig ist, diese Art zur Fortpflanzung zu bringen. Eine wichtige Voraussetzung für Zuchterfolge bildet sicherlich die richtige Ernährung der Fische. Für Zuchtversuche sollten sie paarweise in einem biotopgerecht eingerichteten Aquarium mit einer Länge von einem knappen Meter gehalten werden.

Lamprologus fasciatus und Lamprologus moorii in zwei Meter Tiefe in der Geröllzone.

Lamprologus furcifer
BOULENGER, 1898

ist im Aquarium ein sehr interessanter Pflegling, denn er gehört zu den bemerkenswertesten Buntbarschen des Tanganjikasees. Die maximale Körperlänge der Fische liegt bei knapp fünfzehn Zentimeter. Sie sind mehr oder weniger monomorph, d. h., männliche und weibliche Exemplare weisen kaum äußerliche Unterschiede auf. Ältere Männchen sind allerdings an einem Fetthöcker zu erkennen, der sich bei ihnen auf dem Hinterkopf bildet.
Die Grundfarbe der Fische ist sehr variabel. Sie können kupferbraun, lehmbraun, aber auch beigegrau aussehen. Über die Körperseiten können sich sechs dunkle Querstreifen erstrecken, deren Ausbildung aber stimmungsabhängig ist. Ein auffallendes Merkmal dieser Spezies ist die goldgelb und himmelblau glänzende Iris. Ein weiteres Erkennungsmerkmal ist die tiefgegabelte Schwanzflosse, die bei älteren Fischen in zwei langen Spitzen ausläuft.

Der
natürliche Lebensraum
der Fische ist das obere Geröll- und Felsenlitoral. Ihre Verbreitung scheint sich über den gesamten See zu erstrecken. Die bekannten Fundorte liegen an der West- und Nordwestküste (Zaire), an der Nordostküste (Burundi, Tansania) sowie an der mittleren Ostküste (Tansania). Es gibt keine andere *Lamprologus*-Art, die so stark an das Vorhandensein von Höhlen und Gesteinsspalten gebunden

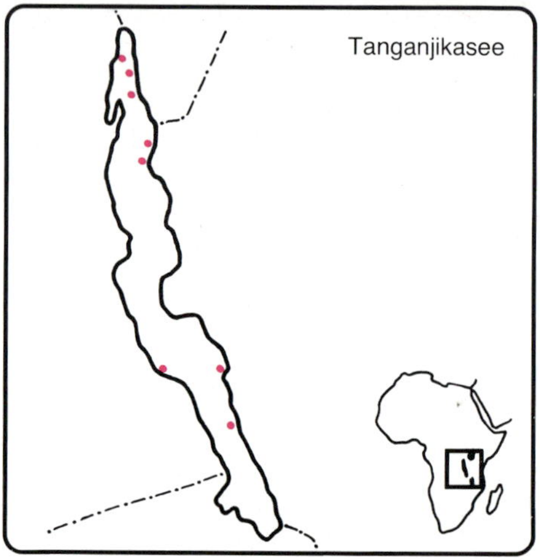

Fundorte von Lamprologus furcifer.

Lamprologus furcifer.

ist. Während des Tages werden die Fische kaum einmal außerhalb ihrer Wohnhöhle angetroffen.
In ihrem Verhalten zeigen diese Buntbarsche manche Ähnlichkeit zu den *Julidochromis*-Arten, die eine vergleichbar enge Bindung an felsige Substrate zeigen. Beispielsweise liebt es auch *L. furcifer*, sich, mit dem Bauch nach oben schwimmend, an der oberen Wand von Höhlen aufzuhalten. Über die Ernährungsweise der Tiere ist wenig bekannt. Magenuntersuchungen ergaben, daß sie Insektenlarven gefressen hatten.

Die
Haltung
der Fische erfolgt am günstigsten in einem Gesellschaftsaquarium, das zwischen einem und eineinhalb Meter lang ist. Als Mitbewohner kommen in erster Linie die kleineren *Julidochromis-* und *Lamprologus*-Arten in Frage. *Tropheus moorii* ist beispielsweise weniger geeignet, da diese Fische zu lebhaft sind. Aus den Beobachtungen im natürlichen Lebensraum ergibt sich, daß *L. furcifer* in noch stärkerem Maße als die übrigen Tanganjikacichliden der Geröll- und Felsenzone zu seinem Wohlbefinden Höhlen benötigt. Auf diese Eigenheit ist natürlich bei der Einrichtung des Aquariums Rücksicht zu nehmen. Leider zeigt diese Spezies eine sehr ausgeprägte innerartliche Aggression. Nur der Fortpflanzungspartner wird in dem Territorium geduldet, das ein Fisch bewohnt. Im Gesellschaftsaquarium wird die Aggression gegenüber den Artgenossen jedoch durch die Anwesenheit weiterer Fische stark gedämpft.
Da *L. furcifer* keine Pflanzen beschädigt, kann das Aquarium in maßvoller Weise begrünt werden. Man sollte dabei allerdings beachten, das der Biotop dieses Buntbarsches völlig frei von Wasserpflanzen ist. Nach einer Eingewöhnungszeit, die gelegentlich bis zu einem halben Jahr dauern kann, fressen die Tiere neben Wasserflöhen und Mückenlarven auch Flockenfutter, beispielsweise TetraMin oder TetraCichlid. Größere Exemplare sollten aber auch größere Futterbrocken, beispielsweise entsprechend zerkleinertes Fisch- und Krebsfleisch (Shrimps) bekommen.

Zur
Zucht
sollten die Fische paarweise in einem biotopgerecht eingerichteten Aquarium von knapp einem Meter gepflegt werden. Sie sind spezialisierte Höhlenbrüter, die vorzugsweise an der Decke ihrer Bruthöhle ablaichen. Die Eier, Larven und Jungfische werden in einer Elternfamilie betreut und aufgezogen. Die Jungtiere sind klein und müssen deshalb mit den Nauplien von *Artemia salina* sowie zerkleinertem Flockenfutter gefüttert werden. Bislang ist *L. furcifer* nur ausnahmsweise einmal zur Fortpflanzung gebracht worden. Das liegt jedoch hauptsächlich daran, daß die Tiere nur selten importiert werden.

Die Kasaba Bay in Sambia.

Lamprologus leleupi longior
STAECK, 1980

Die Beschreibung von *Lamprologus leleupi* wurde von POLL im Jahre 1956 veröffentlicht. Nur ein Jahr später beschrieb dann MATTHES *Lamprologus l. melas.* Die hier vorgestellte Unterart ist also bereits die zweite Subspezies dieser Cichliden. Während *L. l. melas* dunkelbraun bis schwärzlich gefärbt ist, besitzen die anderen beiden Formen eine gelbe Körperfarbe und können deshalb leicht verwechselt werden. *Lamprologus l. leleupi* ist jedoch eher zitronengelb, *L. l. longior* dagegen maisgelb gefärbt. Allerdings wird die Färbung dieses Cichliden nicht nur durch die Hälterungsbedingungen, sondern auch durch die Art der Ernährung beeinflußt. Ein verläßlicheres Unterscheidungsmerk-

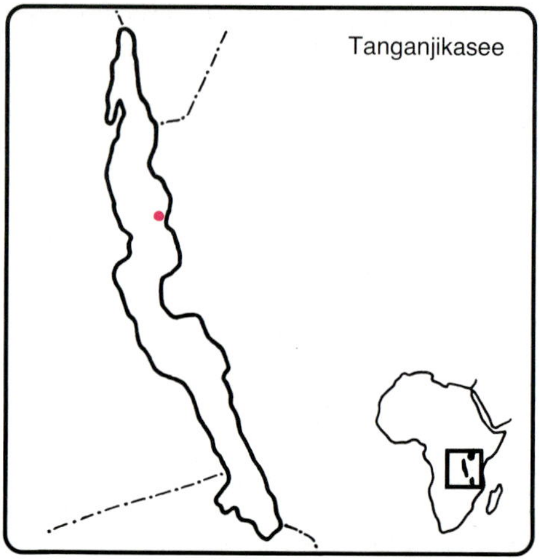

Fundort von Lamprologus leleupi longior.

Lamprologus leleupi longior.

mal als die Körperfarbe ist deshalb die Körperform. *Lamprologus l. longior* ist ein auffallend schlanker, langgestreckter Fisch. *L. l. leleupi* hat dagegen einen im Vergleich kürzeren und höheren Körper.
Lamprologus leleupi zählt zu den bekanntesten und zugleich auch beliebtesten Aquarienfischen des Tanganjikasees. Das liegt nicht nur an seiner attraktiven Färbung, sondern auch an der geringen Körpergröße, die maximal knapp zehn Zentimeter beträgt. Die Fische sind monomorph, d. h., Männchen und Weibchen sehen mehr oder weniger gleich aus und sind deshalb kaum zu unterscheiden. Allerdings scheinen weibliche Exemplare kleiner zu bleiben.
Im Unterschied zu den anderen Unterarten, deren Fundorte in der Nordwestecke des Tanganjikasees liegen (Zaire), ist der

natürliche Lebensraum

von *Lamprologus l. longior* an der zu Tansania gehörenden Ostküste zu finden. Die Verbreitung dieser Subspezies ist allem Anschein nach sehr begrenzt und erstreckt sich auf einen kurzen Küstenabschnitt, der zwischen Kabogo Point und Kibwe Bay liegt. Die Fische sind Bewohner des unteren Felsenlitorals. Die obere Grenze ihres Vorkommens liegt bei etwa drei Meter. BRICHARD berichtet, daß *L. l. leleupi* erst in einer Tiefe von ungefähr vierzig Meter häufiger auftritt. Die Nahrung dieses Cichliden besteht wahrscheinlich zu einem großen Teil aus kleinen Süßwassergarnelen und Kleinkrebsen.

Seine

Haltung

ist, wenn man ein gut harmonierendes Paar besitzt, bereits in Aquarien ab einer Länge von einem knappen halben Meter möglich. Die biotopgerechte Einrichtung erfolgt mit Steinen und Steinplatten, die so angeordnet werden, daß zahlreiche Spalten und Höhlen entstehen. Der Bodengrund sollte aus möglichst hellem Sand oder feinem Kies bestehen. Manches deutet darauf hin, daß sich die Fische in ihrer Färbung dem Untergrund anpassen und in einer sehr dunklen Umgebung oftmals statt des leuchtend gelben einen bräunlichen Farbton annehmen.
Lamprologus leleupi beschädigt keine Pflanzen. Es ist jedoch zu beachten, daß es im natürlichen Lebensraum der Fische außer den auf den Felsen wachsenden Algen keine Wasserpflanzen gibt. Bei einer Bepflanzung des Aquariums sollte daher darauf geachtet werden, daß noch ein genügend großer Schwimmraum verbleibt.
Die Ernährung dieses Buntbarsches ist insofern etwas problematisch, als bei einer ungünstigen Zusammensetzung des Futters im Laufe der Zeit das leuchtende Gelb der Körperfärbung in ein schmutziges Braungelb umschlagen kann. Nur die regelmäßige Verabreichung karotinhaltiger Futtermittel verhindert ein Verblassen der Normalfärbung. Die Fische müssen deshalb von Zeit zu Zeit mit Kleinkrebsen, vorzugsweise *Cyclops,* aber auch Wasserflöhen aus den Gattungen *Daphnia* oder *Bosmina,* gefüttert werden. Auch TetraRubin, ein mit Farbstoff angereichertes Flockenfutter, hilft, die Farbenpracht der Tiere zu erhalten.
Selbstverständlich ist es auch möglich, *Lamprologus leleupi* in einem Gesellschaftsaquarium zu pflegen. Als Mitbewohner kommen andere Bewohner des Felsenlitorals in Betracht, beispielsweise *Julidochromis-, Chalinochromis-, Telmatochromis-,* kleinere *Lamprologus*-Arten und die Grundelbuntbarsche. Auch eine Vergesellschaftung mit *Tropheus duboisi* oder *T. moorii* ist zwar möglich, im allgemeinen aber nicht ideal, da diese Buntbarsche zu unruhig sind.

Zur

Zucht

sollte man die Fische nicht in einem Gesellschaftsaquarium, sondern paarweise und für sich halten. Der Behälter muß biotopgerecht eingerichtet sein, also eine Anzahl Höhlen und Nischen enthalten, die als Versteckplätze dienen können. In zu kleinen Behältern sind die Männchen häufig sehr aggressiv gegenüber den Weibchen. *Lamprologus leleupi longior* ist ein Höhlenbrüter. Die Brut wird in einer Vater-Mutter-Familie aufgezogen, d. h., die Elternfische übernehmen verschiedene Aufgaben und Rollen. Da die Jungfische sehr klein sind, kommen als erstes Futter nur frisch geschlüpfte Nauplien von *Artemia salina* oder zerkleinertes Flockenfutter in Betracht.

Lamprologus lemairii
BOULENGER, 1899

gehört zu den größeren Vertretern der Gattung. Die Fische erreichen eine Länge von 24 Zentimeter und wiegen dann knapp 150 Gramm. Aus diesen Gründen sind sie nur selten importiert worden und in der Aquaristik weitgehend unbekannt geblieben. Da Männchen und Weibchen gleich aussehen, ist eine Bestimmung des Geschlechts anhand von äußeren Kennzeichen nicht möglich.
Die obere Körperhälfte der Fische ist gelb- bis olivgrau, die untere beige bis graubeige gefärbt. Über die Körperseiten erstrecken sich drei bis vier dunkle breite Querbinden. Typische Kennzeichen dieser Spezies sind die relativ großen Augen und das tiefgespaltene, voluminöse Maul. Im Vergleich zu anderen Vertretern der Gattung besitzt *L. lemairii* einen auffallend gedrungenen, plumpen Körper.

Die
natürlichen Lebensräume
liegen in der Uferzone des Tanganjikasees.

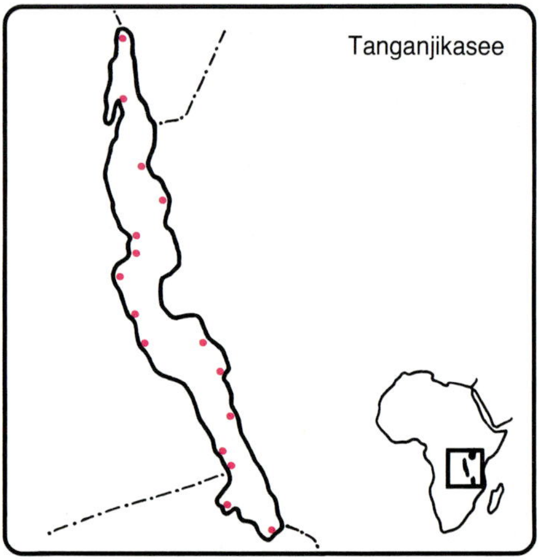

Fundorte von Lamprologus lemairii.

Die Fische wurden noch in einer Tiefe von mehr als dreißig Metern nachgewiesen, sind jedoch im flacheren Wasser häufiger. Im Unterschied zu anderen *Lamprologus*-Arten ist dieser Buntbarsch in seiner Verbreitung auf keinen bestimmten Biotop festgelegt. Er

Lamprologus lemairii.

wurde nicht nur in der Geröll- und Felsenzone, sondern ebenso oft über sandigem und schlammigem Grund angetroffen. Mit dieser Lebensweise hängt es zusammen, daß die Fische in allen Teilen des Sees nachgewiesen wurden. *L. lemairii* ist ein Räuber, der sich ab einer bestimmten Größe ausschließlich von anderen Fischen, meist Cichliden, ernährt. Er erbeutet seine Nahrung nicht als Hetz-, sondern als Lauerjäger.

Die
Haltung
dieser Art im Aquarium ist problematisch. Da sie zu den Großbrockenfressern gehört und Fische von erstaunlicher Größe verschlingen kann, lassen sich erwachsene Exemplare nur mit anderen Großcichliden vergesellschaften, beispielsweise *Lamprologus tetracanthus* oder *L. elongatus.* Andererseits sind diese Cichliden als Lauerjäger recht ruhig und schwimmen nur wenig umher. Deshalb haben sie einen relativ geringen Raumbedarf und können auch in vergleichsweise kleinen Aquarien gepflegt werden. An die Einrichtung des Behälters stellen sie wenige Ansprüche. Einige Steine oder Pflanzengruppen sollten jedoch so angeordnet sein, daß eine Versteckmöglichkeit gegeben ist. Entsprechend ihrer Ernährungsweise im natürlichen Lebensraum müssen größere Exemplare regelmäßig mit Fischfleisch gefüttert werden.

Die
Zucht
ist allem Anschein nach bisher noch nicht gelungen. Beobachtungen im natürlichen Lebensraum ergaben jedoch, daß auch diese *Lamprologus*-Art zu den Höhlenbrütern zählt. Die Brut wird in einer Vater-Mutter-Familie betreut, d. h., das weibliche Tier scheint sich mehr der direkten Brutpflege zu widmen, während das Männchen eher das Revier verteidigt.

Übergangsbereich der Sand- zur Felsenzone (Zentrale Ostküste des Tanganjikasees bei Karongwe).

Lamprologus modestus

BOULENGER, 1898 (südliche Farbrasse)

erreicht eine maximale Körperlänge von ungefähr zwölf Zentimeter. Die Fische sind schiefergrau bis graublau gefärbt. Die Bestimmung des Geschlechts ist bei ihnen schwierig, da Männchen und Weibchen äußerlich gleich aussehen. Männliche Fische erreichen allerdings eine größere Länge und besitzen eine etwas spitzer ausgezogene Rücken- und Afterflosse.
Die Fische sind im Tanganjikasee häufig und überall anzutreffen. Der von ihnen bevorzugte

natürliche Lebensraum

ist jedoch die obere Geröll- und Felsenzone. Das im Foto abgebildete Exemplar wurde von mir in der Nkamba Bay (Sambia) gefangen. Der Fundort läßt sich an der Färbung der Brustflossen erkennen. Nur Fische, die im südlichen Teil des Tanganjikasees gefangen wurden, besitzen auffallend gelb gefärbte Pectoralia. In der nördlichen Hälfte der Gewässer hat *Lamprologus modestus* farblose Brustflossen. Im natürlichen Lebensraum scheinen Schnecken und Muscheln eine wichtige Rolle bei der Ernährung dieses Cichliden zu spielen.

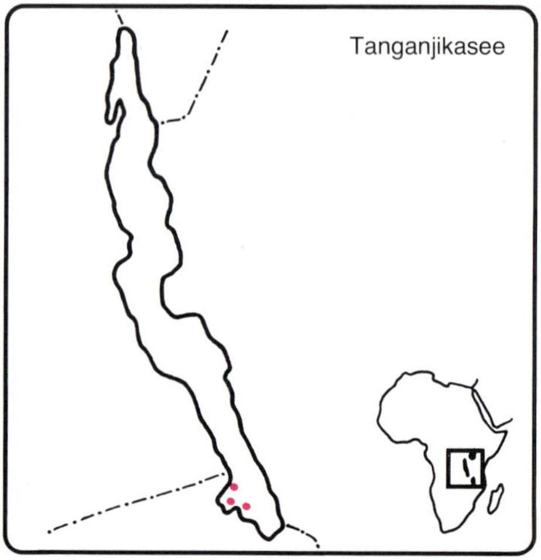

Fundorte der südlichen Farbrasse von Lamprologus modestus.

Lamprologus modestus, südliche Farbrasse.

Die
Haltung
erfolgt am besten in einem Gesellschaftsaquarium, das zwischen einem und eineinhalb Meter lang ist. Entsprechend den Bedingungen im natürlichen Lebensraum sollte es zahlreiche Höhlen und Nischen enthalten, die mit Hilfe von Felsbrocken und Steinplatten errichtet werden. Sie bieten den Fischen Zufluchtsstätten und ermöglichen die Abgrenzung mehrerer Reviere. Zur Dekoration können auch Pflanzen verwendet werden, da sie von *L. modestus* nicht gefressen oder beschädigt werden. Die Fische fangen nur an zu graben, wenn sie im Aquarium keine zusagenden Versteckmöglichkeiten vorfinden.
Als Mitbewohner des Aquariums sind andere Tanganjikacichliden geeignet, die ebenfalls aus der Geröll- oder Felsenzone stammen, beispielsweise *Julidochromis-, Telmatochromis-, Cyprichromis-* oder *Lamprologus*-Arten. Die Ernährung bereitet keine Schwierigkeiten, da alle gängigen Futtermittel gefressen werden. Erwachsene Tiere sollten allerdings nicht nur mit Wasserflöhen und Flockenfutter, sondern auch mit Insektenlarven sowie entsprechend zerkleinertem Fisch- und Krebsfleisch (Tiefseegarnelen) gefüttert werden.

Für die
Zucht
wird ein Aquarium mit einer Länge zwischen fünfzig und neunzig Zentimeter benötigt, in dem ein Paar einzeln gehalten wird. Zwar pflanzen sich die Fische auch willig in einem biotopgerechten Gesellschaftsaquarium fort, dort werden aber in der Regel nur wenige Jungtiere heranwachsen, da die Mehrzahl von ihnen den Mitbewohnern zum Opfer fällt. Die jungen *Lamprologus modestus* haben nämlich keineswegs die versteckte Lebensweise von jungen *Julidochromis*, sondern bilden einen Schwarm, der sich vom Bodengrund löst, allerdings stets im Mittelpunkt des Reviers bleibt, das die Eltern verteidigen.
L. modestus ist wie die Mehrzahl der anderen Vertreter dieser Gattung ein Höhlenbrüter. An der Pflege und Aufzucht der Brut beteiligen sich Männchen und Weibchen gleichermaßen. Die Jungfische sind relativ klein und benötigen deshalb anfangs frisch geschlüpfte Nauplien des Salinenkrebses, *Artemia salina,* sowie fein zerriebenes Flokkenfutter bzw. MikroMin.

Pflanzenzone des Tanganjikasees in zwei Meter Tiefe.

Lamprologus moorii
BOULENGER, 1898

gehört zu den kleineren Vertretern seiner Gattung. Die Fische erreichen höchstens eine Länge von wenig über zehn Zentimeter. Sie bilden innerhalb der Gattung *Lamprologus* insofern eine bemerkenswerte Ausnahme, als sie einen recht auffallenden altersabhängigen Farbwechsel zeigen. Der unbefangene Betrachter würde deshalb junge und adulte Tiere kaum als Angehörige derselben Spezies ansprechen.

Erwachsene Exemplare sehen einfarbig schiefergrau aus. Nur die Säume der unpaaren Flossen zeigen ein hübsches Himmelblau. Jungtiere sind dagegen einfarbig gold- bis honiggelb gefärbt. Mit zunehmendem Alter wird das Gelb aber immer dunkler. Mit einer Länge von fünf Zentimeter sind die Fische bereits bräunlich getönt. Diese Färbung geht dann langsam in einen Grauton über.

Lamprologus moorii ist monomorph, d. h., männliche und weibliche Fische zeigen keine Unterschiede in ihrem Aussehen. Die Bestimmung des Geschlechts ist daher außerordentlich schwer. Brauchbare Anhaltspunkte kann allerdings die Form der Beflossung liefern, insbesondere, wenn es sich bereits um ausgewachsene Tiere handelt. Bei

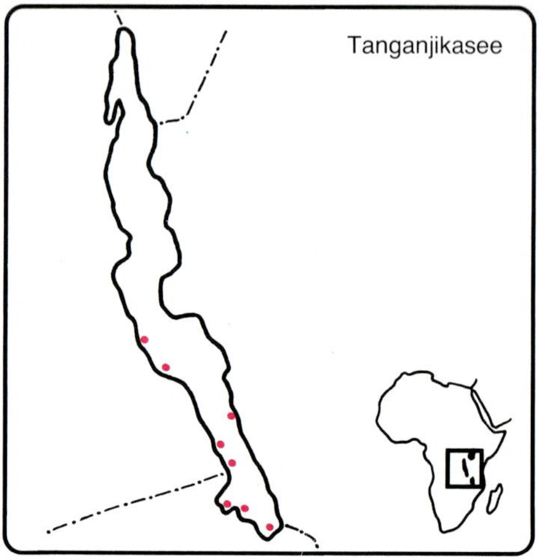

Fundorte von Lamprologus moorii.

Jungfisch von Lamprologus moorii.

adulten Männchen sind nämlich die Bauchflossen im allgemeinen deutlich länger als bei den Weibchen. Auch die Rücken- und die Afterflosse sind meist spitzer ausgezogen.

Der
natürliche Lebensraum
dieser Art ist der ufernahe Bereich der Geröll- und Felsenzone. Sie tritt dort regelmäßig zusammen mit *Tropheus moorii, Lamprologus modestus, L. mustax, Chalinochromis brichardi, Julidochromis regani* sowie *Eretmodus cyanostictus* auf. Tiefer als ungefähr drei Meter konnte ich diesen Cichliden niemals beobachten.
Die Hauptnahrungsquelle der Fische ist offenbar der Aufwuchs, denn Magenuntersuchungen von POLL ergaben, daß sie neben Muschelkrebsen und anderen Mikroorganismen auch Fadenalgen gefressen hatten. Die Verbreitung dieses Buntbarsches scheint auf die südlichen Hälfte des Tanganjikasees beschränkt zu sein. Alle bekannten Fundorte liegen in Sambia oder im südlichen Zaire bzw. Tansania.

Die interessantesten Beobachtungen verspricht die
Haltung
in einem Gesellschaftsaquarium von ungefähr eineinhalb Meter Länge, in dem noch weitere Tanganjikacichliden aus dem oberen Geröll- oder Felsenlitoral gepflegt werden. Ein derartiges Becken muß die Lebensbedingungen des natürlichen Biotops so weit wie möglich imitieren. An der Aquarienrückwand werden deshalb Felsbrocken und Steine in der Weise angeordnet, daß sie Spalten und Nischen unterschiedlicher Größe bilden. Für eine Bepflanzung eignen sich am besten die Arten, die auf den Steinaufbauten festwachsen *(Microsorium pteropus, Anubias).* Dadurch bleibt der Vordergrund frei und steht den Fischen als Schwimmraum zur Verfügung. Ein dicht bepflanztes Aquarium wäre nicht biotopgerecht, da es in der Felsenzone des Tanganjikasees einen derartigen Pflanzenwuchs nicht gibt.
Nach einer kurzen Eingewöhnungszeit frißt *Lamprologus moorii* alle gängigen Futtermittel. Wenn Wasserflöhe, weiße Mückenlar-

Ausgefärbtes Exemplar von Lamprologus moorii.

ven, TetraMin und TetraPhyll im Wechsel verfüttert werden, ist eine ausreichende und abwechlungsreiche Ernährung gewährleistet.

Zur
Zucht
muß man dem Pärchen nicht unbedingt ein eigenes Aquarium einrichten. Auch in einem biotopgerechten Gesellschaftsaquarium, das nicht übervölkert ist, werden ohne Schwierigkeiten einige Jungfische aufwachsen. Wie die meisten *Lamprologus* ist auch diese Spezies ein Höhlenbrüter. Zwischen den Fortpflanzungspartnern entwickelt sich eine recht dauerhafte Bindung. Sie versorgen und verteidigen ihre Brut gemeinsam. Bei einer Temperatur von ungefähr 26 Grad Celsius verlassen die Jungfische ungefähr eine Woche nach dem Ablaichen die Bruthöhle. Als dichter Schwarm stehen sie dann einige Zentimeter über dem Untergrund. Dieses Bild konnte ich wiederholt auch im natürlichen Lebensraum beobachten.
Die Brut von *L. moorii* zeigt in ihrem Verhalten insofern einen Unterschied zu den westafrikanischen Höhlenbrütern, als sie nicht unter der Führung der Eltern umherzieht. Der Verband der jungen *Lamprologus* ist vielmehr standorttreu und hält sich stets in der unmittelbaren Umgebung der Bruthöhle auf, die von den Eltern verteidigt wird.

Obwohl die Jungfische recht klein sind, bereitet ihre Aufzucht mit den Nauplien des Salinenkrebses sowie entsprechend zerkleinertem Flockenfutter keine Schwierigkeiten.

Fundort von Lamprologus moorii.

Lamprologus nkambae

STAECK, 1978

Dieser auffallend gefärbte Buntbarsch wurde im April 1975 während einer sechswöchigen Sammelreise entdeckt, deren Ziel es war, in dem zu Sambia gehörenden südlichen Teil des Tanganjikasees eine erste Bestandsaufnahme der im oberen Litoral vorkommenden Cichliden vorzunehmen. Er fiel dem Verfasser bei Unterwasserbeobachtungen sofort wegen seines ungewöhnlichen Aussehens auf. Obwohl die Art mehrfach gesehen wurde, gelang es leider nur, ein einziges Exemplar zu fangen, das dann die Grundlage der Beschreibung bildete.
Die sehr schlanken Fische tragen auf sepiabraunem bis schwarzbraunem Untergrund ein Muster von vier bis fünf schmalen unregelmäßigen Zickzacklinien, die insbesondere in der unteren Körperhälfte einen weißgrünen Glanz zeigen. Die beobachteten Fische waren alle etwa fünfzehn Zentimeter lang. Möglicherweise liegt die maximale Länge aber darüber, denn die nahe verwandte Art *L. elongatus* wird beispielsweise bis zu zwanzig Zentimeter lang.

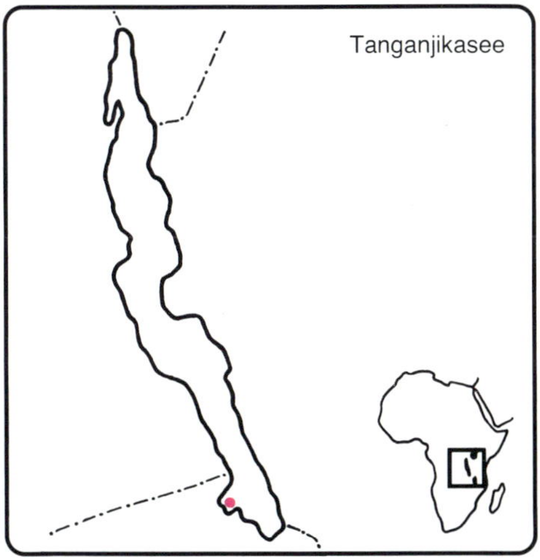

Fundort von Lamprologus nkambae.

Der

natürliche Lebensraum

der Fische ist das Felsenlitoral. Dort halten sie sich dicht über dem Untergrund auf. Auffällig war ihre langsame und lauernde Schwimmweise. Immer wieder legten sie

Lamprologus nkambae.

Pausen ein, um für eine knappe Minute bewegungslos zu verharren. Wahrscheinlich haben die Tiere eine räuberische Lebensweise und packen ihre Beute im blitzschnellen Überraschungsangriff. Die Wassertiefe, in der sie beobachtet wurden, lag zwischen drei und sechs Metern. Möglicherweise liegt der bevorzugte Lebensraum aber bedeutend tiefer. Dies würde erklären, warum die Fische so selten beobachtet wurden.
Der einzige bekannte Fundort liegt in der Nkamba Bay im Sumbu Nationalpark (Sambia).

Über die
Haltung
dieses interessanten Buntbarsches im Aquarium lagen bis zum Abschluß des Manuskriptes keine Erfahrungen vor, weil er noch nicht lebend nach Europa eingeführt wurde. Da jedoch seit einiger Zeit aus Sambia regelmäßig Fische für den Zierfischhandel exportiert werden, besteht durchaus die Möglichkeit, daß diese Spezies für die Aquaristik zugänglich wird. Allerdings wurden in diesem Gebiet bisher in erster Linie gezielt *Tropheus* und kaum *Lamprologus* gefangen. Aus den Unterwasserbeobachtungen im natürlichen Lebensraum ergeben sich wichtige Hinweise für die Pflege im Aquarium. Als Lauerjäger haben die Fische wahrscheinlich einen recht bescheidenen Raumbedarf, so daß trotz ihrer Größe eine Haltung in vergleichsweise kleinen Behältern möglich erscheint. Da sie die Felsenzone bewohnen, benötigen sie vermutlich Versteckmöglichkeiten zu ihrem Wohlbefinden. Die Fütterung großer Exemplare sollte vorzugsweise mit Fischfleisch erfolgen.

Geröllzone des Tanganjikasees.

Lamprologus savoryi

POLL, 1949

gehört zu den kleineren Vertretern dieser Gattung. Die maximale Körperlänge der Fische liegt bei knapp neun Zentimeter. Sie sind nicht sehr farbenprächtig. Die Grundfarbe des Körpers ist ein Silbergrau, das zum Rücken hin dunkler, in der Bauchregion dagegen heller wird. Der Kiemendeckel besitzt – wie bei *Lamprologus brichardi* – einen tiefschwarzen Rand. Zwischen dem Ansatz der Schwanzwurzel und dem Rand des Kiemendeckels ziehen sechs dunkle Querbänder über die Körperseiten. Die Fische sind monomorph, d. h., Männchen und Weibchen sehen gleich aus. Die Bestimmung des Geschlechts aufgrund äußerer Merkmale ist deshalb nicht möglich.

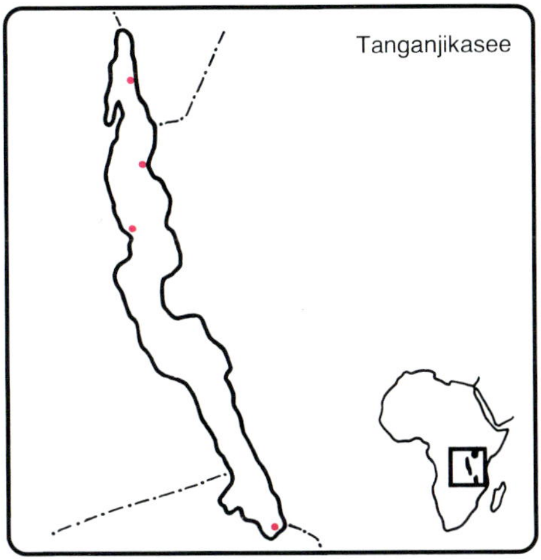

Fundorte von Lamprologus savoryi.

Den

natürlichen Lebensraum

bildet der ufernahe Bereich der Geröllzone. Die Fische scheinen, soweit die geeigneten Biotope vorliegen, überall im Tanganjikasee vorzukommen. Die bekannten Fundorte liegen sowohl an der Nordostküste (Burundi,

Lamprologus savoryi.

Tansania), an der zentralen Westküste (Zaire) als auch an der Südspitze des Gewässers (Sambia). Dennoch sind sie schwer zu beobachten und zu fangen, da sie eine recht versteckte Lebensweise führen und sich mehr zwischen als über den Steinen aufhalten. Sie scheinen wenig spezialisierte Aufwuchsfresser zu sein, denn Magenuntersuchungen von POLL ergaben, daß sie neben Insektenlarven und Kleinkrebsen auch pflanzliches Material gefressen hatten.

Für eine paarweise
Haltung
dieses Buntbarsches werden nur relativ kleine Aquarien benötigt, die eine Seitenlänge von einem guten halben Meter haben. Aus den Beobachtungen im natürlichen Lebensraum der Fische ergibt sich, daß sie zu ihrem Wohlbefinden Unterschlupfmöglichkeiten und Höhlenverstecke benötigen. Die Dekoration des Beckens besteht demnach vor allem aus Steinen und Steinplatten, die in der entsprechenden Weise angeordnet werden.
Ebenso wie die anderen *Lamprologus*-Arten ist auch dieser Cichlide pflanzenfreundlich. Eine Bepflanzung des Aquariums ist also durchaus möglich, sie sollte aber maßvoll sein und einen ausreichend großen Schwimmraum übrig lassen, denn im Biotop der Tiere gibt es außer Algen keinen Pflanzenwuchs.
L. savoryi ist ein Allesfresser, der mit seinem tiefgespaltenen Maul auch relativ große Futterbrocken bewältigen kann. Die Ernährung ist infolgedessen einfach. Sie sollte aber möglichst abwechslungsreich sein und neben Wasserflöhen und Insektenlarven auch Flockenfutter, beispielsweise TetraMin und TetraPhyll, enthalten.
Im Gesellschaftsaquarium vertragen sich die Fische gut mit anderen Tanganjikabuntbarschen aus dem Geröll-Litoral. Das Bekken sollte allerdings etwa eineinhalb Meter lang sein, da *Lamprologus savoryi* ein recht großes Revier beansprucht, das, sobald Jungtiere vorhanden sind, auch gegenüber größeren Cichliden recht aggressiv verteidigt wird. Als Mitbewohner erscheinen die größeren *Julidochromis-*, *Telmatochromis-* und *Lamprologus*-Arten besonders geeignet.

Die
Zucht
ist bislang nur selten gelungen. Das liegt nicht etwa daran, daß dieser Cichlide in der Gefangenschaft schwer zur Fortpflanzung zu bringen ist. Vielmehr wird er zu selten importiert. Meist sind es nur einzelne Exemplare, die mehr oder weniger als Beifänge bei den Importeuren eintreffen. Deshalb ist die Zusammenstellung von Zuchtpaaren sehr schwierig.
Lamprologus savoryi ist ein Höhlenbrüter. Männchen und Weibchen beteiligen sich an der Pflege und Verteidigung der Brut. Die Jungtiere sind recht klein und führen anfangs eine sehr versteckte Lebensweise. Ähnlich jungen *Julidochromis* lösen sie sich kaum vom Substrat. Sie sind deshalb nur schwer zu entdecken. Die Aufzucht erfolgt mit den frisch geschlüpften Nauplien des Salinenkrebses, *Artemia salina*, und MikroMin oder fein zerriebenem Flockenfutter.

An diesen Reifen hängen Netze und durchlöcherte Plastiktonnen, in denen frisch gefangene Tanganjikacichliden kurzfristig gehältert werden.

Lamprologus sexfasciatus
TREWAVAS & POLL. 1952

gehört zweifellos zu den auffälligsten Buntbarschen des Tanganjikasees. Auf grauweißem bis silbrigem Untergrund tragen die Fische sechs tiefschwarze Querstreifen. Der vorderste von ihnen erstreckt sich über den Kiemendeckeln, der letzte liegt auf der Schwanzwurzel. Sehr nahe verwandt ist *Lamprologus tretocephalus,* eine Spezies, die auch ein recht ähnliches Farbkleid besitzt. Der Hauptunterschied, der eine eindeutige Identifizierung beider Arten ermöglicht, besteht darin, daß *L. tretocephalus* auf den Körperseiten einen Querstreifen weniger, d. h. nur fünf, aufweist.
L. sexfasciatus zählt zu den monomorphen Cichliden. Männchen und Weibchen zeigen also keine äußeren Unterschiede, wodurch die Bestimmung des Geschlechts sehr erschwert wird. Bei den Paaren, die ich im natürlichen Lebensraum beobachten konnte, waren allerdings die männlichen Tiere immer größer als die Weibchen. Die maximale Körpergröße dieser Art liegt bei ungefähr fünfzehn Zentimeter.

Der
natürliche Lebensraum
ist der ufernahe Bereich der Geröll- und

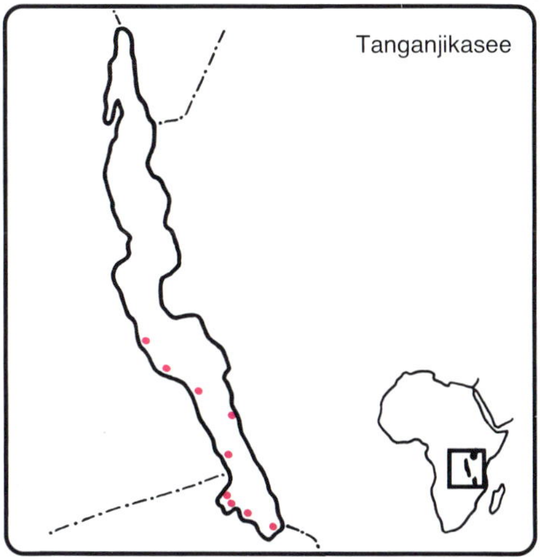

Fundorte von Lamprologus sexfasciatus.

Felsenzone. Die Fische leben dort hauptsächlich in dem Bereich zwischen zwei und drei Meter und scheinen kaum unterhalb von fünf Meter aufzutreten. Häufig sind sie paarweise zu beobachten, zum Teil mit Jungfischen, die von ihnen betreut werden. Eine wichtige Rolle bei der Ernährung adulter Fische spielen anscheinend Mollusken, insbesondere kleine Schnecken.
Die Verbreitung dieser Art ist offenbar auf die

Lamprologus sexfasciatus.

südliche Hälfte des Tanganjikasees beschränkt. Alle bekannten Fundorte liegen entweder an der Westküste (Zaire), im Süden (Sambia) oder an der Südostküste (Tansania). In der Umgebung von Kipili (Südostküste) habe ich Fische gefangen, die statt der grauweißen eine zitronengelbe Grundfärbung aufwiesen. Ob es sich nur um eine bisher unbekannte Farbrasse oder um eine Unterart handelt, muß noch genauer geklärt werden.

Für die

Haltung

dieses mittelgroßen Cichliden erscheint ein großes Gesellschaftsaquarium mit einer Mindestlänge von eineinhalb Meter am besten geeignet. Als Mitbewohner kommen andere Tanganjikabuntbarsche des oberen Geröll- und Felsenlitorals in Frage. Gut geeignet erscheinen vor allem die Vertreter der Gattungen *Julidochromis, Telmatochromis, Spathodus* sowie andere *Lamprologus.* Die Vergesellschaftung mit einer kleinen Gruppe von *Tropheus* ist möglich, aber nicht ideal, da diese Cichliden zu lebhaft und unruhig sind. Durch eine entsprechende Einrichtung sollte versucht werden, die Lebensbedingungen des natürlichen Biotops soweit wie möglich nachzubilden. Daher werden zahlreiche Steinbrocken benötigt, die vorzugsweise an der Rückwand des Aquariums so angeordnet werden, daß Höhlenverstecke unterschiedlicher Form und Größe entstehen.

Obwohl es abgesehen von Algen keine Pflanzen im natürlichen Lebensraum dieser Buntbarsche gibt, ist eine maßvolle Bepflanzung durchaus möglich, da die Tiere selbst zarte Triebe unbeschädigt lassen. Es empfiehlt sich, vor allem Arten auszuwählen, die auf den Steinaufbauten wachsen und keinen Bodengrund benötigen. Dazu gehören unter anderem *Anubias nana,* das Zwergspeerblatt, und *Microsorium pteropus,* der Javafarn.

Die Fütterung von *Lamprologus sexfasciatus* ist an sich unproblematisch, da nach einer gewissen Eingewöhnungszeit alle gängigen Futtermittel gefressen werden, also auch Flockenfutter. Eine ausreichende Ernährung erwachsener Exemplare ist jedoch nur gewährleistet, wenn regelmäßig auch Fischfleisch oder *Mysis*-Krebse beziehungsweise zerkleinerte Garnelen (Shrimps) verabreicht werden.

Die

Zucht

ist bisher nur ganz vereinzelt gelungen. Der Hauptgrund dafür, daß sich diese Buntbarsche in der Gefangenschaft nur selten fortgepflanzt haben, dürfte an einer unzulänglichen Ernährung gelegen haben. *Lamprologus sexfasciatus* wird meist zusammen mit *Tropheus*-Arten gepflegt, die außerordentlich gierige Fresser sind. Die langsameren *Lamprologus* bekommen unter diesen Hälterungsbedingungen im allgemeinen zu wenig Futter ab. Hinzu kommt, daß die Futtermittel, die zwar eine optimale Ernährung der *Tropheus* garantieren, für die *Lamprologus* nicht ausreichen.

Wie die Mehrzahl der *Lamprologus*-Arten ist auch dieser Buntbarsch ein Höhlenbrüter. Eier, Larven und Jungfische werden von beiden Eltern versorgt und verteidigt. Nach der Beendigung der Larvenentwicklung steht die Brut in einer Wolke vor dem Eingang der Bruthöhle. Im Unterschied zu den westafrikanischen Höhlenbrütern bilden sie keinen Schwarm, der unter der Führung der Elternfische umherzieht. Die jungen *Lamprologus sexfasciatus* sind standorttreu und verbleiben im Territorium der Elternfische, das von jenen intensiv verteidigt wird. Da die Jungtiere anfangs recht klein sind, werden zu ihrer Aufzucht Nauplien von *Artemia salina* sowie MikroMin oder zerriebenes Flockenfutter benötigt.

Lamprologus tretocephalus ist mit L. sexfasciatus leicht zu verwechseln.

Die Gattung

Melanochromis

wurde von TREWAVAS im Jahre 1935 aufgestellt. BURGESS definierte sie 1976 neu. Einschließlich der sechs Arten, die in den 70er Jahren als Neuentdeckungen wissenschaftlich beschrieben wurden, gehören ihr zur Zeit formal zwölf Arten an. Drei von ihnen sind aber mit Sicherheit keine *Melanochromis*, sondern den Gattungen *Pseudotropheus* oder *Haplochromis* zuzuordnen. Andererseits gibt es noch zwei oder drei bislang unbeschriebene Arten, die unzweifelhaft in diesen Verwandtschaftskreis eingeordnet werden müssen.

Alle *Melanochromis* sind schlanke, langgestreckte Fische, deren Farbkleid durch auffallende Längsstreifen gekennzeichnet sind. Die Männchen tragen helle Streifen auf einem dunklen Untergrund, die Weibchen und Jungtiere dagegen dunkle Streifen auf hellem Grund. Innerhalb der Gattung lassen sich zwei Gruppen unterscheiden. Die erste enthält kleinere bis mittelgroße Fische, die ein enges Maul und einen kurzen, rundlichen Kopf besitzen. Die zweite umfaßt deutlich größere Arten mit einem spitzen Kopf und einem voluminösen, tiefgespaltenen Maul.

Die *Melanochromis*-Arten scheinen zwar aufgrund morphologischer Merkmale mit der Gattung *Pseudotropheus* nahe verwandt zu sein und werden mit Recht zur Gruppe der *Mbuna*-Buntbarsche gezählt, Aquarien- und Unterwasserbeobachtungen im natürlichen Lebensraum zeigen jedoch, daß diese Fische einen ganz anderen ökologischen Typus verkörpern. Im Unterschied zu den *Pseudotropheus* sind sie weit weniger spezialisierte Aufwuchsfresser. Vor allem bei den spitzköpfigen Arten scheinen kleine Krebse, Insektenlarven und sogar Jungfische eine wichige Rolle bei der Ernährung zu spielen. Mit diesen Freßgewohnheiten hängt es offenbar zusammen, daß sie weniger standorttreu sind, sondern ständig in einem offenbar sehr ausgedehnten Territorium umherschwimmen, das heftig gegen jeden Artgenossen verteidigt wird. Diese stark ausgeprägte innerartliche Aggression macht sich natürlich bei der Aquarienhälterung dieser Cichliden sehr störend bemerkbar. Bedauerlicherweise sind nicht nur die Männchen untereinander völlig unverträglich, auch die Weibchen sind ausgesprochen zänkisch und bekämpfen sich in zu kleinen Aquarien im Beschädigungskampf. Zwar zeigen die *Melanochromis* außerordentlich prächtige Farbkleider, sie sind jedoch aus den genannten Gründen keine Buntbarsche, die dem Anfänger für die Pflege zu empfehlen sind.

Felsenzone an der Südwestküste des Malawisees (Cape Maclear).

Melanochromis auratus

(BOULENGER, 1897)

ist zweifellos einer der bekanntesten Malawibuntbarsche. Als diese Art Anfang der sechziger Jahre erstmals als Aquarienfisch eingeführt wurde, stieß das markante Farbkleid der Jungtiere und Weibchen auf ungläubiges Staunen. Damals wurde dieser Cichlide noch der Gattung *Pseudotropheus* zugeordnet. Inzwischen ist es um diesen zweifellos sehr hübschen Fisch in der Aquaristik still geworden. Zum einen hat dazu der Import vieler anderer, zum Teil noch auffallender gefärbter Arten beigetragen. Zum anderen hat sich inzwischen herausgestellt, daß dieser Fisch keineswegs ein sehr einfach zu pflegender Buntbarsch ist.

Melanochromis auratus wird ungefähr zehn Zentimeter lang. Männchen und Weibchen besitzen extrem unterschiedliche Farbkleider. Weibliche Tiere und Jungfische tragen auf den Körperseiten auf kadmiumgelbem bis silbrigweißem Untergrund zwei tiefschwarze Längsstreifen. Männliche Exemplare sind dagegen überwiegend schwarz

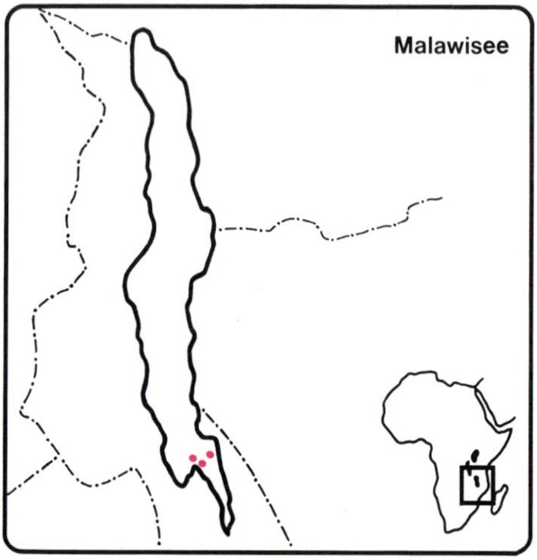

Fundorte von Melanochromis auratus.

gefärbt, zeigen aber zwei weißgrüne bis grüngoldene Längsstreifen auf den Flanken. Dieses Farbkleid nehmen sie ungefähr mit einer Länge von sechs Zentimeter an, d. h. mit einsetzender Geschlechtsreife. In Anwe-

Weibchen von Melanochromis auratus.

senheit eines erwachsenen gleichgeschlechtlichen Fisches wird der Beginn des Umfärbens häufig erstaunlich lange verzögert. Sie „tarnen" sich mehr oder weniger als Weibchen und vermeiden es dadurch, von dem stärkeren männlichen Artgenossen als Rivale identifiziert zu werden.
Andererseits nehmen ältere Weibchen häufig eine sehr dunkle Färbung an und sehen dann auf den ersten Blick den Männchen sehr ähnlich. Typisch für derartig dunkle Exemplare ist, daß sie den Artgenossen gegenüber äußerst aggressiv sind. Die physiologischen und verhaltensbiologischen Aspekte dieses Phänomens, das auch von anderen *Melanochromis* und einer *Pseudotropheus*-Art bekannt ist, sind bislang völlig ungeklärt.

Der
natürliche Lebensraum
von *M. auratus* ist die Geröll- und Felsenzone. Die bekannt gewordenen Fundorte liegen im südlichen Teil des Sees. Fische von der Ostküste (Mozambique) sind nicht so schön gezeichnet wie Exemplare von der Westküste. Innerhalb der Gattung gehört diese Spezies zu den Arten mit kleinem Maul und kurzem Kopf. Die Nahrungsgrundlage dieses Buntbarsches bildet der Aufwuchs, den er entweder abbeißt oder mit einer schnellen Kopfbewegung losreißt.

Für die
Haltung
der Fische werden große Aquarien benötigt, die eine Länge von ungefähr eineinhalb Meter haben. Infolge der stark ausgebildeten innerartlichen Aggression, die diese Art zeigt, können die Tiere nicht für sich gehalten werden. Ihre erfolgreiche Pflege scheint nur in einem biotopgerecht eingerichteten Gesellschaftsaquarium möglich, in dem durch die Anwesenheit von Buntbarschen aus anderen Verwandtschaftskreisen der gegen den Artgenossen gerichtete Aggresionstrieb gedämpft wird.
Wie bei der Mehrzahl maulbrütender Cichliden müssen auch die Männchen von *M. auratus* mit einem Harem gehalten werden. Da sie ihren Balzplatz auch gegen artfremde Fische energisch verteidigen, kommen als weitere Bewohner des Aquariums nur recht robuste Arten in Frage, die sich gegenüber

Melanochromis auratus in drei Meter Tiefe im natürlichen Lebensraum.

den *Melanochromis* behaupten können. Gut geeignet erscheinen große *Haplochromis* und *Pseudotropheus,* beispielsweise *Ps. lombardoi* oder *Ps. zebra* und *Ps. elongatus.* Für die Einrichtung des Aquariums werden Steinbrocken und -platten benötigt, die vor allem an der Hinterwand so angeordnet werden, daß Höhlenverstecke und Nischen entstehen, die es in großer Zahl im natürlichen Lebensraum der *Mbuna*-Buntbarsche gibt. Auch sollte durch eine überlegte Verteilung der Steinaufbauten die Abgrenzung mehrerer Reviere erleichtert werden. Zwar können Wasserpflanzen, die es in der Geröll- und Felsenzone des Malawisees nicht gibt, zur Dekoration verwendet werden, da *M. auratus* pflanzenfreundlich ist, sie sollten jedoch den Schwimmraum nicht wesentlich einengen. Die Fütterung der Tiere ist unproblematisch, da alle gängigen Futtermittel gefressen werden. Sie sollte natürlich möglichst abwechslungsreich sein, also neben den verschiedenen Sorten Flockenfutter (TetraMin, TetraCichlid) auch Kleinkrebse und Insektenlarven berücksichtigen.

Die
Zucht
dieses Buntbarsches erfolgt am günstigsten

in dem vorstehend beschriebenen Gesellschaftsaquarium. *M. auratus* ist ein spezialisierter Maulbrüter. Als Laichplatz, der vom Männchen ausgesucht wird, dient ein an geschützter Stelle gelegener Stein.
Wesentliche Elemente des männlichen Balzverhaltens sind Rütteln und Führungsschwimmen. Die Befruchtung der Eier erfolgt erst im Maul des Weibchens, da sie unmittelbar nach der Abgabe bereits in die schützende Mundhöhle aufgenommen werden. Bei Wassertemperaturen um 27 Grad Celsius werden die Jungen etwa drei Wochen von der Mutter gepflegt, bevor sie das erste Mal ins Freie entlassen werden. Diese Zeitspanne kann jedoch um einige Tage verlängert werden, wenn sich das Weibchen durch andere Fische gestört fühlt und keinen geschützten Ort findet, an dem es die Brut gefahrlos ausspucken kann. Nach dem Entlassen der Jungtiere findet die Brutpflege ein rasches Ende. Die jungen *M. auratus* sind bereits sehr selbständig. Ihr Bestreben, in das Maul der Mutter zurückzukehren, ist offenbar nur relativ schwach ausgebildet. Sie suchen sich bald ein geeignetes Höhlenversteck, das für die nächsten Tage oder Wochen ihr Wohnrevier wird.
Das Verhalten der Jungfische von *M. auratus* unterscheidet sich demnach deutlich von den Verhaltensweisen vieler *Haplochromis,* die weniger selbständig und deshalb, um zu überleben, auf den Schutz der Mutter angewiesen sind. Junge *Mbuna*-Buntbarsche wachsen deshalb auch im Gesellschaftsaquarium auf. Wenn allerdings die Brut vollständig aufgezogen werden soll, dann empfiehlt es sich, das pflegende Muttertier nach gut zwei Wochen in einen separaten Behälter zu überführen, in dem es die Brutpflege vollenden kann. Die Jungfische lassen sich mit fein ausgesiebten Wasserflöhen und zerkleinertem Flockenfutter aufziehen.

Pflanzenzone des Malawisees in drei Meter Tiefe.

Melanochromis chipokae

JOHNSON, 1975

kann im Aquarium eine Körperlänge von knapp vierzehn Zentimeter erreichen. Bei erwachsenen Tieren ist die Unterscheidung der Geschlechter leicht, da die Art einen deutlich ausgebildeten farblichen Sexualdimorphismus zeigt. Männliche Exemplare sind überwiegend blauschwarz gefärbt. In der oberen Körperhälfte tragen sie zwei lichtblaue Längsstreifen. Denselben Farbton zeigt auch die Rückenflosse. Weibliche Fische und Jungtiere besitzen dagegen auf sand- bis goldgelbem Untergrund zwei tiefschwarze Längsstreifen. Die Art zählt zu den *Melanochromis* mit spitzem Kopf und größerem Maul.

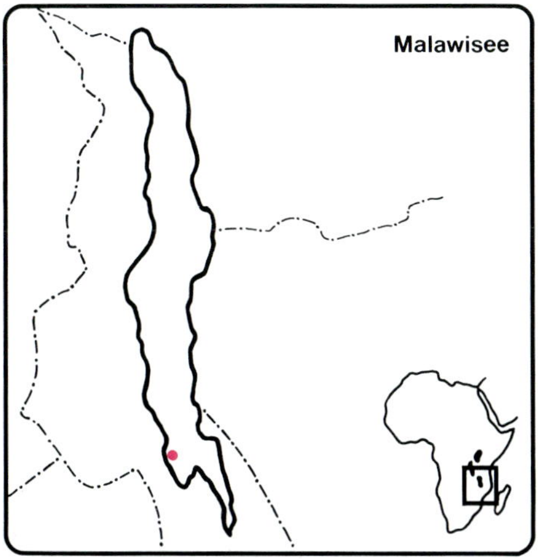

Fundort von Melanochromis chipokae.

Der

natürliche Lebensraum

dieser Spezies ist außerordentlich begrenzt. Den einzigen bislang bekannten Fundort bilden die Chindunga Rocks, ein Unterwasserriff, das unweit der Ortschaft Chipoka im südwestlichen Teil des Malawisees gelegen ist. Die Fische gehören zu den Bewohnern des Felsenlitorals. Der Aufwuchs bildet zwar bei ihrer Ernährung eine wichtige Rolle, sie sind aber kaum als spezialisierte Aufwuchsfresser anzusehen. Ihre Nahrung dürfte im wesentlichen aus den verschiedensten Wirbellosen, aber auch Jungfischen bestehen.

Eine erfolgversprechende

Haltung

dieses Buntbarsches scheint nur in einem großen Gesellschaftsaquarium möglich, das eine Länge von ungefähr eineinhalb Meter

Männchen von Melanochromis chipokae.

haben sollte. Die Fische können sowohl untereinander als auch gegenüber anderen Arten recht aggressiv sein. Diese unangenehme Eigenschaft macht sich vor allem in zu kleinen Aquarien störend bemerkbar. Bei der Vergesellschaftung mit einer Anzahl anderer Cichliden und ausreichendem Raum nehmen die Kampfhandlungen und Angriffe merklich ab. *M. chipokae* kann nicht paarweise gepflegt werden, sondern dem Männchen müssen mehrere Weibchen zugesellt werden. Als Mitbewohner des Aquariums sind nur robuste Malawibuntbarsche aus der Felsenzone geeignet, vor allem die größeren *Mbuna*-Cichliden und *Haplochromis.*

Da *M. chipokae* keine Pflanzen frißt, kann das Aquarium begrünt werden. Die Bepflanzung sollte allerdings maßvoll bleiben, denn die Fische benötigen ausreichenden Raum, und in ihrem natürlichen Lebensraum gibt es keinen dichten Pflanzenwuchs. Die wichtigsten Dekorationsmittel sind Felsbrocken und Steinplatten, mit denen ein Unterwasserriff mit vielen Nischen und Spalten nachgebildet wird. Die Steinaufbauten sollten an der Rückwand des Aquariums bis dicht unter die Wasseroberfläche heranreichen.

Bei der Beachtung der vorstehenden Hinweise ist auch die

Zucht

nicht schwer. Wie bei anderen *Melanochromis* sollte sie im Gesellschaftsbecken versucht werden, aus dem das brutpflegende Weibchen, kurz bevor die Larvenentwicklung der Brut abgeschlossen ist, herausgefangen wird, damit es die Pflege der Jungfische ungestört in einem separaten Aquarium fortsetzen kann. Auch dieser Buntbarsch ist ein spezialisierter Maulbrüter, der die Nachkommen in einer Mutterfamilie aufzieht. Bei einer Temperatur von ungefähr 26 Grad Celsius ist die Larvenentwicklung nach rund drei Wochen abgeschlossen. Sobald die Jungfische das Maul der Mutter verlassen, machen sie sich rasch selbständig, so daß die Brutpflege des Weibchens dann bald erlischt. Da die jungen *M. chipokae* wie alle *Mbuna*-Buntbarsche von Anfang an recht groß sind, können sie bereits mit fein ausgesiebten Wasserflöhen und zerkleinertem Flockenfutter aufgezogen werden.

Stellenweise ist die Populationsdichte der Mbuna-Cichliden erstaunlich hoch (Yofu Rocks bei der Insel Likoma, fünf Meter Tiefe).

Melanochromis melanopterus
TREWAVAS, 1935

erreicht eine maximale Körperlänge von gut dreizehn Zentimeter und gehört damit zu den größeren Vertretern der Gattung. Die Unterscheidung der Geschlechter ist leicht, da die Fische den in dieser systematischen Einheit verbreiteten farblichen Sexualdimorphismus zeigen: Die Männchen sind überwiegend schwarz gefärbt, in Augenhöhe erstreckt sich jedoch ein lichtblaues Band über den Körper, das die Nasenregion mit der Schwanzwurzel verbindet. Ein zweiter gleichfarbiger Streifen, der jedoch erheblich schmaler ist, verläuft unterhalb der Rückenflosse. Die Weibchen zeigen das entgegengesetzte Farbmuster. Sie weisen auf hellem Untergrund zwei schwarze Längsstreifen auf.

Bemerkenswert ist, daß bei den Männchen zwei verschiedene Farbformen auftreten. Die eine besitzt eine einfarbig blaue, die andere eine orangebraune Rückenflosse. Ob zwischen beiden Farbschlägen noch weitere

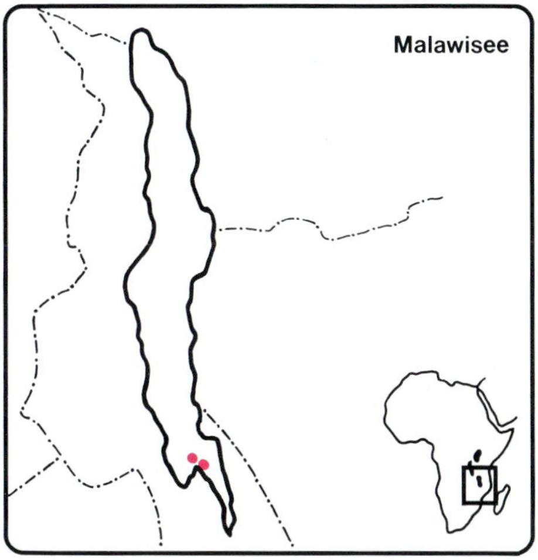

Fundorte von Melanochromis melanopterus.

Männchen von Melanochromis melanopterus.

Unterschiede bestehen, ist bislang nicht untersucht worden. Vermutlich handelt es sich um zwei verschieden gefärbte geographische Rassen, über deren Verbreitung jedoch noch keine Informationen vorliegen.
Die Fische gehören in jene Gruppe größerer *Melanochromis,* die einen spitzen Kopf und ein verhältnismäßig voluminöses Maul besitzen. Bei ihrer Ernährung spielen verschiedene Wirbellose, in bescheidenerem Maße aber auch kleine Fische eine wesentliche Rolle.

Der

natürliche Lebensraum

dieses Buntbarsches sind die ufernahen Bereiche der Geröll- und Felsenzone. Die bislang bekannt gewordenen Fundorte liegen im südwestlichen Teil des Malawisees.

Für die erfolgreiche

Haltung

dieser relativ großen *Melanochromis*-Art werden geräumige Aquarien benötigt. Es ist nicht empfehlenswert, diese Spezies für sich zu pflegen, da die innerartliche Aggression stark ausgebildet ist. Die Haltung in einem Gesellschaftsaquarium, das eine Seitenlänge von mindestens eineinhalb Meter besitzt, hat sich dagegen bewährt. Als weitere Bewohner sollten nur robuste Malawibuntbarsche, beispielsweise größere *Mbuna*- oder *Haplochromis*-Arten, ausgewählt werden, die sich gegenüber den *Melanochromis,* die recht ruppig sein können, durchzusetzen vermögen.
Die Einrichtung des Aquariums erfolgt so, daß der natürliche Lebensraum wenigstens in groben Zügen nachgebildet wird. Dies geschieht durch die Verwendung von Steinbrocken und -platten, die zu Höhlen verschiedener Größe angeordent werden. Einige Pflanzen können, obwohl sie in der Geröll- und Felsenzone des Malawisees fehlen, als zusätzliche Dekorationsmittel Verwendung finden, da *M. melanopterus* sie weder frißt noch beschädigt.
Im Hinblick auf die Ernährungsweise, die dieser Buntbarsch in seinem natürlichen Lebensraum hat, sollten nicht nur Wasserflöhe und Flockenfutter, sondern auch Mückenlarven, kleine Regenwürmer sowie entsprechend zerkleinertes Fisch- und Krebsfleisch (Shrimps) verfüttert werden.

Wie bereits bei der Besprechung der anderen *Melanochromis* ausgeführt wurde, bietet die

Zucht

in einem Gesellschaftsaquarium die besten Aussichten auf Erfolg. Da die Fische agam sind, d. h. keine Bindung an den Fortpflanzungspartner entwickeln, muß das Männchen mit einem Harem gehalten werden. Auch bei diesem Maulbrüter werden die Eier erst im Maul des Weibchens befruchtet. Bis es die Brut erstmals aus dem Maul entläßt, vergehen bei einer Wassertemperatur um 26 Grad Celsius ungefähr drei Wochen. Daraus ergibt sich, daß das pflegende Muttertier nach etwa 18 Tagen in einen separaten Behälter überführt werden muß, wenn beabsichtigt ist, die Jungfische vollzählig aufzuziehen. Ausgewachsene Weibchen erbringen im allgemeinen zwischen dreißig und fünfzig Jungtiere, die bereits so groß sind, daß sie ausgesiebte kleine Wasserflöhe fressen können.

Hier wurden erstmals Cichliden für den Zierfischexport gefangen (Cape Maclear, im Hintergrund die Insel Tumbi).

Zu den bemerkenswertesten Buntbarschen des Tanganjikasees zählen zweifellos die Vertreter der Gattung

Ophthalmochromis,

die von POLL im Jahre 1956 beschrieben wurde und nur die beiden Arten *O. ventralis* und *O. nasutus* enthält. Diese Cichliden sind in der Aquaristik unter der Bezeichnung Fadenmaulbrüter bekannt geworden, da bei ihnen die Bauchflossen in ungewöhnlicher Weise verlängert und fädig ausgezogen sind. Bei ausgewachsenen Männchen reichen die angelegten *Ventralia* über den hinteren Bereich der Afterflossen hinaus.

Bei männlichen Fischen gabelt sich das Ende der Bauchflosse, und jede der beiden Spitzen ist zu einem kleinen Läppchen erweitert, das in Größe und Färbung die Eier dieser Art imitiert. Beobachtungen im natürlichen Lebensraum der Buntbarsche ergaben, daß diese ungewöhnlich veränderten Bauchflossen eine wichtige Funktion bei der Balz und Fortpflanzung dieser Spezies haben.

Bei der Balz spreizen die Männchen ihre Bauchflossen weit vom Körper ab und präsentieren so in auffälliger Weise die gelblich gefärbten Läppchen, die als Ei-Attrappen zu deuten sind, den Weibchen. Die Eiflecken an den Spitzen der Bauchflossen dienen der innerartlichen Verständigung und lösen bei den Weibchen angeborene Verhaltensweisen aus. Die Fadenmaulbrüter gehören zu den spezialisierten Maulbrütern. Während des Laichvorganges dreht sich das Weibchen nach jedem Eischub sofort um und nimmt den gerade abgelegten Laich in sein Maul, noch bevor er vom Männchen befruchtet werden konnte. Sobald jedoch das männliche Tier seinem Partner die Ei-Attrappen darbietet, beginnt das Weibchen nach ihnen zu schnappen. Dabei nimmt es die vom Männchen ausgestoßenen Spermien auf, welche dann die Eier befruchten, die sich bereits im Maul des Muttertieres befinden.

Die in der Aquarienliteratur verschiedentlich wiederholte Behauptung, daß die Fadenmaulbrüter ohne direkten Kontakt mit dem Fortpflanzungspartner ablaichen, ist falsch und geht auf eine Fehlinterpretation von Unterwasserbeobachtungen durch BRICHARD (1978) zurück. Ich habe *Opthalmochromis* wiederholt beim Ablaichen im natürlichen Lebensraum (Tansania, Sambia) als Taucher beobachtet. In allen Fällen gab es keine Unterschiede zu dem von anderen ostafrikanischen Maulbrütern bekannten Ablaichverhalten. Diese Befunde wurden durch meine Aquarienbeobachtungen an *Ophthalmochromis ventralis* erhärtet.

Auch in Buchten mit sandigem Untergrund leben Tanganjikacichliden.

Ophthalmochromis nasutus

POLL & MATTHES, 1962

kann im männlichen Geschlecht eine Gesamtlänge von 18 Zentimetern erreichen. Bei erwachsenen Fischen ist das Geschlecht ohne Schwierigkeiten zu erkennen, da sie einen deutlich ausgebildeten Sexualdimorphismus zeigen.

Die obere Körperhälfte der Fische sieht gelbgrau, die untere eher elfenbeinfarbig aus. Über die Flanken ziehen sechs bis sieben dunkle Querstreifen. Bei balzenden Männchen färbt sich der Körper recht dunkel, und auf den Körperseiten erscheint ein bläulicher Glanz. Die Schwanzflosse ist tief gegabelt. Ihre oberen und unteren Flossenstrahlen sind fädig ausgezogen. Das wichtigste Merkmal der Männchen bilden die Bauchflossen, die in extremer Weise verlängert sind und an ihren Spitzen auffallende gelbe Läppchen tragen. Weibchen sind deutlich heller gefärbt. Ihnen fehlt die starke Verlängerung der Bauchflossen. Auch ihre Rükken-, After- und Schwanzflosse sind weniger zu Spitzen ausgewachsen.

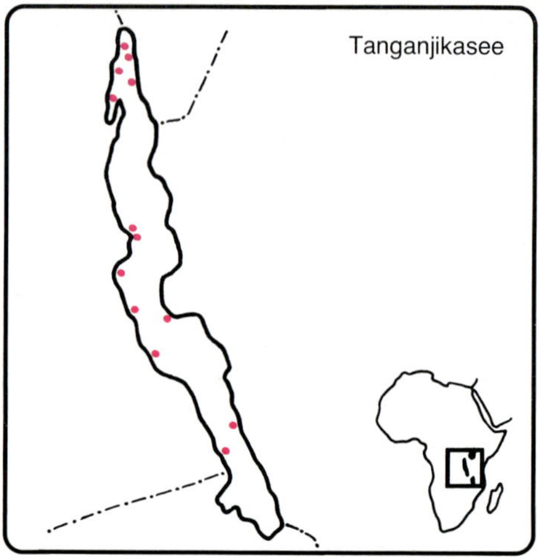

Fundorte von Ophthalmochromis nasutus.

Das Erkennungsmerkmal für diese Spezies

Männchen von Ophthalmochromis nasutus.

ist ein fleischiger Fortsatz, der das Maul nasenartig überragt. Er ist bei den Männchen deutlicher ausgebildet als bei den Weibchen.

Der
natürliche Lebensraum
von *Ophthalmochromis nasutus* ist der ufernahe Bereich der Felsenzone. Die bevorzugte Tiefe liegt zwischen zwei und fünfzehn Metern. Die Fische sind im Tanganjikasee weit verbreitet. Die bekannten Fundorte liegen sowohl in Zaire (Nordwesten, Westen, Südwesten) als auch in Tansania (Osten, Südosten). Besonders häufig scheint die Art im Nordosten (Burundi) aufzutreten. Im natürlichen Lebensraum sind sie Allesfresser. Magenuntersuchungen durch die Erstbeschreiber ergaben, daß die Fische einzellige und fädige Algen, andere Pflanzenteile, Einzeller, Insekten und Mollusken gefressen hatten. Die Tatsache, daß auch Sand und Schlamm im Magen gefunden wurde, spricht dafür, daß die Tiere in erster Linie Detritusfresser sind, die ihre Nahrung am Gewässergrund suchen.

Die artgemäße
Haltung
dieses bemerkenswerten Buntbarsches kann nur in sehr großen Aquarien erfolgen, in denen den Fischen ein ausreichend bemessener Schwimmraum zur Verfügung steht. Die Mindestlänge des Behälters sollte deshalb bei eineinhalb Meter liegen. Für eine biotopgerechte Einrichtung werden Felsbrocken benötigt, die an der Rückwand des Aquariums so angeordnet werden, daß einige Höhlenverstecke unterschiedlicher Größe entstehen. Der Untergrund sollte vorzugsweise aus Sand oder sehr feinem Kies bestehen. Falls man auf eine Bepflanzung nicht verzichten will, sollten nur Arten mit niedrigem Wuchs berücksichtigt werden, beispielsweise *Anubias nana,* die den Vorteil bietet, daß sie auch auf den Felsaufbauten festwächst.
In einem Aquarium normaler Größe läßt sich nur ein Männchen mit seinem Harem aus zwei bis drei weiblichen Fischen pflegen. Als weitere Mitbewohner sollten auf keinen Fall die unruhigen und robusten *Tropheus*-Arten gewählt werden. Sie würden nicht nur die *Ophthalmochromis* durch ihre Lebhaftigkeit stören, sondern ihnen auch das Futter wegfressen. Für eine Vergesellschaftung erscheinen die Vertreter der Gattungen *Julidochromis, Chalinochromis* sowie die mittelgroßen *Lamprologus* weit besser geeignet, da sie ruhiger sind.
Da *Ophthalmochromis nasutus* ein Allesfresser ist, bereitet die abwechslungsreiche Ernährung keine Schwierigkeiten. Es ist jedoch darauf zu achten, daß diese recht großen Tiere auch eine ausreichende Futtermenge erhalten.

Über die erfolgreiche
Zucht
dieses Cichliden liegen bislang keine Berichte vor. Daß er nur selten im Aquarium zur Fortpflanzung gebracht wird, hat mehrere Gründe. Zum einen sind die Fische während des Transportes recht empfindlich. Sie werden deshalb nur selten importiert. Zum anderen werden bei ihrer Pflege häufig wichtige Lebensansprüche zuwenig beachtet, insbesondere der Raumbedarf und die ausreichende Ernährung. Erfahrungen mit *O. ventralis* lassen erwarten, daß es bei der Beachtung der vorstehenden Hinweise grundsätzlich gar nicht so schwierig sein dürfte, auch *O. nasutus* zur Fortpflanzung zu bringen.
Alle *Ophthalmochromis* sind agame Maulbrüter, die ihre Brut in einer Mutterfamilie betreuen und aufziehen. Da die Eier groß und dotterreich sind, haben die Fische, wenn sie das schützende Maul der Mutter verlassen, bereits eine Größe, die es erlaubt, sie mit fein ausgesiebten Wasserflöhen und zerriebenem Flockenfutter zu ernähren.
Ophthalmochromis nasutus ist sicherlich ein Cichlide, dessen Pflege nur erfahrenen Aquarianern empfohlen werden kann und der auch infolge seines Raumbedarfs niemals eine große Verbreitung finden wird. Andererseits verspricht seine Haltung interessante Beobachtungen. Auf die besondere Funktion, welche die gelben Spitzen der Bauchflossen haben, wurde bereits bei der Besprechung der Gattung hingewiesen. Unter der Voraussetzung, daß die Möglichkeit besteht, die Fische ihren Lebensansprüchen gemäß zu halten, kann die Pflege dieses Buntbarsches eine lohnende Aufgabe für den engagierten Aquarianer bilden.

Die Gattung

Petrochromis

ist von BOULENGER im Jahre 1898 aufgestellt worden. Ihre Verbreitung ist auf den Tanganjikasee beschränkt. Bislang sind nur fünf Arten wissenschaftlich beschrieben worden. Es ist jedoch eine ganze Reihe weiterer Arten bekannt, deren Erstbeschreibung noch aussteht. Die *Petrochromis* sind unter den Aufwuchsfressern des Tanganjikasees ohne Zeifel am stärksten auf diese Form des Nahrungserwerbs spezialisiert. Aufgrund ihrer Bindung an einen steinigen Untergrund treten die meisten Arten in vielen relativ isolierten Populationen in ihrem Heimatgewässer auf. Diese Isolation hat die Tendenz zur Ausbildung verschiedener Rassen begünstigt. In dieser Beziehung ähnelt *Petrochromis* der Gattung *Tropheus.* Während man aber inzwischen über die Vertreter der Gattung *Tropheus* relativ viel weiß, weil sie infolge ihrer auffälligen Farbkleider bei Aquarianern sehr begehrt sind, ist über die im allgemeinen unscheinbar gefärbten *Petrochromis* nur wenig bekannt.

Petrochromis famula

MATTHES & TREWAVAS, 1960

erreicht eine maximale Körperlänge von ungefähr fünfzehn Zentimeter. Bei erwachsenen Fischen läßt sich das Geschlecht relativ leicht bestimmen, da ein relativ deutlich ausgebildeter Sexualdimorphismus besteht. Bei ausgefärbten Männchen ist der Körper kupfer- bis beigebraun gefärbt. Nur auf der Stirn tritt zwischen Oberlippe und dem oberen Rand der Augen eine bläuliche Farbzone auf. Die Bauchflossen und der vordere Bereich der Rückenflosse sehen rotorange bis orangebraun aus. Der hintere Teil der Rükkenflosse ist ebenso wie die Schwanzflosse taubenblau getönt. Die Afterflosse trägt drei bis vier ovale kleine gelbliche Flecken, die von einem schwarzen Hof umgeben sind. Weibliche Fische sind deutlich blasser gefärbt. Ferner sind die Bauchflossen sowie die Rücken- und die Afterflosse bei ihnen weniger spitz ausgezogen.

Petrochromis famula.

Der
natürliche Lebensraum
der Fische ist die flache, ufernahe Geröllzone. Als Fundorte sind die Umgebung von Kigoma (Tansania) und die Nordwestküste (Zaire) bekannt. Die Nahrungsgrundlage der Fische bildet der Aufwuchs, der Steine und Felsen überzieht und den sie mit ihrem beweglichen Maul, das dicht mit Zähnen besetzt ist, abweiden.

Die erfolgreiche
Haltung
dieses Cichliden ist nur in großen Aquarien möglich, die über einen Meter lang sind. Es erscheint nicht empfehlenswert, die Fische für sich zu halten, denn sie sind untereinander sehr aggressiv. In einem Gesellschaftsaquarium wird die innerartliche Aggression durch die Anwesenheit anderer Fische etwas gedämpft. Für eine Vergesellschaftung kommen in erster Linie ähnlich robuste und lebhafte Fische in Frage, beispielsweise Buntbarsche aus der Gattung *Tropheus.*
Ein biotopgerecht eingerichtetes Aquarium muß eine Vielzahl von Nischen und Zufluchtsstätten enthalten, die mit Hilfe von Steinen und Steinplatten errichtet werden. Pflanzen erscheinen nur in beschränktem Maße als Dekorationsmittel geeignet, da *P. famula* weiche Blätter und zarte Triebe anknabbert. Die Fütterung der Fische erfolgt mit verschiedenen Arten von Flockenfutter, beispielsweise TetraPhyll, TetraCichlid oder TetraMin, mit Mückenlarven und Wasserflöhen. Ballastarme Futtermittel, beispielsweise Würmer, erscheinen für diese spezialisierten Aufwuchsfresser wenig geeignet.

Die
Zucht
wird in dem vorstehend beschriebenen Gesellschaftsaquarium durchgeführt. *Petrochromis famula* ist ein agamer Maulbrüter. Die Männchen müssen infolgedessen mit einem Harem gehalten werden. Da die Eier sehr groß und dotterreich sind, dauert die Entwicklung der Larven entsprechend lange. Bei einer Wassertemperatur um 26 Grad Celsius vergehen ungefähr vier Wochen, bis das Muttertier die Brut erstmals aus seinem Maul entläßt. Die Jungfische sind dann bereits über zehn Millimeter groß und können kleine Wasserflöhe und zerkleinertes Flokkenfutter fressen. In einem biotopgerecht ausgestatteten Gesellschaftsaquarium, in dem sie geeignete Versteckplätze in ausreichender Zahl vorfinden und in dem keine ausgesprochenen Raubfische leben, werden die jungen *Petrochromis famula* ohne nennenswerte Verluste aufwachsen.

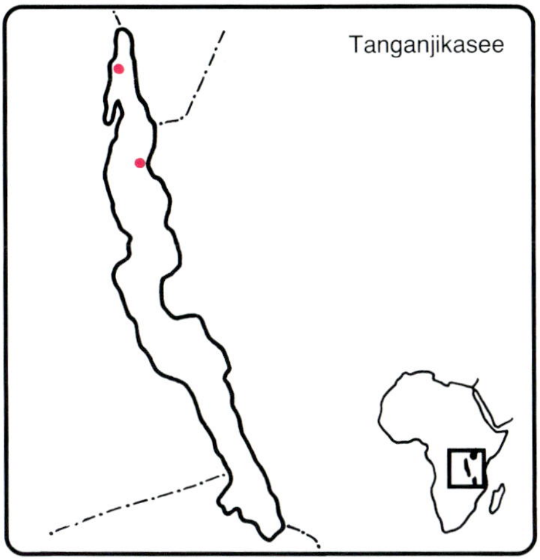

Fundorte von Petrochromis famula.

Bereits schwacher Wind führt im Tanganjikasee zu einer heftigen Brandung.

Die Gattung

Pseudocrenilabrus

Aufgrund verhaltensbiologischer Untersuchungen gelangte WICKLER (1963) zu der Überzeugung, daß zwei Arten, die der Gattung *Haplochromis* zugeordnet wurden, besser in einer besonderen Gattung geführt werden sollten, der er den Namen *Hemihaplochromis* gab.
TREWAVAS (1973) machte dann darauf aufmerksam, daß die eine der beiden Arten, die bereits 1897 von WEBER als *Chromis philander* beschrieben worden war, von FOWLER im Jahre 1934 irrtümlich ein zweites Mal unter dem Namen *Pseudocrenilabrus natalensis* bearbeitet wurde. Da aber nach den Nomenklaturregeln die ältere Bezeichnung gegenüber einer jüngeren Priorität besitzt, war WICKLERs Gattungsname damit ungültig. Zur Zeit werden in der Gattung *Pseudocrenilabrus* drei Arten gezählt, denn BANISTER & BAILEY (1979) ordneten ihr mit *Ps. nicholsi* (PELLEGRIN, 1928) einen weiteren Cichliden zu.

Pseudocrenilabrus philander dispersus

(TREWAVAS, 1936)

erreicht im männlichen Geschlecht eine Länge von ungefähr acht Zentimeter, weibliche Tiere bleiben im allgemeinen kleiner. Das Geschlecht ist bei erwachsenen Fischen leicht zu bestimmen, da diese Spezies einen deutlich ausgebildeten Sexualdimorphismus besitzt. Männliche Exemplare sehen viel farbenprächtiger aus als die Weibchen. Ihr Körper zeigt größtenteils einen prächtig zitronen- bis kadmiumgelben Metallglanz. Besonders auffallend ist die lichtblaue Färbung der Lippen. Derselbe Farbton tritt noch einmal in der hinteren Körperhälfte sowie in Form eines Punktmusters in den unpaaren Flossen auf. Der hintere Saum der Afterflosse ist kräftig orange oder sogar feuerrot gefärbt.

Der

natürliche Lebensraum

dieser Unterart ist recht groß. Er erstreckt sich vom nördlichen Südwestafrika und An-

Männchen von Pseudocrenilabrus philander dispersus.

gola über Sambia bis nach Mozambique. Es gibt Anzeichen dafür, daß sich innerhalb dieses riesigen Areals mehrere unterschiedliche Rassen herausgebildet haben. Die Fische besiedeln vorzugsweise Sumpfgebiete, seichte Buchten und die toten Arme der Hauptflüsse und größeren Gewässer, die häufig einen starken Pflanzenwuchs aufweisen.
Ps. philander dispersus ist ein außerordentlich robuster und anpassungsfähiger Buntbarsch.

Seine
Haltung
ist nicht schwierig. Er zählt deshalb zu den Maulbrütern, die dem Anfänger ohne Einschränkungen zu empfehlen sind. Bereits in Aquarien mit einer Seitenlänge von einem halben Meter läßt er sich erfolgreich pflegen. Allerdings ist er nicht paarweise zu halten, sondern die männlichen Fische, die ständig sexuell aktiv sind und deshalb die Weibchen stark treiben, brauchen einen kleinen Harem. In größeren Aquarien, die etwa einen guten Meter lang sind, lassen sich auch zwei oder drei Männchen zusammen pflegen, wenn durch eine entsprechende Einrichtung gewährleistet ist, daß mehrere Reviere gegeneinander abgegrenzt werden können.
Dieser Buntbarsch ist pflanzenfreundlich und fühlt sich auch in einem relativ dicht bepflanzten Aquarium wohl. Einzelne dichte Pflanzengruppen sind geradezu eine Voraussetzung für seine erfolgreiche Pflege, da sie einerseits den Weibchen Schutz und Versteckmöglichkeiten bieten, die sie insbesondere während der Brutpflege brauchen, und andererseits die Reviere der Männchen begrenzen. Allerdings ist bei der Einrichtung des Aquariums zu beachten, daß das Anlegen einer kleinen Laichgrube zu den notwendigen Balzhandlungen der Männchen gehört. Es ist deshalb dafür zu sorgen, daß der Bodengrund aus Sand oder feinem Kies besteht und daß einige freie, unbepflanzte Flächen vorhanden sind, die von den Männchen als Mittelpunkte ihrer Reviere betrachtet werden können.
Pseudocrenilabrus philander ist gegenüber anderen Fischen verträglich. Als Mitbewohner des Aquariums kommen deshalb nicht nur Buntbarsche, sondern auch Vertreter anderer Fischfamilien in Betracht.

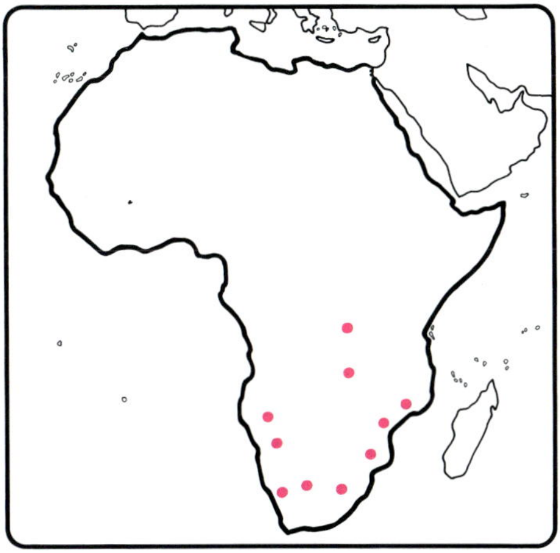

Fundorte von Pseudocrenilabrus philander dispersus.

Die
Zucht
kann sowohl im Gesellschafts- als auch im Artenbecken erfolgen, wenn es entsprechend den vorstehenden Hinweisen eingerichtet wurde. *Ps. philander* ist ein Maulbrüter, der keine dauerhafte Bindung an den Fortpflanzungspartner zeigt. Männchen und Weibchen trennen sich unmittelbar nach dem Ende des Laichvorganges, und nur die Mutter übernimmt die Aufzucht der Brut.
Die Balz der Männchen ist sehr temperamentvoll. Als wichtigste Balzhandlungen fallen Rütteln und Führungsschwimmen sowie das Ausgraben der Laichgrube auf. Die Eier sind noch unbefruchtet, wenn sie vom Weibchen in das Maul genommen werden. Die Befruchtung erfolgt dadurch, daß das Weibchen mit seinem Maul der Genitalregion des Männchens folgt, das mit leicht angehobenem Vorderkörper über den Boden der Laichgrube gleitet und dabei die Spermien ausstößt, die vom weiblichen Fisch aufgesaugt werden. Bei dem Befruchtungsvorgang spielt offenbar die orangerot gefärbte hintere untere Ecke der Afterflosse des Männchens eine wichtige Rolle. Dieser dann weitgehend zusammengefaltete Saum der Flosse bildet während des Absamens einen auffallenden Farbfleck, der die Aufmerksamkeit des Weibchens erregt und gewährleistet, daß es sein Maul mitten in die Spermienwolke bringt. Bei *Ps. philander disper-*

sus kann dieser Afterflossenzipfel allerdings nicht als Ei-Attrappe bezeichnet werden, da der Laich eine ganz andere Färbung zeigt als der Flossensaum.
Die Fische können bei Wassertemperaturen zwischen 23 und 28 Grad Celsius gepflegt werden. Es ist jedoch zu beachten, daß die Entwicklung der Eier und Larven stark von der Temperatur beeinflußt wird. Je höher die Wassertemperatur ist, desto rascher ist ihre Entwicklung. Bei 28 Grad werden die Jungfische bereits nach rund zwei Wochen aus dem Maul der Mutter entlassen. Auch nach diesem Zeitpunkt wird die Maulbrutpflege noch eine Zeitlang fortgesetzt. Die Jungfische sind ebenso wie die adulten Tiere Allesfresser und können mit den Nauplien des Salinenkrebses, fein ausgesiebten Wasserflöhen und zerkleinertem Flockenfutter ohne Schwierigkeiten aufgezogen werden.

Pseudocrenilabrus philander besiedelt vorzugsweise Sumpfgebiete und seichte Buchten, die häufig einen starken Pflanzenwuchs aufweisen.

Die Gattung

Pseudotropheus,

die im Jahre 1921 von REGAN aufgestellt wurde, hat in der Aquaristik eine große Bedeutung erlangt, da ihr einige der farbenprächtigsten Cichliden zugeordnet werden, die wir überhaupt kennen. Neben Fischen mit auffälligen, plakativen Farben gibt es in dieser systematischen Einheit aber auch eine ganze Reihe von Arten mit einem eher unscheinbaren Aussehen, die für die Pflege im Aquarium weniger interessant sind. Die Verbreitung der Gattung ist auf den Malawisee beschränkt. Bislang sind mehr als zwanzig Arten und Unterarten beschrieben worden. Ihre Zahl erhöht sich aber ständig, da immer noch neue, bisher unbekannte Formen entdeckt werden. Allein in der Aquaristik sind über ein Dutzend Arten bekannt geworden, deren wissenschaftliche Bearbeitung bisher aussteht. Charakteristisch für viele *Pseudotropheus*-Arten ist, daß sie keineswegs in allen passenden Lebensräumen, die der See aufweist, vorkommen, sondern zum Teil nur überraschend kleine Areale besiedeln, die im Extremfall kaum größer als ein Fußballfeld sind.
Dieses erstaunliche Phänomen hängt mit der Lebensweise dieser Buntbarsche zusammen. Die *Pseudotropheus* sind typische *Mbuna*-Cichliden, d. h., sie sind Nahrungsspezialisten, deren Nahrungsgrundlage der pflanzliche und tierische Aufwuchs ist, der in der oberen Geröll- und Felsenzone alle Steine überzieht. Auch ihre Verhaltensbiologie ist in so extremer Weise den Lebensbedingungen in diesen Lebensräumen angepaßt, daß die meisten Arten über Sandboden und ohne Geröll oder Felsen nicht zu überleben vermögen. Selbst Sandflächen mit nur begrenzter Ausdehnung werden von ihnen infolgedessen gemieden Die *Mbuna*-Buntbarsche sind deshalb in vielen Populationen über das Litoral ihres Heimatgewässers verbreitet, die untereinander kaum oder überhaupt keinen Kontakt haben. Diese Isolation hat bei den Arten mit größerer Verbreitung zur Ausbildung verschiedener geographischen Rassen geführt, im Falle von stark isolierten Arealen, beispielsweise abgelegenen Inseln, sogar zur Entstehung neuer Arten mit einem nur begrenzten Vorkommen.

Pseudotropheus elongatus
FRYER, 1956

gehört zu den Vertretern der Gattung, die bereits anfangs der 60er Jahre für den Zierfischhandel eingeführt wurden, inzwischen aber kaum noch gepflegt werden. Männliche Fische können im Aquarium eine Länge von knapp zwölf Zentimeter erreichen. Im natürlichen Lebensraum bleiben die Fische kleiner. Da Männchen und Weibchen deutlich verschiedene Farbkleider besitzen, ist die Bestimmung des Geschlechtes bei erwachsenen Tieren ohne Schwierigkeit möglich. Die männlichen Exemplare sind hübscher gefärbt. Auf enzianblauem Untergrund tragen sie sechs bis sieben blauschwarze Querstreifen, deren Intensität von vorn nach hinten abnimmt. Der Kopf, die Brustflossen sowie die After- und Rückenflosse sind überwiegend blauschwarz gefärbt. Im hinteren Teil der Afterflosse liegen zwei bis drei safrangelbe ovale Flecken, die von einem schwarzen Hof umgeben sind. Weibliche Fische sind taubenblau bis schiefergrau gefärbt.

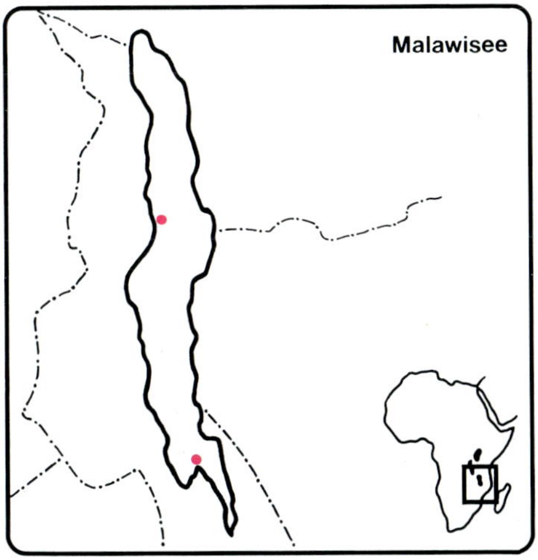

Fundorte von Pseudotropheus elongatus.

Der
natürliche Lebensraum
dieser Art bildet das obere Geröll- und Felsenlitoral bis zu einer Tiefe von ungefähr zehn Meter. Sie ernährt sich vom Aufwuchs,

Männchen von Pseudotropheus elongatus.

der entweder abgeknabbert oder mit einer schnellen Kopfbewegung losgerissen wird. Als Fundorte sind die Nkhata Bay, die Mbamba Bay und das Gebiet um Cape Maclear bekannt geworden.

Die erfolgversprechende

Haltung

der Fische kann langfristig nur in einem Gesellschaftsaquarium durchgeführt werden, weil sich die Tiere, wenn sie für sich gepflegt werden, stark bekämpfen und beschädigen, da sie untereinander sehr unverträglich sind. Infolgedessen werden große Behälter benötigt, die ungefähr eineinhalb Meter lang sind. *Pseudotropheus elongatus* gehört zwar zu den kleineren *Mbuna*-Arten, zählt aber dennoch zu den aggressivsten Malawi-Buntbarschen. Die Männchen verteidigen ihr Revier vehement und fürchten sich nicht vor weit größeren Cichliden. Als weitere Bewohner des Gesellschaftsaquariums kommen deshalb nur robuste Arten in Frage, die sich durchzusetzen vermögen, d. h. beispielsweise andere *Pseudotropheus* oder die Vertreter der Gattung *Melanochromis.*
Die biotopgerechte Einrichtung des Aquariums erfolgt mit zahlreichen Steinen und Felsbrocken, die vor allem an der Rückwand zu Aufbauten angeordnet werden, die bis dicht unter die Wasseroberfläche reichen. Auf diese Weise kann die Bodenfläche in mehrere Reviere aufgeteilt werden, und es entstehen viele Höhlenverstecke unterschiedlicher Größe. *Ps. elongatus* vergreift sich gelegentlich an zarten Blättern und Trieben. Wer, obwohl es im natürlichen Lebensraum der Fische außer Algen keine Pflanzen gibt, auf eine Begrünung nicht verzichten will, sollte deshalb nur hartblättrige Arten verwenden. Vor allem *Anubias nana* und *Microsorium pteropus* haben sich in dieser Hinsicht als recht widerstandsfähig bewährt. Sie haben den zusätzlichen Vorteil, daß sie nicht in den Bodengrund gepflanzt werden, sondern gut gedeihen, wenn sie auf den Steinaufbauten befestigt werden. Dadurch braucht der zumeist nur gering bemessene Schwimmraum nicht zusätzlich vermindert zu werden. Die Ernährung von *Ps. elongatus* ist problemlos, da alle gängigen Futtermittel gefressen werden, also auch Flockenfutter, beispielsweise TetraCichlid oder TetraPhyll. Die Fische gehören zu den agamen Maulbrütern. Da die Männchen ständig balzen und zum Ablaichen bereit sind, benötigen sie einen Harem.

Für die

Zucht

brauchen keine besonderen Vorkehrungen getroffen zu werden, sie kann in dem vorstehend beschriebenen Gesellschaftsaquarium stattfinden. Als Laichplatz suchen die Männchen einen an möglichst geschützter Stelle liegenden flachen Stein mit glatter Oberfläche, um den sie ihr Revier anlegen. Wie bei allen spezialisierten Maulbrütern werden die Eier bereits vom Weibchen in das Maul genommen, bevor sie befruchtet sind. Erst wenn der weibliche Fisch nach der in der Afterflosse des Männchens befindlichen Ei-Attrappe schnappt, nimmt er auch die Spermien auf. Die oval geformten Eier haben eine maximale Länge von rund fünf Millimeter. Ein Gelege enthält im allgemeinen zwischen fünfundzwanzig und fünfunddreißig Laichkörner. Die Brutpflege wird ausschließlich vom Weibchen übernommen. Da die Eier dotterreich sind, dauert die Larvenentwicklung relativ lange. Die Geschwindigkeit der Entwicklungsprozesse hängt in starkem Maße von der Wassertemperatur ab. Bei 23 Grad werden die Jungfische beispielsweise um den 23. Tag, bei 27 Grad Celsius dagegen bereits um den 17. Tag herum aus dem Maul des Elternfisches entlassen. In einem Gesellschaftsaquarium können die angegebenen Zeitspannen dadurch verlängert werden, daß sich das Muttertier durch die anderen Fische gestört fühlt und keinen sicheren Platz findet, um die Brut auszuspucken.
Sobald die Jungfische erst einmal das Maul der Mutter verlassen haben, endet die Brutpflege rasch, da die Jungtiere bereits sehr selbständig sind und bald in kleinen Felsspalten und ähnlichen Zufluchtsstätten verschwinden. Sie sind rund zehn Millimeter lang und fressen fein ausgesiebte Wasserflöhe und zerriebenes Flockenfutter.

Da die wissenschaftliche Erstbeschreibung von

Pseudotropheus lombardoi
BURGESS, 1977

neueren Datums ist, gebrauchen viele Aquarianer für diesen populären Buntbarsch noch immer den früher verwendeten Handelsnamen „Pseudotropheus liliancinius". Diese Art stellt unter den *Mbuna*-Cichliden insofern einen bemerkenswerten Sonderfall dar, als der auffällige farbliche Sexualdimorphismus, der bei diesen Fischen auftritt, in merkwürdigem Gegensatz zu dem bei den übrigen *Mbuna*-Buntbarschen auftretenden Schema steht. Bei zahlreichen *Pseudotropheus-, Melanonochromis-,* aber auch bei den beiden *Labeotropheus*-Arten sind die Männchen blau, die Weibchen dagegen gelb oder orange gefärbt. Bei *Pseudotropheus lombardoi* zeigen aber die Männchen ein strahlendes Kadmiumgelb, während die Weibchen auf himmelblauem Untergrund auf den Körperseiten sechs schwarze Querstreifen tragen, die sich bis in die Rückenflosse erstrecken.
Ein interessantes Phänomen, dessen biologische Bedeutung und Ursachen bislang noch nicht erklärt werden konnten, bildet die

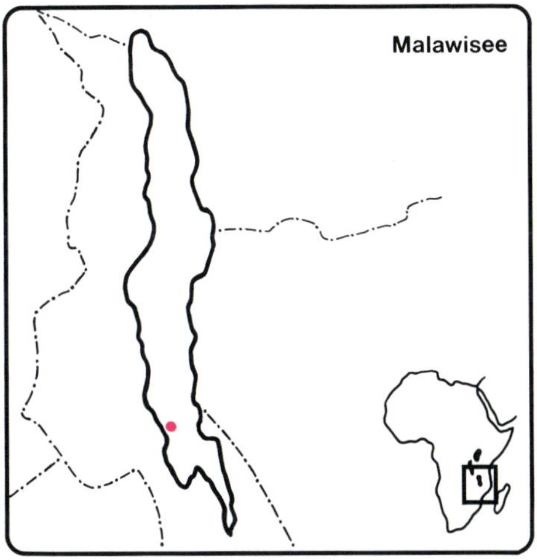

Fundort von Pseudotropheus lombardoi.

Beobachtung, daß ein Teil der weiblichen Fische im Alter ein Farbkleid annimmt, das stark an die Färbung der Männchen erinnert. Sie sehen dann schmutzig braunbeige bis ocker- oder currygelb aus. Dieser Farbwechsel ist mit Sicherheit nicht durch eine Geschlechtsumwandlung bedingt, denn derartige Fische können sich weiterhin ganz normal als Weibchen fortpflanzen. Diese merk-

Weibchen von Pseudotropheus lombardoi.

würdige Erscheinung ist auch aus der Gattung *Melanochromis* bekannt.
Die Männchen können im Aquarium eine Größe von knapp fünfzehn Zentimeter erreichen. Offenbar werden sie in der Gefangenschaft größer als im

natürlichen Lebensraum,

in dem sie im allgemeinen kaum länger als elf Zentimeter sind. Diese Art hat eine erstaunlich begrenzte Verbreitung, denn ihr Vorkommen ist allein auf das Litoral der kleinen Mbenji-Inseln beschränkt. Dort bewohnen sie die Geröll- und Felsenzone. Sie ernähren sich als Aufwuchsfresser.

Langfristig ist die erfolgreiche

Haltung

dieses schönen Buntbarsches nur in einem Aquarium möglich, das nicht unter eineinhalb Meter lang ist. Zu den unangenehmen Eigenschaften dieser Spezies gehört es nämlich, daß die Fische gegenüber Artgenossen ausgesprochen unverträglich und aggressiv sind. Das gilt nicht nur für die Männchen, sondern auch für die Weibchen. Es ist deshalb nicht empfehlenswert, diese Art für sich gesondert zu pflegen. Nur in einem Gesellschaftsaquarium, in dem die Tiere durch die Anwesenheit anderer Fische abgelenkt werden, hält sich die innerartliche Aggression in erträglichen Grenzen.
Leider ist *Ps. lombardoi* unter den Lebensbedingungen des Aquariums, die zu wenig Raum bieten, häufig auch gegenüber anderen Arten recht unverträglich. Die Männchen beanspruchen ein recht großes Revier, das sie mutig verteidigen. Sie greifen beispielsweise ohne Scheu die Hand des Pflegers an, wenn dieser in das Wasser greift und im Aquarium hantiert. Als Mitinsassen des Behälters können deshalb nur robuste Cichliden ausgewählt werden, beispielsweise *Melanochromis*-Arten, *Labeotropheus fuelleborni* oder andere *Pseudotropheus (Ps. elongatus, Ps. zebra).*
Bei der Einrichtung des Aquariums sollte versucht werden, soweit möglich, die Bedingungen in der Felsenzone nachzubilden. Felsbrocken und -platten werden so angeordnet, daß eine Vielzahl von Höhlen und Spalten unterschiedlicher Größe entsteht, die sich an der Aquarienrückwand bis dicht unter die Wasseroberfläche erstrecken, aber auch die übrige Bodenfläche aufgliedern.
Eine Bepflanzung widerspricht zwar einer biotopgerechten Einrichtung des Aquariums, sie ist jedoch möglich, wenn widerstandsfähige Gewächse verwendet werden. *Ps. lombardoi* vergreift sich nämlich gelegentlich an den jungen Trieben zarter Pflanzen. Die Fütterung der Fische ist wie bei den meisten *Mbuna*-Cichliden völlig unproblematisch. Die verschiedenen Arten von Flokkenfutter werden sehr gern gefressen. Die Ernährung sollte aber natürlich möglichst abwechslungsreich sein. Das strahlende Gelb, das Importmännchen zeigen, ist offenbar nur zu erhalten, wenn in regelmäßigen Abständen auch karotinhaltige Futtermittel, d. h. vor allem Kleinkrebse, verfüttert werden.

Bei der

Zucht

ist zu beachten, daß diese agamen Maulbrüter keine Bindung an den Fortpflanzungspartner entwickeln. Es müssen deshalb mehrere Weibchen zu dem Männchen gegeben werden. Die Zucht wird im allgemeinen nur in dem vorstehend beschriebenen Gesellschaftsaquarium gelingen. Abgelaicht wird an geschützter Stelle auf einem flachen Stein. In einem biotopgerechten Aquarium wird immer ein Teil der Jungfische ohne besondere Vorkehrungen aufwachsen. Soll die Brut jedoch vollständig aufgezogen werden, dann ist das Weibchen, das die Brutpflege allein durchführt, nach gut zwei Wochen in ein gesondertes Aufzuchtaquarium zu überführen, da die Larvenentwicklung bei einer Wassertemperatur von ungefähr 27 Grad Celsius nach rund drei Wochen abgeschlossen ist.
Die Jungfische sehen ausgesprochen attraktiv aus, da sie von Anfang an das strahlende Blau des weiblichen Farbkleides zeigen. Der verantwortungsbewußte Züchter sollte keine Weibchen zur Zucht verwenden, welche die unschöne braungelbe Färbung zeigen, damit dieses Farbkleid, falls es im Erbgut fixiert ist, nicht weiter verbreitet wird.
Da die Jungtiere bereits über zehn Millimeter lang sind, wenn sie das Maul der Mutter verlassen, können sie mit kleinen Wasserflöhen und zerriebenem Flockenfutter ernährt werden.

Pseudotropheus socolofi.

JOHNSON, 1974

hat in der Jugend einen relativ schlanken und langgestreckten Körper und ähnelt anfangs in der Gestalt *Pseudotropheus elongatus,* wird aber im Alter recht hochrückig. Die maximale Länge beträgt zwölf Zentimeter. Im Unterschied zu der Mehrzahl der Malawibuntbarsche besitzt diese Spezies keinen deutlich ausgebildeten Sexualdimorphismus. Die Fische sind lichtblau gefärbt. Nur die äußeren Kanten der Bauchflossen, der Rücken- und Afterflosse weisen einen breiten blauschwarzen Saum auf. Auch die Schwanzflosse trägt ein Muster gleichfarbiger Längsstreifen. Bei revierbesitzenden Männchen ist der Körper einfarbig, vor allem bei den Weibchen können jedoch acht bis neun undeutliche dunkle Querstreifen auf den Körperseiten auftreten. Die Männchen sind in erster Linie an den drei bis vier safrangelben, schwarz umrandeten Eiflecken zu erkennen, die sie in der Afterflosse tragen. Ferner sind bei ihnen die Bauchflossen deutlich länger als bei den Weibchen.
Diese Art wird nur noch selten in den Aquarien gepflegt, da seit geraumer Zeit keine

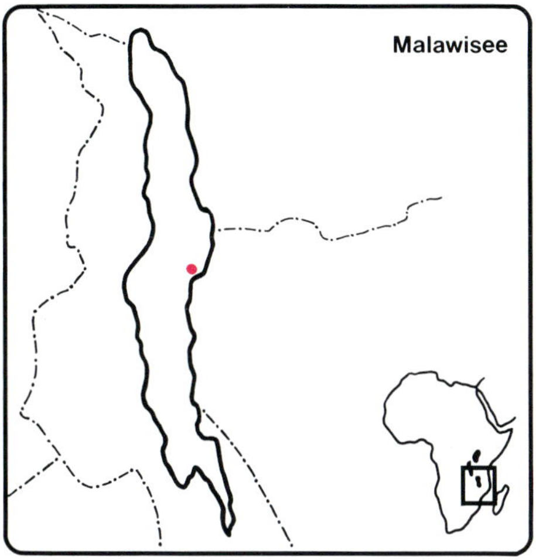

Fundort von Pseudotropheus socolofi.

Importe mehr erfolgt sind. Der Grund dafür ist die Tatsache, daß ihr

natürlicher Lebensraum

an der zu Mozambique gehörenden Ostküste des Malawisees, vor allem gegenüber der Likoma-Insel, liegt und daß aus diesem Land keine Exporte von Zierfischen mehr

Männchen von Pseudotropheus socolofi.

durchgeführt werden. Die Fische werden ausschließlich im oberen Bereich der Geröll- und Felsenzone angetroffen. Sie sind wie alle *Pseudotropheus* Aufwuchsfresser.

Die
Haltung
sollte vorzugsweise in einem Gesellschaftsaquarium erfolgen, in dem noch weitere Malawibuntbarsche leben. Da *Pseudotropheus socolofi* – vor allem im Vergleich zu anderen Vertretern dieser Gattung – als relativ friedlich und verträglich bezeichnet werden kann, genügen Becken, die eine Seitenlänge von etwas über einem Meter haben. Einem Männchen müssen mehrere Weibchen zugesellt werden.
Um den Lebensanprüchen der Fische weitestgehend zu genügen, wird das Aquarium so eingerichtet, daß Zufluchtsstätten und Höhlenverstecke in genügender Anzahl vorhanden sind. Eine maßvolle Bepflanzung, die den Schwimmraum nicht zu stark verringert, ist möglich, denn dieser Buntbarsch ist pflanzenfreundlich, insbesondere wenn robuste und widerstandsfähige Gewächse verwendet werden.
Pseudotropheus socolofi ist kein Großbrokkenfresser. Eine abwechslungsreiche Ernährung kann mit *Cyclops,* Daphnien, Weißen Mückenlarven sowie den verschiedenen Sorten von Flockenfutter, beispielsweise TetraPhyll, TetraCichlid oder TetraMin gewährleistet werden.

Für die
Zucht
sind keine besonderen Vorkehrungen notwendig, d. h., es wird kein besonderes Zuchtaquarium benötigt, da dieser Buntbarsch auch in einem biotopgerechten Gesellschaftsaquarium willig zur Fortpflanzung schreitet. Bei Bedarf kann das Weibchen, kurz bevor es die Brutpflege beendet, in einen Aufzuchtbehälter überführt werden, damit dort die gesamte Brut ohne Verluste heranwachsen kann. Das sollte bei einer Wassertemperatur um 27 Grad Celsius nach gut vierzehn Tagen erfolgen.
Ps. socolofi gehört ebenso wie die übrigen Mitglieder dieser Gattung zu den Maulbrütern, die ihre Brut in einer Mutterfamilie betreuen. Sobald die Jungfische aber erst einmal aus dem Maul entlassen wurden, endet die Brutpflege meist sehr rasch, da die Jungtiere bald in irgendwelchen Gesteinsspalten verschwinden und gar nicht das Bedürfnis zeigen, wieder in das Maul der Mutter zurückzukehren. Ihre Aufzucht mit ausgesiebten Wasserflöhen und zerriebenem Flockenfutter ist unproblematisch.

Felsenlitoral auf der Insel Likoma.

Die Probleme, welche die Taxonomie oder Systematik vieler Malawibuntbarsche aufwirft, lassen sich gut am Beispiel von

Pseudotropheus tropheops tropheops

REGAN, 1921

erläutern. Von dieser Spezies sind zwei Unterarten beschrieben worden: *Pseudotropheus tropheops gracilior* TREWAVAS, 1935 und *Ps. tropheops romandi* COLOMBÉ, 1979. Zusammen mit den drei Arten *Pseudotropheus novemfasciatus* REGAN, 1921, *Ps. microstoma* TREWAVAS, 1935 und *Ps. macrophthalmus* AHL, 1927 bilden die drei Unterarten von *Pseudotropheus tropheops* eine Gruppe von Cichliden, die sich untereinander außerordentlich ähnlich sind und infolgedessen schwer gegeneinander abzugrenzen sind. FRYER (1959) stellte deshalb in Frage, ob es überhaupt gerechtfertigt sei, *Pseudotropheus novemfasciatus, Ps. microstoma* und *Ps. macrophthalmus* als eigenständige Arten anzusehen. Besonders kompliziert ist die Situation dadurch, daß einige Mitglieder des *Pseudotropheus-tropheops*-Komplexes sowohl in verschiedenen geographischen Rassen auftreten als auch polymorph sind. Ferner gehört in diesen Komplex noch eine ganze Reihe weiterer Cichliden, die aber bislang noch unbeschrieben sind.

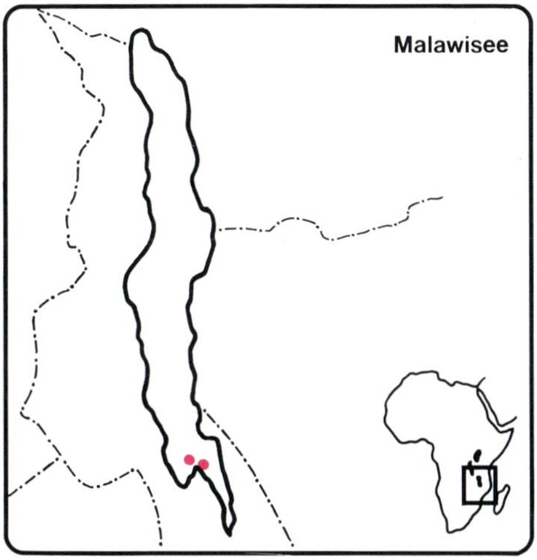

Fundorte von Pseudotropheus tropheops tropheops.

Weibchen von Pseudotropheus tropheops tropheops.

Weibchen von Pseudotropheus tropheops im Felsenlitoral der Insel Tumbi.

Männchen aus der Ps.-tropheops-Gruppe in der Übergangszone vom Felsen- zum Sandlitoral (Insel Dombwe, zwei Meter Tiefe).

Aufgrund von Freiland- und Aquarienbeobachtungen neigt man aber heute dennoch wieder dazu, die Unterscheidung mehrerer Arten als richtig anzusehen. Als eine wichtige Stütze dieser Ansicht ist der Befund anzusehen, daß die Mitglieder des *Tropheops*-Komplexes zum Teil ganz unterschiedliche Lebensansprüche haben und infolgedessen auch verschiedene Biotope besiedeln. So gibt es neben den Bewohnern der Geröll- und Felsenzone auch Formen, die sich ausschließlich im Übergangsbereich zwischen dem Geröll- und dem Sandlitoral oder in der Röhrichtzone aufhalten. Leider sind die meisten Buntbarsche aus dem *Tropheops*-Komplex zur Zeit für den Aquarianer kaum zu unterscheiden, da die bislang existierenden Unterscheidungskriterien nicht ausreichen, um die Fische im lebenden Zustand zu bestimmen. An einer Revision dieser ganzen Gruppe wird jedoch bereits gearbeitet.
Ein gemeinsames Merkmal der Buntbarsche aus dem *Tropheops*-Komplex bildet das Farbkleid, das im weiblichen Geschlecht immer gelb oder beige ist, im männlichen dagegen zumeist blaue Farbtöne aufweist. Auch bei *Pseudotropheus tropheops* zeigen die Weibchen und Jungtiere ein prächtiges Chromgelb. Die Männchen sehen dagegen zumeist khakigrau bis ockerbraun aus. Über der Grundfarbe liegt auf den Körperseiten ein metallischer Blauglanz. Während der Balz färben sie sich oft blauschwarz. Im Aquarium können sie eine Länge von knapp dreizehn Zentimeter erreichen.

Der
natürliche Lebensraum
dieses Buntbarsches ist der obere Bereich der Felsen- und Geröllzone. Die bisher belegten Fundorte liegen ausnahmslos im Südteil des Malawisees. Der hier abgebildete Fisch wurde in der Umgebung von Cape Maclear gefangen. Ebenso wie die anderen Vertreter der Gattung verkörpert auch *Ps. tropheops* den Ernährungstyp des Aufwuchsfressers.

Für die artgerechte
Haltung
der Fische werden Aquarien benötigt, die eine Seitenlänge von einem guten Meter haben. Die besten Erfahrungen wurden gemacht, wenn die Tiere mit anderen Malawibuntbarschen in einem Gesellschaftsaquarium gepflegt wurden. Es ist deshalb nicht empfehlenswert, diese Art für sich in einem gesonderten Behälter zu halten. *Pseudotropheus tropheops* ist kein übermäßig aggressiver Buntbarsch und auch gegenüber Artgenossen relativ duldsam. Dennoch ist es nicht möglich, im Aquarium mehr als ein geschlechtsreifes Männchen zu pflegen, dem zwei bis drei Weibchen zugesellt werden.

Die Einrichtung des Aquariums sollte in groben Zügen den natürlichen Lebensraum der Fische kopieren. Wichtigste Dekorationsmittel sind deshalb Steine und Felstrümmer, mit denen Höhlen und Spalten unterschiedlicher Größe gebaut werden. Unter der Voraussetzung, daß widerstandsfähige Pflanzen gewählt werden, ist eine Begrünung des Aquariums möglich. Sie sollte aber so sparsam erfolgen, daß den Fischen noch genügend freier Schwimmraum verbleibt.

Die Ernährung der Fische ist unproblematisch, da alle gängigen Futtermittel gern angenommen werden. Um sie möglichst abwechslungsreich zu gestalten, sollten im Wechsel Wasserflöhe, Insektenlarven sowie die verschiedenen Flockenfutter gereicht werden.

Die

Zucht

wird wie bei den meisten anderen *Mbuna*-Buntbarschen am besten im Gesellschaftsaquarium durchgeführt. Bei einer dem Biotop entsprechenden Einrichtung des Aquariums werden von jeder Brut einige Jungfische ohne besondere Vorkehrungen aufwachsen. *Pseudotropheus tropheops* ist ein agamer Maulbrüter, der die Nachkommen in einer Mutterfamilie aufzieht. Von der Eiablage bis zum Erscheinen der Jungfische vergehen bei Wassertemperaturen um 27 Grad Celsius rund drei Wochen. Die Brutpflege des Weibchens endet dann sehr rasch. Die Aufzucht der Jungfische erfolgt mit kleinsten Wasserflöhen und zerriebenem Flockenfutter.

Geröllzone am Malawisee, Fundort von Pseudotropheus tropheops.

Pseudotropheus zebra
(BOULENGER, 1899)

war nicht nur einer der ersten Malawibuntbarsche, die wissenschaftlich bearbeitet wurden, er gehörte auch zu den ersten Cichliden des Malawisees, die der Aquaristik zugänglich wurden. Infolge ihres markanten Farbkleides galten die Männchen bei ihrem ersten Auftauchen in Europa Anfang der 60er Jahre unter den Aquarianern als hochbezahlte Sensation. Inzwischen taucht diese Art nur noch selten im Zierfischhandel auf. Verantwortlich dafür ist zum einen die Einfuhr einer Vielzahl anderer farbenprächtiger *Mbuna*-Cichliden, zum anderen der Umstand, daß man den unscheinbaren Jungfischen nicht ansieht, wie prächtig sie als erwachsene Tiere aussehen.

Die Männchen können im Aquarium eine Länge von ungefähr zwölf Zentimeter erreichen. Sie sind im Alter von den Weibchen leicht zu unterscheiden. Neben der strahlend lichtblauen Grundfärbung bilden die im Vergleich zu den Weibchen deutlich verlängerten Bauchflossen sowie eine Anzahl goldgelber ovaler Flecken in der Afterflosse, die von einem schwarzen Hof umgeben sind, die wichtigsten Unterscheidungsmerkmale. Weibliche Fische sind unscheinbar graublau bis taubenblau gefärbt.

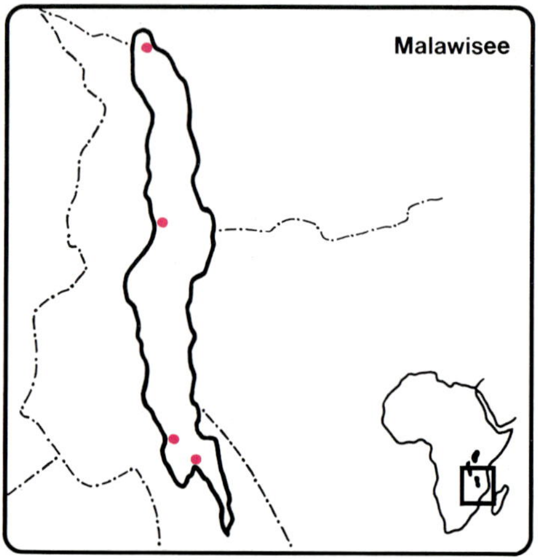

Fundorte von Pseudotropheus zebra.

Pseudotropheus zebra zählt zu der Gruppe von Malawibuntbarschen, die einen farblichen Polymorphismus aufweisen. Die vorstehende Farbbeschreibung gilt nur für die Normalform, der allerdings im natürlichen Lebensraum im allgemeinen weit mehr als neunzig Prozent der Individuen angehören. Neben dieser Normalmorphe gibt es noch gescheckte Fische, die in der englischsprachigen Literatur auch als *OB-Morph* (eine

Männchen der blauen Morphe von Pseudotropheus zebra.

Abkürzung für *orange blotch morph)* gekennzeichnet werden. Diese gescheckte Morphe, die auf safran- bis sandgelbem Untergrund eine Vielzahl unterschiedlich großer und geformter schwarzer Flecken trägt, besteht beinahe ausschließlich aus Weibchen. Nur als äußerst seltene Ausnahme treten im natürlichen Lebensraum auch einmal gescheckte Männchen auf, die unter anderem an einem prächtig blauen Unterton leicht zu erkennen sind, der besonders bei balzaktiven Männchen deutlich hervortritt.

Zwischen diesen beiden Morphen gibt es keine Mischformen. Auch bei Kreuzungen, die in der Natur die Regel sind, treten die Farbkleider der Eltern unter den Nachkommen immer wieder in reiner Form auf.

FREYERs (1959) Annahme, daß es noch zwei weitere Morphen dieser Spezies gibt, die rein lichtblau und rein weiß gefärbt sind, hat sich inzwischen sowohl durch Aquarien- als auch Freilandbeobachtungen einwandfrei als Irrtum herausgestellt (vgl. STAECK, 1975, 1978; HOLZBERG, 1978; SCHRÖDER, 1980). Leider wurde sie in jüngsten Publikationen immer noch unkritisch übernommen. Diese auch in der Aquaristik sehr populären rein weißen und lichtblauen Cichliden gehören einer anderen Spezies an, die allerdings wissenschaftlich noch nicht beschrieben wurde und daher ohne Namen ist.

Der

natürliche Lebensraum

von *Pseudotropheus zebra* ist das Geröll- und Felsenlitoral. Die Fische sind im Malawisee weit verbreitet. Es sind sowohl Fundorte aus dem Südteil als auch aus dem Nordteil sowie von der zentralen Westküste belegt. Ich konnte die Art an der Nordostküste (Tansania) nachweisen. Während die Normalmorphe innerhalb dieses ausgedehnten Verbreitungsgebietes kaum Veränderungen zeigt, haben sich bei der gescheckten Morphe mehrere geographische Farbrassen herausgebildet, die sich in der Anordnung, Zahl und Form der schwarzen Flecken unterscheiden. Im Litoral der Insel Mumbo, die im südwestlichen Teil des Malawisees liegt, haben die Männchen der Normalmorphe allerdings eine auffällig orange gefärbte Rükkenflosse. *Ps. zebra* ist ein spezialisierter Aufwuchsfresser, der Algen und Kleinlebewesen von den Felsen abweidet, indem er das weit geöffnete Maul gegen das Substrat preßt und die beweglichen Lippen in schneller Folge schließt und öffnet.

Wie die meisten anderen Vertreter der Gattung *Pseudotropheus* sollte auch

die

Haltung

dieser Spezies nur in einem Gesellschafts-

Weibchen der gescheckten Morphe von Pseudotropheus zebra.

aquarium erfolgen, in dem noch andere *Mbuna*-Buntbarsche gepflegt werden. Als Mitbewohner des Behälters kommen andere *Pseudotropheus, Labeotropheus, Melanochromis* sowie größere und robuste *Haplochromis* in Frage. Ein derartiges Aquarium sollte mindestens eine Länge von eineinhalb Metern besitzen.

Um den Fischen möglichst natürliche Lebensbedingungen zu bieten, sollte bei der Einrichtung des Beckens versucht werden, in groben Zügen die Geröll- und Felsenzone nachzubilden. Für das Wohlbefinden dieser Buntbarsche sind zahlreiche Höhlen und Schlupfwinkel, welche die Bodenfläche des Aquariums in mehrere Zonen gliedern, eine wichtige Voraussetzung.

Eine Bepflanzung des Behälters ist nicht biotopgerecht, da jeglicher höherer Pflanzenwuchs in den natürlichen Lebensräumen dieser Art fehlt. Dennoch können selbstverständlich einige robuste Gewächse, beispielsweise *Anubis nana* aus Westafrika, verwendetr werden, um eine Begrünung der Steinaufbauten zu erzielen.

Obwohl *Ps. zebra* als Aufwuchsfresser ein Nahrungsspezialist ist, bereitet seine Fütterung keine Schwierigkeiten, da alle gängigen Futtermittel gern gefressen werden. Auf sehr balastarme Nahrung, beispielsweise Regenwürmer und Rinderherz sollte aber nur ausnahmsweise einmal zurückgegriffen werden.

Wenn die Fische in einem biotopgerechten Gesellschaftsaquarium gepflegt werden, sind für die keine besonderen Vorkehrungen notwendig. *Ps. zebra* ist ein agamer Maulbrüter, bei dem es zwischen den Fortpflanzungspartnern keine Bindung gibt. Dem Männchen genügt deshalb ein einzelnes Weibchen nicht, sondern es benötigt einen kleinen Harem. Als Laichsubstrat dient ein Stein mit glatter, ebener Oberfläche, der an geschützter Stelle liegt. Die Eier werden erst im Maul des Weibchens befruchtet. Während des Ablaichens bewegen sich die Fortpflanzungspartner in der für die spezialisierten Maulbrüter so typischen T-Stellung auf einer Kreisbahn umeinander. Die Pflege der Brut ist ausschließlich Sache des Weibchens, das sich nach dem Ablaichen vorzugsweise relativ versteckt und in ruhigen Bereichen des Aquariums aufhält. Da die Eier, die eine Größe von fünf Millimeter haben, sehr dotterreich sind, dauert ihre Entwicklung lange. Bei einer Wassertemperatur um 27 Grad Celsius ist der Dottersack erst am 19. Tag nach der Befruchtung des Eies vollständig verschwunden. Die Jungfische müssen nicht unbedingt mit den Nauplien von *Artemia salina* aufgezogen werden, sondern sind bereits in der Lage, fein ausgesiebte Wasserflöhe und zerkleinertes Flockenfutter oder TetraOvin zu fressen. Im Gesellschaftsaquarium kann eine besondere Fütterung völlig entfallen, da dort für die kleinen *Ps. zebra* genügend kleine Futterbrocken anfallen, die eine ausreichende Ernährung sicherstellen.

Ps. zebra im Felsenlitoral in drei Meter Tiefe.

Auch im natürlichen Lebensraum von Ps. zebra sind die Reviere stellenweise recht klein.

Pseudotropheus spec. affin. zebra

(„Roter“ Zebra)

Dieser hübsche Buntbarch, der bei seinem ersten Erscheinen in der Aquaristik aufgrund seiner leuchtenden und plakativen Färbung ungläubiges Staunen bei den Cichlidenfreunden hervorrief, ist zwar in seinen morphometrischen Merkmalen *Pseudotropheus zebra* sehr ähnlich, es handelt sich aber keineswegs um eine weitere Morphe dieser Spezies, sondern um eine eigenständige Art. Da bislang eine wissenschaftliche Bearbeitung ausblieb, steht noch kein Name zur Verfügung, der eine eindeutige Bezeichnung dieses Buntbarsches ermöglichen würde.

Dieser Cichlide bildet mit drei bis vier weiteren, bisher unbeschriebenen Buntbarschen eine Gruppe von Fischen, die alle der Spezies *Pseudotropheus zebra* außerordentlich ähnlich sind und die deshalb vorläufig pauschal als *Pseudotropheus-zebra*-Komplex zusammengefaßt wurden. Die Auffassung,

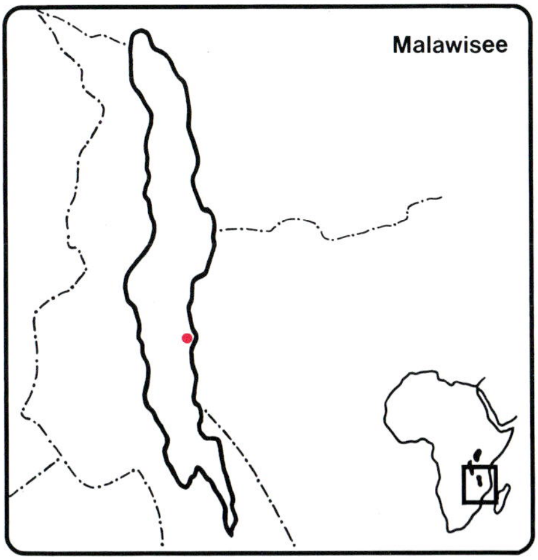

Fundort von Pseudotropheus spec. affin. zebra („Roter“ Zebra).

daß es sich bei dem hier vorgestellten Cichliden um eine eigenständige Art handelt, wird unter anderem durch die Beobachtungen gestützt, daß sich diese Fische im allgemei-

Pseudotropheus spec. affin. zebra: Männchen der blauen Morphe.

nen nicht mit anderen Buntbarschen aus dem *Zebra*-Komplex paaren. Bewußt herbeigeführte Kreuzungen erbrachten das Ergebnis, daß die Nachkommen stets eine Mischfärbung zeigten, die Elemente aus den Farbkleidern der beiden Ausgangsformen enthielt, denen die jeweiligen Eltern angehörten. Derartige Mischformen sind jedoch aus den natürlichen Lebensräumen der Fische nicht bekannt.

Ein besonderes Merkmal des hier vorgestellten Cichliden, das eine Unterscheidung von anderen Buntbarschen aus dem *Zebra*-Komplex ermöglicht, bildet die ungewöhnlich große Zahl von Eiflecken, welche ausgewachsene Männchen in ihrer Afterflosse besitzen. Wie den Fotos zu entnehmen ist, trägt die Flosse mehr als ein Dutzend derartiger ovaler safrangelber Flecken, die von einem schwarzen Hof umgeben sind.

Bemerkenswert ist ferner, daß die Fische polymorph sind und in nicht weniger als drei verschiedenen Farbmorphen auftreten. Die Normalmorphe, die im natürlichen Lebensraum am häufigsten vertreten ist, ist blau gefärbt. Geschlechtsreife Männchen sehen mehr oder weniger einfarbig lichtblau aus. Die weniger attraktiv gefärbten Weibchen besitzen eine unscheinbar blaugraue Färbung.

In der Aquaristik am populärsten ist die orange Morphe, die allerdings beinahe ausschließlich aus Weibchen besteht. Weibliche Exemplare sind rein orange gefärbt. Die Männchen dieser Morphe sind im natürlichen Lebensraum äußerst selten. Bis zu einer Länge von knapp sechs Zentimeter tragen sie das Farbkleid weiblicher Tiere. Mit dem Eintritt der Geschlechtsreife werden sie jedoch immer heller. Adulte Tiere zeigen schließlich ein blasses Beigerot oder Hellrosa, das besonders während der Balz einen deutlich blauen Unterton zeigt. Durch Zuchtauswahl ist es gelungen, den Anteil von Männchen der orangefarbenen Morphe in den Aquariumstämmen deutlich zu erhöhen. Es gibt ferner Zuchtstämme, in denen derartige Männchen bereits als Jungfische an einer helleren Färbung zu erkennen sind.

Die dritte Morphe dieses Cichliden zeigt eine

Pseudotropheus spec. affin. zebra: Männchen der orangen Morphe.

Scheckung. Auch sie besteht beinahe ausschließlich aus weiblichen Fischen. Sie tragen auf gelborangem Untergrund ein unregelmäßiges Muster kleiner und größerer schwarzer Punkte und Flecken, das Körper und Flossen überzieht. Die äußerst seltenen Männchen dieser Morphe sehen bis zur Geschlechtsreife wie die Weibchen aus, später nehmen sie einen bläulichen Unterton an. Bei balzaktiven Fischen können die Flecken soweit verblassen, daß die Tiere bisweilen beinahe einfarbig lichtblau erscheinen.

Der
natürliche Lebensraum
der Fische, die im Aquarium eine Gesamtlänge von rund zwölf Zentimeter erreichen, ist das Geröll- und Felsenlitoral. Nach bisherigem Wissen ist ihre Verbreitung nur auf ein sehr kleines Areal begrenzt, das an der Ostküste des Malawisees liegt. Der einzige bekannte Fundort ist nach den Angaben der Entdecker und Fänger unweit der Ortschaft Metangula gelegen. Seit der Fischexport in Mozambique eingestellt wurde, sind keine Wildfänge dieses Buntbarsches mehr nach Europa oder Amerika gelangt.

Für die artgerechte
Haltung
der Fische wird ein Aquarium benötigt, das eine Seitenlänge von ungefähr eineinhalb Meter hat und so eingerichtet wird, daß – soweit möglich – die Nachbildung der Geröll- oder Felsenzone entsteht. Einem Männchen werden zwei oder drei Weibchen zugesellt. Bei der Pflege dieses Buntbarsches wurden die besten Erfahrungen mit einem Gesellschaftsaquarium gemacht, das weitere Malawicichliden enthielt, beispielsweise Vertreter der Gattungen *Labeotropheus, Melanochromis* und *Pseudotropheus.*
Besondere Aufmerksamkeit ist der Ernährung dieser Fische zu widmen. Zwar fressen sie ebenso wie die anderen *Mbuna*-Cichliden gierig alle gängigen Futtermittel, bei einer falschen Fütterung besteht aber die Gefahr, daß die intensive orange Färbung rasch zu einem unschönen elfenbeinfarbenen Ton verblaßt. Eine wichtige Voraussetzung für die Erhaltung der natürlichen Färbung bilden Karotine. Deshalb ist eine regelmäßige Fütterung mit Kleinkrebsen sehr wichtig. Jungfische sollten, wenn nur irgend möglich, anfangs ausschließlich mit *Cyclops* ernährt werden. Auch speziell mit diesen Farbstoffen angereichertes Flockenfutter, beispielsweise TetraRubin, ist empfehlenswert.

Die
Zucht
erfolgt am zweckmäßigsten in dem vorstehend beschriebenen Gesellschaftsaquarium. Wenn die Jungfische kleine Nischen und Spalten in ausreichender Zahl vorfinden, werden von jeder Brut immer einige Tiere heranwachsen, selbst wenn sich räuberische Arten im Aquarium befinden. Nur falls wirklich die gesamte Brut ohne Verluste aufgezogen werden soll, empfiehlt es sich, das pflegende Muttertier nach gut zwei Wochen aus dem Gesellschaftsaquarium in einen gesonderten Behälter umzusetzen, in dem es die Brutpflege beenden kann.
Für die aquaristische Praxis ist wichtig, daß sich unter den Jungfischen jedes beliebigen Weibchens Exemplare aller drei Morphen befinden können. Da es zwischen den verschiedenen Farbmorphen keine Übergänge oder Mischformen gibt, ist es völlig belanglos, welche Farbform man als Elterntiere für Zuchtversuche auswählt. Wenn Männchen und Weibchen derselben Morphe angehören, wird natürlich unter den Nachkommen ein besonders großer Anteil ebenfalls dieses Farbkleid tragen. Pro Brut sind zwischen zwanzig und vierzig Jungtiere zu erwarten.

Die verschiedenen Farbmorphen von Ps. spec. affin. zebra lassen sich bereits gut unterscheiden, wenn die Jungen das Maul der Mutter verlassen.

Pseudotropheus spec. („ornatus“)

ist bislang ohne einen Namen, der eine eindeutige Bezeichnung der Fische ermöglichen würde, da ihre wissenschaftliche Bearbeitung noch aussteht. In der Aquaristik ist diese Art, die in Körperform und Farbkleid etwas an *Pseudotropheus elongatus* erinnert, unter der Handelsbezeichnung „Pseudotropheus ornatus“ bekannt geworden.

Die Fische können im männlichen Geschlecht eine Körperlänge von rund elf Zentimeter erreichen. Da sie einen deutlich ausgebildeten farblichen Sexualdimorphismus zeigen, ist die Bestimmung des Geschlechtes bei erwachsenen Exemplaren leicht möglich. Die Männchen tragen auf licht- bis türkisblauem Untergrund sechs bis sieben

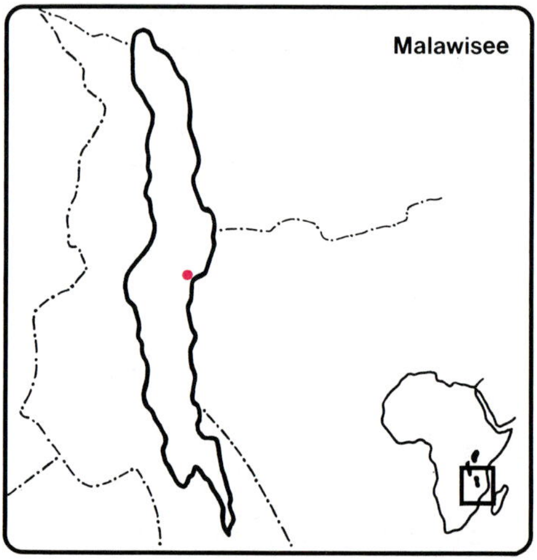

Fundort von Pseudotropheus spec. („ornatus“).

Pseudotropheus spec. („ornatus“) im natürlichen Lebensraum in vier Meter Tiefe.

blauschwarze Querstreifen, die sich über die Körperseiten erstrecken und von vorn nach hinten kontinuierlich an Farbintensität verlieren. Die Weibchen tragen dasselbe Streifenmuster, sind jedoch oliv- bis gelbgrau gefärbt. Rücken- und Afterflosse tragen bei ihnen einen auffallenden breiten blauschwarzen Saum.

Der
natürliche Lebensraum
dieses Cichliden bildet die Felsenzone. Seine Verbreitung scheint ungewöhnlich begrenzt zu sein. Der einzige bekannte Fundort sind die Yofu-Rocks, die nördlich der Insel Likoma gelegen sind. Dieses Areal, das kaum größer als ein Fußballplatz ist, besteht aus einem Unterwasserriff, das sich maximal bis etwa zwei Meter unter die Wasseroberfläche erhebt. Dieses Riff ist erstaunlich dicht mit Buntbarschen besiedelt. Die häufigsten Arten, mit denen diese Spezies ihren Lebensraum teilt, sind *Cynotilapia afra* und ein bislang noch unbearbeiteter Cichlide, der an *Melanochromis parallelus* erinnert. Alle *Mbuna*-Cichliden dieses Biotops scheinen sich infolge der dort erstaunlichen Populationsdichte weniger als Aufwuchs-, sondern als Planktonfresser zu ernähren, denen die über dem Riff herrschende starke Strömung die Nahrung zuführt.

Für die
Haltung
dieser Art sind Aquarien geeignet, die mindestens einen guten Meter lang sind. Ebenso wie die meisten anderen *Mbuna*-Buntbarsche wird sie zweckmäßigerweise in einem biotopgerechten Gesellschaftsaquarium gepflegt. Im Vergleich zu anderen Vertretern der Gattung erscheinen die Fische weniger aggressiv gegenüber anderen Arten. Auch untereinander sind sie vergleichsweise verträglich. Dennoch sollte man die Tiere nicht paarweise, sondern ein Männchen und zwei oder drei Weibchen pflegen.
Bei der Einrichtung des Aquariums ist zu beachten, daß sich die Fische nur wohlfühlen, wenn sie Spalten und Nischen, die als Zufluchtsstätten dienen können, in ausreichender Zahl vorfinden. Da sie pflanzenfreundlich sind, können robuste Gewächse als Dekorationsmittel verwendet werden. Die Bepflanzung sollte jedoch nicht zu dicht sein, da sie, wie die Unterwasseraufnahme aus dem natürlichen Lebensraum zeigt, im Grunde nicht biotopgerecht ist. Auf keinen Fall sollte sie den freien Schwimmraum wesentlich verkleinern.
Da die Tiere die gebräuchlichsten Futtermittel gern fressen, ergeben sich bei ihrer Fütterung keine Probleme. Eine abwechslungsreiche Ernährung ist gewährleistet, wenn neben Flockenfutter, beispielsweise TetraMin, TetraCichlid oder TetraPhyll, auch Wasserflöhe und Insektenlarven verfüttert werden.

Die
Zucht
wird am zweckmäßigsten im Gesellschaftsaquarium durchgeführt, aus dem das Weibchen gegebenenfalls herausgefangen wird, kurz bevor die Entwicklung der Jungfische abgeschlossen ist. Bei Wassertemperaturen um 27 Grad Celsius ist dieser Termin nach knapp drei Wochen erreicht. Die Fische zählen ebenso wie die übrigen *Mbuna*-Buntbarsche zu den agamen Maulbrütern, bei denen ausschließlich das Muttertier die Brutpflege übernimmt. Die Jungfische können bereits winzige Wasserflöhe und zerkleinertes Flokkenfutter fressen, wenn sie das Maul der Mutter verlassen.

Richtig zubereitet sind auch Aquarienfische eßbar.

Die Gattung

Sarotherodon

ist zwar bereits im Jahre 1853 von RÜPPELL aufgestellt worden, ihre eigentliche Bedeutung erhielt sie aber erst durch die englische Ichthyologin TREWAVAS, die ihr 1973 alle maulbrütenden Buntbarsche zuordnete, die bis dahin in der Gattung *Tilapia* geführt wurden. Obwohl *Sarotherodon* eine umfangreiche, artenreiche systematische Einheit bildet, ist sie für die Aquaristik ohne große Bedeutung geblieben. Das liegt daran, daß die Mehrzahl der Arten, die ihr zugeordnet werden, so stattliche Größen erreichen, daß sie im erwachsenen Zustand in einem Zimmeraquarium nicht mehr gepflegt werden können. Dafür spielt diese Gattung aber in der Fischereiwirtschaft eine um so wichtigere Rolle, denn mehrere ihrer Mitglieder sind bekannte Nutzfische, die als Speisefische für die menschliche Ernährung von Bedeutung sind und deshalb im großen Stil in Fischteichen gezüchtet werden.
Zu den Cichliden, die von Wissenschaftlern am intensivsten untersucht wurden, gehört zweifellos

Sarotherodon mossambicus

(PETERS, 1852)

Das erstaunliche Interesse an dieser Art, das durch eine beinahe unüberschaubare Zahl von Veröffentlichungen von Vertretern der verschiedensten biologischen Teildisziplinen belegt wird, erklärt sich dadurch, daß dieser Buntbarsch in tropischen Ländern ein geschätzter Speisefisch ist, den man auf möglichst zweckmäßige und rationelle Weise zur Fortpflanzung bringen und zu einer für den Verzehr geeigneten Größe aufziehen möchte.
Obwohl die Fische unter günstigen Bedingungen eine Körperlänge von mehr als fünfunddreißig Zentimeter erreichen können,

Männchen von Sarotherodon mossambicus.

sind sie für die Aquaristik nicht uninteressant, da sie bereits mit gut zehn Zentimeter Länge geschlechtsreif werden. Da sie während der Fortpflanzungszeit einen deutlich ausgebildeten farblichen Sexualdimorphismus zeigen, sind erwachsene Männchen und Weibchen ohne Schwierigkeiten zu unterscheiden. Bei männlichen Fischen, die sexuell aktiv sind, färbt sich der größte Teil des Körpers und der Flossen tiefschwarz. Im wirkungsvollen Kontrast dazu steht die untere Kopfregion, die unterhalb des Auges, zwischen der Unterlippe und dem Rand des Kiemendeckels, perlweiß gefärbt ist. Sehr auffällig ist auch die rein weiße Genitalpapille. Die Brustflossen, die äußere Region der Schwanzflosse sowie der Saum der Rükkenflosse sind korallenrot getönt. Außerhalb der Fortpflanzungszeit sehen die Männchen grüngrau bis olivgrün aus. Sie ähneln dann sehr den khakigrau gefärbten Weibchen. Während der Brutpflege zeigen weibliche Tiere auf den Flanken einen dunklen, unterbrochenen Längsstreifen, der aus fünf Einzelflecken besteht.

Fundorte von Sarotherodon mossambicus.

Weibchen von Sarotherodon mossambicus bei der Maulbrutpflege.

Der

natürliche Lebensraum

dieser Spezies wird durch Flüsse, Seen und Sümpfe Ostafrikas gebildet. Die ursprüngliche Verbreitung erstreckte sich vom nördlichen Südafrika bis nach Mozambique. TREWAVAS (1966) zählt den unteren Shire River und Sambesi sowie die südlichen Küstengewässer bis zur Algoa Bay als Fundorte auf. Allerdings lassen sich die genauen Grenzen des natürlichen Vorkommens kaum noch rekonstruieren, da die Art durch den Menschen weit über das ursprünglich besiedelte Areal hinaus verbreitet wurde. Durch menschlichen Einfluß ist *Sarotherodon mossambicus* heute beinahe zu einem Kosmopoliten der Tropen geworden. Die Fische leben nicht nur in den Gewässern Afrikas, sondern auch in Amerika, zahlreichen Ländern Asiens sowie auf Madagaskar, den Westindischen Inseln und den Seychellen. Da sie außerordentlich robust und anpassungsfähig sind, sind sie in ihrem Vorkommen nicht etwa auf einen bestimmten Biotop angewiesen, sondern haben die unterschiedlichsten Gewässertypen mit zum Teil sehr gegensätzlichen Lebensbedingungen besiedelt. In einigen Gebieten, in die sie durch den Menschen verschleppt wurden, sind diese Cichliden zu einer ernsten Gefahr für die einheimische Fischfauna geworden.

Für die

Haltung

im Aquarium kommen nur eben geschlechtsreif gewordene Tiere in Frage, die eine Länge von ungefähr zehn Zentimeter haben. Da die Fische recht schnellwüchsig sind, können diese halbwüchsigen Exemplare nämlich bei guter Fütterung und einem ausreichenden Platzangebot ihre Körperlänge innerhalb eines Jahres durchaus verdoppeln. Infolgedessen sind Aquarien, die unter einem Meter lang sind, nur kurzfristig für die Pflege dieser Art geeignet.
Der Bodengrund des Behälters sollte aus Sand oder feinstem Kies bestehen. Mit Hilfe einiger flacher Steine ist die Grundfläche so zu gliedern, daß den Fischen die Abgrenzung mehrerer Reviere erleichtert wird. Da sich *S. mossambicus* gelegentlich an zarten Trieben vergreift, können nur robuste oder schnellwüchsige Pfanzen zur weiteren Dekoration verwendet werden. Die Bepflanzung erfolgt nur an der Rückwand und den Seitenwänden, damit möglichst viel der Bodenfläche frei bleibt. Es empfiehlt sich dringend, um die Gewächse einige größere Steine so anzuordnen, daß die Wurzeln von den Fischen bei den Laichvorbereitungen nicht ausgegraben werden können.
Sarotherodon mossambicus ist nicht nur gegenüber anderen Cichliden, sondern auch gegenüber männlichen Artgenossen relativ verträglich. Zwar kommt es zwischen den Männchen bei der Abgrenzung und Verteidigung der Reviere zu stark ritualisierten Kommentkämpfen, ernsthafte Beschädigungen bleiben aber im allgemeinen aus. Die interessantesten Beobachtungen ergeben sich, wenn man in einem geräumigen Aquarium, das über einen Meter lang sein sollte, mehrere Männchen mit einer größeren Zahl Weibchen pflegt. Die Fische zeigen dann das sogenannte Arena-Verhalten, d. h., die Männchen teilen die Grundfläche unter sich auf und legen jeweils eine flache Grube an, die von ihnen in Kommentkämpfen gegenüber den Nachbarn als Balz- und Laichterritorium verteidigt wird. Sobald ein Weibchen laichreif ist, sind alle Männchen bemüht, es in die jeweilige eigene Laichgrube zu locken und sich mit ihm zu paaren. Auf einer Fläche von einem halben Quadratmeter können bis zu fünf etwa zehn Zentimeter lange Männchen ihre Reviere abgrenzen.
Sarotherodon mossambicus ist ein außerordentlich anpassungsfähiger und auch widerstandsfähiger Fisch, der auch einem Anfänger zur Pflege empfohlen werden kann. Er verträgt Wassertemperaturen zwischen zwanzig und dreißig Grad und ist ein gieriger Allesfresser. Wie aus den vorstehenden Angaben bereits hervorgeht, sind für die

Zucht

keine besonderen Vorkehrungen notwendig. Die Fische zählen zu den agamen Maulbrütern, die ihre Brut in einer Mutterfamilie aufziehen. Große Weibchen legen um die tausend, kleinere um hundert Eier. Bis die Jungfische frei schwimmen, vergehen bei einer Wassertemperatur von ungefähr 27 Grad Celsius etwa zwölf Tage. Um die interessante Brutpflege des Muttertieres studieren zu können, sollte das Weibchen zehn Tage nach dem Ablaichen in ein eigenes kleines Aufzuchtaquarium überführt werden.

Die Gattung

Spathodus

ist bereits im Jahre 1901 von BOULENGER beschrieben worden. Ihre Verbreitung ist auf den Tanganjikasee beschränkt. Sie besteht aus den beiden Arten *Spathodus erythrodon* und *Spathodus marlieri.* Zusammen mit den Vertretern der beiden monotypischen Gattungen *Eretmodus* und *Tanganicodus* bilden sie eine Gruppe von vier Arten, die sich sehr deutlich von allen anderen Tanganjikabuntbarschen unterscheiden, untereinander aber außerordentlich ähnlich sind. Die gemeinsamen Merkmale dieser vier Cichliden betreffen die Morphologie, die ökologischen Ansprüche und die Verhaltensbiologie. Interessanterweise gibt es zwischen ihnen allerdings bemerkenswerte Unterschiede in der Brutpflege. Einerseits wird das Gelege nämlich ausschließlich vom Weibchen in einer Mutterfamilie gepflegt, andererseits gibt es in dieser Gruppe aber auch Arten, bei denen sowohl das Weibchen als auch das Männchen an der Brutpflege beteiligt ist, so daß man in diesen Fällen von einer Elternfamilie sprechen kann.

Aufgrund der vielen Gemeinsamkeiten, die diese vier Arten aufweisen, werden sie im allgemeinen unter der Bezeichnung Grundelbuntbarsche zusammengefaßt. Anlaß für diesen Namen gab die Lebensweise der Fische in ihrem natürlichen Lebensraum. Ähnlich manchen Grundeln aus subtropischen oder tropischen Meeren halten sie sich vorzugsweise im Flachwasserbereich steiniger oder felsiger Küstenabschnitte auf, in dem sie, mehr hüpfend als schwimmend, umherhuschen.

Spathodus erythrodon

BOULENGER, 1901

ist ein kleiner Cichlide, der eine maximale Länge von acht Zentimetern erreichen kann. Die Fische sind monomorph, d. h., Männchen und Weibchen zeigen in ihrem Aussehen keine deutlich erkennbaren Unterschiede. Infolgedessen läßt sich das Geschlecht

Spathodus erythrodon.

anhand von äußeren Merkmalen nicht mit Sicherheit ermitteln. Gewisse Anhaltspunkte bietet häufig die Beflossung, die bei männlichen Fischen kräftiger ist. Insbesondere sind bei ihnen die Bauchflossen im allgemeinen länger als bei den Weibchen. Darüber hinaus werden sie etwas größer.

Die Grundfarbe der Fische ist vom Untergrund abhängig und schwankt zwischen khakigrau, grünbraun und beigebraun. Auf den Körperseiten befinden sich einige türkisblaue Glanzpunkte, die in drei bis vier Längsreihen angeordnet erscheinen. Denselben Farbton zeigen auch die Lippen. Die Ausbildung der Glanzpunkte ist allerdings abhängig von der Stimmung und dem Wohlbefinden der Fische. Unter nicht zusagenden Pflegebedingungen können diese Zeichnungen völlig verschwinden.

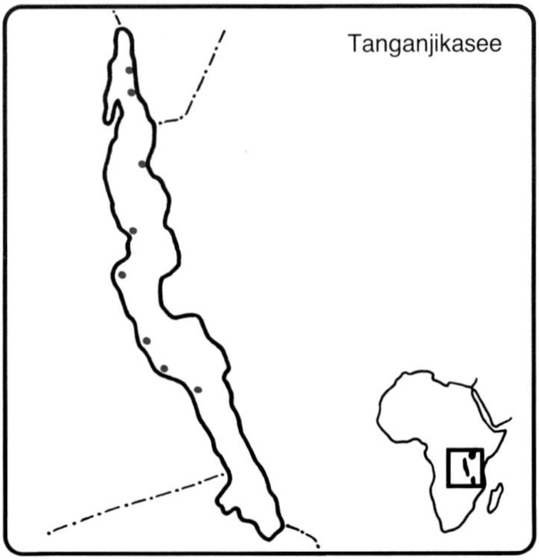

Fundorte von Spathodus erythrodon.

Der

natürliche Lebensraum

dieses Grundelcichliden ist die Flachwasserzone des Geröll-Litorals. Die bevorzugte Wassertiefe liegt zwischen dreißig und fünfzig Zentimeter. Niemals konnten die Fische tiefer als einen Meter beobachtet werden. Die bisher bekannt gewordenen Fundorte liegen sowohl an der Südwestküste (Zaire) als auch an der Nordküste (Burundi, Tansania). Obwohl die Fische demnach eine weite Verbreitung haben, sind sie keineswegs in allen passenden Biotopen anzutreffen. Sie kommen im See in mehreren voneinander isolierten Populationen vor und haben demnach eine merkwürdig disjunkte Verbreitung. Beobachtungen im natürlichen Lebensraum und im Aquarium zeigten, daß sich die Tiere grundsätzlich als Aufwuchsfresser ernähren.

Die

Haltung

der Grundelbuntbarsche ist völlig unproblematisch, da sich ihr natürlicher Lebensraum ohne Schwierigkeiten im Aquarium nachbilden läßt. Für die Pflege dieser Fische sind Behälter geeignet, die eine Länge von mindestens einem Meter haben sollten. Als Bodengrund werden heller Sand oder feinster Kies sowie bis zu faustgroße Steine gewählt, die so angeordnet werden, daß ein Geröllfeld entsteht, in dem es zahlreiche Spalten und Hohlräume unterschiedlicher Größe gibt. Sehr wichtig sind viele winzige Nischen, in denen später die Jungfische Schutz und Zuflucht finden können. Eine Bepflanzung würde zwar einer biotopgerechten Einrichtung des Aquariums widersprechen, sie kann aber dennoch erfolgen, da dieser Cichlide auch zarteste Triebe unbeschädigt läßt. Pflanzen sollten allerdings nur sehr sparsam verwendet werden, damit die Bodenfläche und der freie Schwimmraum nicht verbaut werden.

Da sich zwischen den Fortpflanzungspartnern eine recht feste Bindung entwickelt, wird *Spathodus erythrodon* paarweise gepflegt. In ein Aquarium, das einen guten Meter lang ist, kann nur ein Paar einziehen, in deutlich größeren Behältern ist es aber möglich, auch zwei oder sogar drei Paare zu halten. Die Fische werden am besten in einem Gesellschaftsaquarium gepflegt, in dem noch weitere Tanganjikacichliden aus der oberen Geröllzone leben. In Betracht kommen die kleineren *Julidochromis, Telmatochromis* und *Lamprologus* sowie die *Tropheus*-Arten. Die *Spathodus* verhalten sich gegenüber diesen Cichliden duldsam und verträglich.

Ihre Ernährung ist völlig unproblematisch, da alle gängigen Futtermittel gern gefressen werden. Um eine möglichst abwechslungsreiche Fütterung zu gewährleisten, werden im Wechsel Wasserflöhe, Weiße Mückenlarven sowie die verschiedenen Formen von

Flockenfutter angeboten.

Die
Zucht
erfolgt am zweckmäßigsten in dem vorstehend beschriebenen Gesellschaftsaquarium. Sie ist bei einem ausreichend bemessenen Raum und guter Fütterung relativ leicht, aber erstaunlicherweise bisher nur vereinzelt gelungen. Der Grund dafür liegt vor allem in falschen Hälterungsbedingungen. Gelegentlich wurden auch statt eines Paares gleichgeschlechtliche Tiere oder sogar Grundelbuntbarsche gepflegt, die verschiedenen Arten angehörten, da die Fische auch im Zierfischhandel meist bunt durcheinander schwimmen und nicht leicht zu unterscheiden sind.
Spathodus erythrodon ist ein Maulbrüter, zeigt aber ein Brutpflegeverhalten, das für diese ethologische Gruppe ungewöhnlich ist. Bereits einige Tage vor dem Ablaichen schwimmen Männchen und Weibchen gemeinsam durch ihr Revier. Als Laichsubstrat dient ein glatter Stein. Häufig wird nicht eine waagerechte, sondern eine stark geneigte, beinahe senkrechte Fläche ausgewählt. Während des Ablaichens bewegen sich die Fische langsam in der für Maulbrüter typischen T-Stellung im Kreis umeinander. Das Weibchen nimmt die Eier, die einzeln oder seltener zu zweit ausgestoßen werden, sofort in das Maul. Sie werden dann durch das Aufsaugen von Spermien erst in der Mundhöhle befruchtet.
Im Unterschied zu den meisten Maulbrütern gibt es bei *Spathodus erythrodon* nach dem Abschluß des Laichvorganges eine Bindung zwischen den Fortpflanzungspartnern. Bei Wassertemperaturen um 27 Grad Celsius pflegt das weibliche Tier die Eier und Larven ungefähr zwölf Tage lang in seinem Maul. Dann übergibt es die Larven unter ganz charakteristischen Werbe- und Übergaberitualen an das Männchen, das dann die Brutpflege für eine knappe Woche weiterführt. Aquarienbeobachtungen sprechen dafür, daß die Weibchen bei einer Störung dieses anscheinend normalen Ablaufes gelegentlich auch die Brutpflege allein beenden können.
Eine Brut umfaßt nur in Ausnahmefällen mehr als zwanzig Eier. Sobald die Jungfische erst einmal ausgespuckt wurden, nimmt sie der Elternfisch anscheinend nicht mehr auf. Sie müssen deshalb die Möglichkeit haben, sofort in Spalten und Nischen unterzukommen.
Bei der Zucht im Gesellschaftbecken ist die Winzigkeit der Jungtiere ein Problem. Sie sind zwar bereits rund zehn Millimeter lang, wenn sie das Maul verlassen, ihre Körperhöhe beträgt aber nur etwa zwei Millimeter, da sie sehr schlank und langgestreckt sind. Ohne das Vorhandensein eines Geröllfeldes, das ihnen sichere Zufluchtsstätten bietet, werden sie rasch die Beute anderer Fische, selbst wenn es sich bei den Mitbewohnern des Aquariums um Arten handelt, die gewöhnlich keine Jungfische fressen.
Andererseits ist der Versuch, die Brut in einem gesonderten Aufzuchtbecken heranzuziehen, nur dann zu empfehlen, wenn man die Tiere in ein vollständig eingerichtetes sauberes Aquarium umsetzen kann. Da die Jungfische ständig auf dem Boden liegen, sind sie äußerst empfindlich gegen Mulm, Futterreste und ähnliche Verschmutzungen. Ohne die Beachtung peinlicher Sauberkeit ist ständig mit Verlusten zu rechnen.
Weitere Probleme ergeben sich bei der Ernährung der Jungtiere. Infolge ihrer geringen Körpergröße können sie nur winzige Nahrungsbrocken bewältigen. Es kommen daher anfangs nur die frisch geschlüpften Nauplien von *Artemia salina,* des Salinenkrebses, in Frage. Auch fein zerkleinertes Flockenfutter wird gefressen, allerdings nur, solange es noch im Wasser treibt und noch nicht zu Boden gesunken ist. Schwierig ist die Fütterung deshalb, weil die Jungfische in unmittelbarer Nähe ihrer Wohnhöhle bleiben und nicht im freien Wasser auf Nahrungssuche gehen. Daraus ergibt sich einerseits, daß möglichst die gesamte Bodenfläche entsprechende Zufluchtsstätten bieten sollte, und andererseits, daß mit Hilfe eines leistungsstarken Filters für eine so starke Wasserbewegung gesorgt wird, daß das Futter nicht zu Boden sinkt.

Tanganicodus

ist von POLL im Jahre 1950 aufgestellt worden. Sie kommt nur im Tanganjikasee vor und ist monotypisch, d. h., sie besteht nur aus einer einzigen Art. Die Fische zählen ebenso wie die Vertreter der vorstehend beschriebenen Gattung zu den Grundelbuntbarschen. Das Erkennungsmerkmal, das auch bei lebenden Fischen eine Unterscheidung von den anderen Arten ermöglicht, ist das deutlich unterständige Maul, das viel kleiner und enger als bei den anderen drei Grundelbuntbarschen ist.

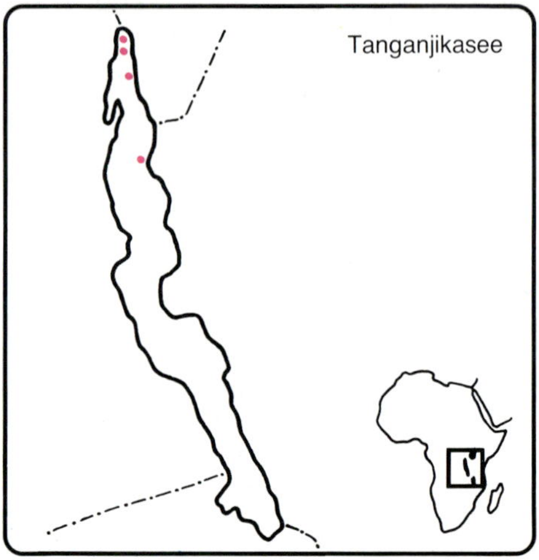

Fundorte von Tanganicodus irsacae.

Tanganicodus irsacae

POLL, 1950

ist mit einer maximalen Körperlänge von knapp sieben Zentimeter als Zwergcichlide zu bezeichnen. Da im Aussehen von Männchen und Weibchen kaum Unterschiede erkennbar sind, ist die Bestimmung des Geschlechtes schwierig und mit Hilfe äußerer Merkmale kaum möglich. Bei älteren Männchen sind die Bauchflossen in der Regel etwas verlängert. Je nach Untergrund sind die Fische khakigrau bis grünbraun gefärbt. Nur in der unteren Körperhälfte treten sieben sandgelbe bis elfenbeinfarbene Querstreifen auf. Der Kopf und der vordere Bereich der oberen Körperregion tragen lichtgrüne, metallisch glänzende Flecken. Im mittleren Bereich der Rückenflosse tritt ein größerer, unscharfer dunkler Fleck auf.

Tanganicodus irsacae.

Der
natürliche Lebensraum
dieses Grundelbuntbarsches ist der ufernahe, extrem flache Bereich der Geröllzone. Die Fische scheinen kaum über eine Tiefe von einem Meter hinauszugehen. Alle bisher bekannten Fundorte liegen in der nördlichen Hälfte des Tanganjikasees, und zwar sowohl an seiner West- (Zaire) als auch an seiner Ostseite (Burundi, Tansania). Die Fische sind Aufwuchsfresser, die sich von dem aus Algen und tierischen Kleinlebewesen bestehenden organischen Überzug ernähren, der sich auf der Oberfläche im Wasser befindlicher Steine bildet. POLL berichtet, daß Magenuntersuchungen ergaben, daß dieser Buntbarsch neben Faden- und Kieselalgen Insektenlarven und Muschelkrebse gefressen hatten.

Seine
Haltung
erfolgt am zweckmäßigsten in einem biotopmäßig eingerichteten Gesellschaftsaquarium, das mindestens einen Meter lang sein sollte. Da seine Lebensansprüche weitgehend mit denen des vorstehend beschriebenen Grundelbuntbarsches übereinstimmen, sei im übrigen auf die dort befindlichen Ausführungen verwiesen. Bei der Fütterung von *Tanganicodus irsacae* ist zu beachten, daß die Fische nur ein sehr kleines Maul besitzen und infolgedessen Kleinbrockenfresser sind. Eine abwechslungsreiche Ernährung ist mit Wasserflöhen, Mückenlarven und den verschiedenen Sorten von Flockenfutter, beispielsweise TetraMin, zu erzielen.

Über die
Zucht
dieser Spezies gibt es bislang noch keine detaillierten Beobachtungen. Das liegt in erster Linie daran, daß sie nur selten importiert wurde. Die Fische sind Maulbrüter. Manches deutet darauf hin, daß auch das Männchen an der Maulbrutpflege beteiligt ist. Weitere Hinweise für die Zucht sind der Beschreibung von *Spathodus erythrodon* zu entnehmen.

Frisch gefangene Tanganjikacichliden werden in die Hälterungsanlage gebracht.

Telmatochromis

erfolgte durch BOULENGER bereits im Jahre 1898. Sie besteht zur Zeit aus fünf Arten, deren Verbreitung auf den Tanganjikasee beschränkt ist. In nächster Zukunft ist jedoch die Unterscheidung weiterer Arten zu erwarten, die zum Teil bereits im Zierfischhandel aufgetaucht sind.

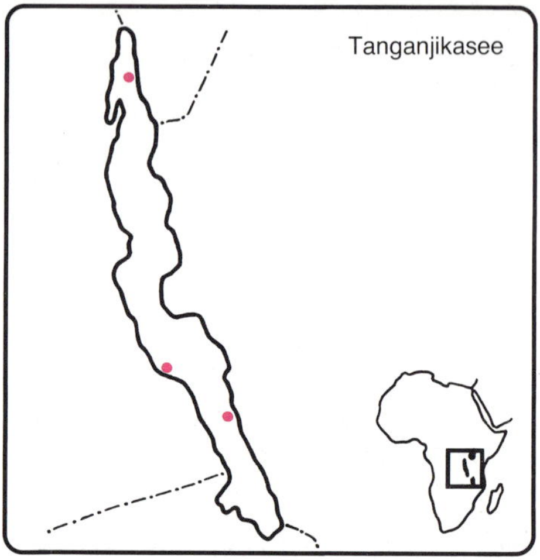

Fundorte von Telmatochromis vittatus.

Telmatochromis vittatus
BOULENGER, 1898

erreicht eine maximale Körperlänge von ungefähr neun Zentimeter. Die Fische sind monomorph, d. h., es gibt im Aussehen von Männchen und Weibchen keine deutlichen Unterschiede. Infolgedessen gestaltet sich die Bestimmung der Geschlechtszugehörigkeit bei lebenden Tieren sehr schwierig. Gewisse Anhaltspunkte liefert die Beflossung, die bei adulten männlichen Individuen kräftiger ist. Vor allem die Bauchflossen erscheinen bei ihnen stärker verlängert als bei den Weibchen.

Beide Geschlechter sehen in der oberen Körperhälfte braungrau, in der unteren beige bis elfenbeinfarben aus. Vom Mundwinkel aus erstreckt sich in Augenhöhe ein dunkles Längsband über die Flanken, das erst am Ansatz der Schwanzflosse endet. Auch an

Telmatochromis vittatus.

der Basis der Rückenflosse verläuft ein schwarzer Längsstreifen. Auf dem Schwanzstiel liegt ein undeutlich ausgebildeter dunkler Fleck.

Den
natürlichen Lebensraum
dieser Spezies bildet der flache, obere Bereich des Geröll- und Felsenlitorals. Fundorte liegen sowohl im Südwesten (Zaire) und Südosten (Tansania) als auch im Nordosten (Burundi). Die Fische sind in ihrem Heimatgewässer zwar weit verbreitet, aber nicht besonders häufig.

Die
Haltung
kann unter der Voraussetzung, daß man ein harmonierendes Pärchen besitzt, bereits in relativ kleinen Aquarien erfolgen, die etwa gut fünfzig Zentimeter lang sind. Zweckmäßiger erscheint jedoch die Pflege in einem großen Gesellschaftsaquarium, das über einen Meter lang ist, da sich dort interessantere Beobachtungen ergeben. Die Einrichtung des Pflegebehälters sollte in jedem Fall so erfolgen, daß in groben Zügen eine Nachbildung des natürlichen Lebensraumes entsteht. Steine und kleine Felsbrocken müssen deshalb so angeordnet werden, daß zwischen ihnen Hohlräume unterschiedlicher Größe entstehen. An der Rückwand des Aquariums sollten die Aufbauten bis dicht unter die Wasseroberfläche heranreichen. *T. vittatus* beschädigt Pflanzen nicht. Ein dichter Pflanzenwuchs wäre allerdings nicht biotopgerecht, da es ihn im natürlichen Lebensraum der Fische nicht gibt.
Als weitere Bewohner dieses Gesellschaftsaquariums können Grundelbuntbarsche, *Julidochromis-*, *Chalinochromis-* und *Lamprologus*-Arten gewählt werden. Auch eine Vergesellschaftung mit der Gattung *Tropheus* ist möglich. Sie erscheint aber weniger günstig, da jene robusten Cichliden für die *Telmatochromis* zu lebhaft sind. Die Fütterung erfolgt mit Wasserflöhen, Insektenlarven und den verschiedenen Sorten von Flockenfutter.

Für die
Zucht
wird das Paar zweckmäßigerweise in ein gesondertes Aquarium überführt, das es allein bewohnt. Da dieser Buntbarsch zu den Höhlenbrütern zählt, ist eine biotopgerechte Einrichtung mit entsprechenden Nischen und Gesteinsspalten besonders wichtig. Die Eier, Larven und Jungfische werden vom Männchen und Weibchen in einer Elternfamilie gepflegt und verteidigt.
Die Jungfische sind noch relativ klein, wenn sie erstmals vor der Bruthöhle erscheinen. Sie können deshalb nur mit den frisch geschlüpften Larven des Salinenkrebses, *Artemia salina,* und fein zerriebenem Flockenfutter oder TetraOvin ernährt werden. Im Unterschied zu den westafrikanischen Höhlenbrütern, die im ersten Band behandelt wurden, bilden sie keinen Schwarm, der unter der Führung der Elternfische durch das Aquarium zieht. Die jungen *Telmatochromis* sind vielmehr standorttreu und bleiben in der unmittelbaren Umgebung ihrer Bruthöhle, die im Zentrum des von beiden Eltern verteidigten Revieres liegt.

Geröllzone (mit Stachelaal).

Unter den zahlreichen Buntbarschen, die aus dem Tanganjikasee beschrieben wurden, gibt es viele, die in der Aquaristik beliebte Pfleglinge sind. Dennoch scheint sich das besondere Interesse der Cichlidenliebhaber aber seit jeher auf die Gattung

Tropheus

zu konzentrieren. Dies ist um so erstaunlicher, als ihre Vertreter infolge einer extrem stark ausgebildeten Aggression, die sie gegenüber Artgenossen zeigen, und einer gewissen Anfälligkeit gegenüber Infektionen der Verdauungsorgane keineswegs zu den Anfängerfischen zählen und bei Hälterungsfehlern rasch Enttäuschungen bereiten können. Hinzu kommt, daß die Fische keineswegs billig sind. Möglicherweise ist aber dies gerade ein zusätzlicher Anreiz für manche Aquarianer, diese Cichliden zu erwerben.
Andererseits gibt es jedoch auch gute Gründe, welche die Pflege dieser Buntbarsche attraktiv erscheinen lassen: Manche Rassen von *Tropheus moorii* können ein sehr auffälliges und kontrastreiches Farbkleid zeigen. Ferner verspricht das hochspezialisierte Brutpflegeverhalten der weiblichen Fische ebenso interessante Beobachtungen wie das differenzierte Aggressionsverhalten, das alle Vertreter dieser systematischen Einheit besitzen.
Die Gattung ist bereits im Jahre 1898 durch BOULENGER beschrieben worden. Ihre Verbreitung ist ausschließlich auf den Tanganjikasee beschränkt. Nachdem *Tropheus annectens* BOULENGER, 1900 von POLL im Jahre 1946 als Synonym von *T. moorii* angesehen wurde, werden in dieser Gattung zur Zeit fünf Arten und Unterarten gezählt. Bei drei Mitgliedern der Gattung, nämlich *Tropheus moorii* BOULENGER, 1898, *T. duboisi* MARLIER, 1959 und *T. polli* AXELROD, 1977, läßt sich aufgrund einer Fülle morphometrischer, farblicher, ökologischer und verhaltensbiologischer Unterschiede in überzeugender Weise belegen, daß ihr Status als eigenständige Arten nicht in Zweifel gezogen werden kann. Anders steht es aber mit *Tropheus brichardi* NELISSEN & THYS, 1975, sowie *T. moorii kasabae* NELISSEN, 1977. Vor allem im Falle von *T. brichardi* erscheint es höchst fraglich, ob die Abgrenzung dieses Cichliden in Form eines eigenständigen Taxons wirklich dem Ziel dienlich ist, die komplizierten evolutionären und verwandtschaftlichen Beziehungen aufzuhellen, die in der Gattung *Tropheus* bestehen.
Tropheus moorii stellt innerhalb der Gattung insofern eine Ausnahme dar, als diese Art als einzige beinahe überall im Tanganjikasee verbreitet ist. Allerdings tritt sie in einer unüberschaubaren Zahl geographischer Farbrassen auf, die bislang erst zu einem kleinen Teil untersucht und beschrieben wurden. Die übrigen Mitglieder der Gattung leben dagegen nur in bestimmten, genau abzugrenzenden Teilen des Gewässers. Während *T. duboisi* und *T. polli* aber mit *T. moorii* zusammen vorkommen, d. h. mit dieser Spezies sympatrisch sind, treten in den Arealen, die von *T. brichardi* oder *T. moorii kasabae* besiedelt werden, weder *T. moorii moorii* noch andere Vertreter dieser Gattung auf.

Sandküste in der Nähe von Kigoma.

Die erste Beschreibung von

Tropheus brichardi

NELISSEN & THYS, 1975

erfolgte bereits im Jahre 1962 durch MATTHES, der diesen Buntbarsch jedoch in Anlehnung an MARLIER (1959) nur als geographische Farbrasse von *Tropheus moorii* einstufte. Bei Aquarianern ist dieser Cichlide unter der Bezeichnung „Schokomoorii" populär geworden.
Er erreicht eine Körperlänge von rund zwölf Zentimeter. Da er keinen Sexualdimorphismus zeigt, ist eine verläßliche Unterscheidung allein anhand von äußeren Merkmalen nicht möglich. Gewisse Hinweise auf das Geschlecht sind aus der Form der Flossen abzuleiten. Bei älteren Männchen sind vor allem die Bauchflossen länger als bei den Weibchen. Relativ sichere Ergebnisse lassen sich erzielen, wenn die Genitalpapille der Fische mit Hilfe einer Lupe untersucht wird.
Ausgefärbte Fische sehen beinahe einfarbig sepiabraun aus. Allein in der Rückenregion tragen sie einen länglichen zitronen- bis zinkgelben Fleck, der sich meist zwischen dem vierten und elften Rückenflossenstrahl und der Seitenlinie erstreckt. Bei manchen Exemplaren greift er auf den Grund der Rückenflosse über. Auch die Körperunterseite zeigt im Bereich des Bauches denselben gelben Farbton. Die Iris ist weiß gefärbt, besitzt jedoch einen gelben oberen Rand. Das Maul ist von einer schwärzlichen Zone umgeben. Jungtiere tragen ein gelbliches Streifenmuster, das sich mit dem Eintritt der Geschlechtsreife langsam zurückbildet.

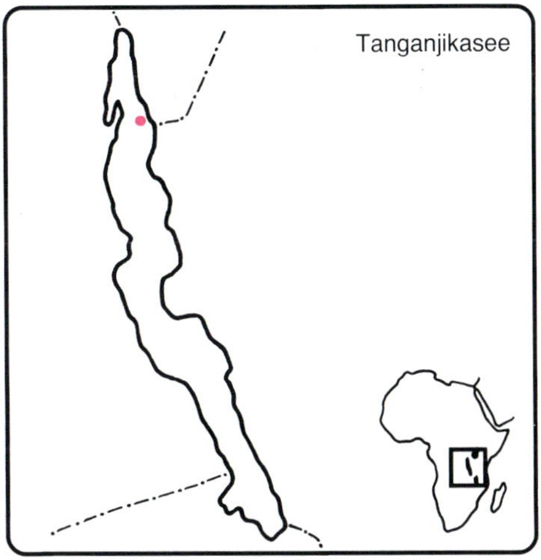

Fundort von Tropheus brichardi.

Tropheus brichardi.

Der
natürliche Lebensraum
dieses Buntbarsches ist der obere, ufernahe Bereich der Geröll- und Felsenzone. Nur in Ausnahmefällen wird er unterhalb von etwa zehn Meter angetroffen. Die bevorzugte Tiefe liegt ungefähr zwischen zwei und fünf Meter. Die Fische besiedeln ein Areal, das eine nur geringe Ausdehnung besitzt. Ihre Verbreitung ist auf das südliche Burundi, an der Grenze zu Tansania, beschränkt. Als Fundort ist Nyanza Lac belegt. Die Tiere sind spezialisierte Aufwuchsfresser, die den Algenrasen und die darin befindlichen tierischen Mikroorganismen abweiden, der Steine und Felsen in der Uferzone überzieht.

Eine erfolgreiche
Haltung
dieses Buntbarsches ist auf die Dauer nur in einem sehr geräumigen Aquarium möglich, das mindestens eine Seitenlänge von eineinhalb Meter aufweist. Den Grund dafür bildet die außergewöhnliche Unverträglichkeit, welche die Fische untereinander zeigen. Auf lange Sicht ist es deshalb auch in sehr großen Behältern unmöglich, zwei erwachsene Männchen zusammen zu pflegen. Die besten Voraussetzungen für eine erfolgreiche Haltung sind gegeben, wenn man ein männliches Tier mit einem Harem von rund einem halben Dutzend oder mehr Weibchen hält. Bei Gruppen, die kleiner sind, besteht immer die Gefahr, daß sich die Aggressionshandlungen der dominierenden Fische zu stark auf einzelne Gruppenmitglieder konzentrieren, die dann in der Regel von den Artgenossen sehr rasch getötet werden. Dies kann sich so oft wiederholen, bis schließlich nur ein einziges Tier übrigbleibt. Die Tötung von Artgenossen ist selbstverständlich eine Folge der unnatürlichen Lebensbedingungen im Aquarium, insbesondere des zu gering bemessenen Raumes, der verhindert, daß unterlegene Individuen das Revier der dominanten Fische meiden. Gute Erfolgsaussichten für den Aufbau einer harmonierenden Gruppe bestehen, wenn man eine Anzahl von Jungfischen im Aquarium aufwachsen läßt.

Das biotopgerecht eingerichtete Aquarium enthält eine Nachbildung der Geröll- oder Felsenzone. Dabei kommt es nicht nur darauf an, daß mit Steinen und Felsbrocken möglichst viele Höhlen geschaffen werden, es müssen auch Sichtblenden errichtet werden, die eine Aufteilung des Raumes in mehrere Reviere ermöglichen.

Eine dichte Bepflanzung hat in einem Aquarium für diese Buntbarsche keinen Platz. Zum einen würde sie den Lebensbedingungen im natürlichen Biotop widersprechen, zum anderen würde sie den Schwimmraum für diese lebhaften und rasanten Schwimmer in unzulässiger Weise einschränken.

Es ist keineswegs notwendig, diese Cichliden nur für sich zu pflegen. Sie sind zwar untereinander sehr rauflustig, verhalten sich aber gegenüber anderen Arten überraschend duldsam. Als Mitbewohner eines *Tropheus*-Aquariums kommen allerdings keine ruhigen und langsamen Fische in Betracht, beispielsweise die Mehrzahl der *Lamprologus*-Arten. Gute Erfahrungen wurden dagegen mit den Grundelbuntbarschen oder mit *Julidochromis*-Arten gemacht.

Die Ernährung dieser Nahrungsspezialisten ist völlig unproblematisch, wenn die verschiedenen Flockenfutter, beispielsweise TetraMin und TetraPhyll, sowie Wasserflöhe und Weiße Mückenlarven im Wechsel gereicht werden. Rinderherz, Regenwürmer und ähnlich ballastarmes Futter erscheint dagegen für diese Aufwuchsfresser wenig geeignet.

Die
Zucht
erfolgt ohne besondere Vorkehrungen in dem vorstehend beschriebenen biotopgerechten Aquarium. Wenn darauf geachtet wurde, daß auch kleine Spalten und Hohlräume in ausreichender Zahl vorhanden sind, die den Jungtieren während der ersten Tage und Wochen als Zufluchtsstätten dienen, wird die *Tropheus*-Brut auch dann vollständig und ohne Verluste heranwachsen, wenn noch andere Cichliden in dem Aquarium leben.

Tropheus brichardi ist ein agamer Maulbrüter, der die Nachkommen in einer Mutterfamilie betreut. Bei einer Wassertemperatur von ungefähr 27 Grad vergehen rund vier Wochen, bevor die Jungtiere erstmals das Maul der Mutter verlassen. Wichtig ist, daß das Weibchen während dieser langen Maulbrutpflege regelmäßig gefüttert werden muß.

Tropheus duboisi
MARLIER, 1959

wurde bereits vor seiner wissenschaftlichen Beschreibung, nämlich im Jahre 1958 erstmals als Zierfisch nach Deutschland eingeführt, starb aber in der Folgezeit in den Aquarien sehr rasch wieder aus. Weitere Importe folgten dann erst im Jahre 1974, nachdem beinahe gleichzeitig von verschiedenen Seiten, unter anderem auch vom Verfasser, entdeckt worden war, daß diese Spezies nicht nur in Zaire, sondern auch in der Umgebung von Kigoma in Tansania vorkommt.
Die Fische können bis ungefähr dreizehn Zentimeter groß werden. Da ein Sexualdimorphismus fehlt, sind Männchen und Weibchen aufgrund äußerer Merkmale nicht mit Sicherheit zu unterscheiden. Gewisse Anhaltspunkte liefert jedoch die Länge der Bauchflossen, die bei älteren Männchen im allgemeinen fadenförmig ausgezogen sind. Ausgefärbte Tiere zeigen auf schwarzblauem Untergrund eine helle Bauchbinde, die je nach dem Herkunftsort der Fische perlweiß oder zumindest in ihrem oberen Teil schwefelgelb gefärbt ist. Auch die Breite dieses Bandes kann sehr unterschiedlich sein.

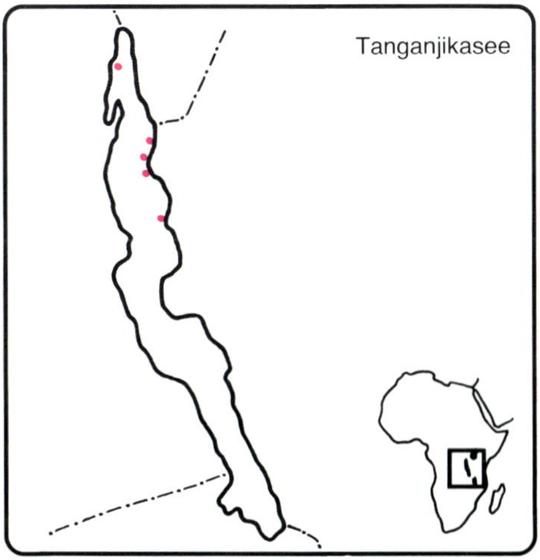

Fundorte von Tropheus duboisi.

Während es bei manchen Tieren nur zwei oder drei Schuppen breit ist, erstreckt es sich bei den Fischen gewisser Standorte über sechs Schuppen und erreicht damit eine Breite von fünfzehn Millimeter. Der gesamte Kopf adulter Individuen zeigt eine brilliantblaue Färbung.

Tropheus duboisi beim Laichen.

Ein besonderes Merkmal dieser Spezies ist es, daß sie einen auffälligen altersabhängigen Farbwechsel durchläuft. Das sehr attraktive Jugendkleid der Fische zeigt nämlich kaum Ähnlichkeit mit dem Farbkleid geschlechtsreifer Tiere. Sobald die Jungfische das Maul der Mutter verlassen, tragen sie bereits auf tiefschwarzem Untergrund eine Vielzahl strahlend weißer Pünktchen, die über Kopf, Körper und Flossen verstreut sind. Auf den Flanken erscheinen sie zu sieben oder acht senkrechten und vier bis fünf waagerechten Reihen angeordnet. Mit zunehmendem Alter nimmt die Zahl der Punkte, von der Schwanzwurzel zum Kopf fortschreitend, immer mehr ab. Sobald die Fische nach etwa einem Jahr sechs oder sieben Zentimeter lang sind, verschwinden sie schließlich gänzlich. Bemerkenswert ist, daß weibliche Fische das Punktmuster des Jugendkleides länger behalten als ihre männlichen Geschwister.

Der

natürliche Lebensraum

dieses Aufwuchsfressers ist der mittlere und untere Bereich des Felsenlitorals. Da sich die erwachsenen Individuen im allgemeinen in dem Bereich zwischen drei und fünfzehn Metern aufhalten, liegt die von ihnen bevorzugte Wassertiefe deutlich unter der von *Tropheus moorii.* Nur die Jungtiere von *T. duboisi* leben bis zu einer Länge von ungefähr sechs Zentimeter im flachen, ufernahen Bereich der Geröllzone. Ein weiterer Unterschied zu *T. moorii* besteht darin, daß *T. duboisi* niemals in Gruppen oder Verbänden auftritt, was bei jener Art die Regel ist, sondern ein Einzelgänger ist, so daß der Taucher nur gelegentlich einmal zwei Individuen gleichzeitig beobachten kann.

Recht bemerkenswert ist die disjunkte Verbreitung, die diese Spezies in ihrem Heimatgewässer hat. Den ursprünglichen Fundort bildet ein kleines Areal in der Umgebung der Ortschaft Bemba, das in der nordwestlichen Ecke des Tanganjikasees (Zaire) gelegen ist. Innerhalb der Grenzen von Burundi kommt die Art nicht vor. Erst rund fünfzehn Jahre nach der Entdeckung dieses Cichliden stellte sich heraus, daß er auch im Norden Tansanias ein zweites, recht ausgedehntes Areal bewohnt, das sich mit Unterbrechungen von der Grenze zu Burundi über die Umgebung der Stadt Kigoma bis südlich der Malagarasimündung erstreckt. In diesem Gebiet treten die Fische in zwei geographischen Farbrassen auf, die sich in der Färbung und Breite der Bauchbinde unterscheiden. Besonders hübsche Fische mit einer breiten gelben Binde gibt es südlich der Mündung des Lugufu.

Halbwüchsige T. duboisi leben in der Geröllzone (Kigoma, zwei Meter Tiefe).

Obwohl die acht Tage alten Jungfische von T. duboisi bereits recht groß sind, werden sie noch immer von der Mutter ins Maul genommen.

Auf Dauer ist die erfolgreiche

Haltung

erwachsener Exemplare von *T. duboisi* nur in sehr großen Aquarien möglich, die ungefähr eineinhalb Meter lang sind. Diese Fische sind insofern typische Vertreter der Gattung *Tropheus*, als sie untereinander recht aggressiv sein können. Im Vergleich zu *Tropheus moorii* erscheinen sie jedoch deutlich verträglicher. Ein Männchen wird mit zwei oder drei Weibchen zusammen gepflegt. Innerhalb dieser Gruppe bildet sich schnell eine feste Rangordnung aus. Von einem ranghöheren Artgenossen bedrohte Fische zeigen als eine die Aggression beschwichtigende Demutsgebärde das Körperzittern, das zugleich auch die auffälligste Balzbewegung der Männchen ist. Während der Balz wird das Körperzittern aber spontan gezeigt und geht dann meist in das Führungsschwimmen über.
Für die biotopgerechte Einrichtung des Aquariums werden Steine und Felsbrocken benötigt, die so zu Aufbauten angeordnet werden, daß sich einerseits Höhlen und Spalten unterschiedlicher Größe bilden und daß andererseits Sichtblenden entstehen, die eine Abgrenzung verschiedener Reviere erleichtern. Da es im natürlichen Lebensraum außer Algen keine Wasserpflanzen gibt, ist eine Bepflanzung im Grunde nicht biotopgemäß. Sie sollte deshalb nur sparsam und vorzugsweise mit Arten erfolgen, die auf den Steinaufbauten festwachsen, beispielsweise *Anubias nana* (Zwergspeerblatt) oder *Microsorium pteropus* (Javafarn). Auf diese Weise werden Bodenfläche und Schwimmraum nicht verkleinert.
Auch *Tropheus duboisi* sollte vorzugsweise in einem Gesellschaftsaquarium gepflegt werden, da die innerartliche Aggression bei der Anwesenheit artfremder Fische weniger stark in Erscheinung tritt. Als Mitbewohner haben sich *Tropheus moorii,* die Grundelbuntbarsche sowie *Julidochromis* bewährt. Die Fütterung der Fische sollte vorzugsweise mit Flockenfutter, Wasserflöhen und Weißen Mückenlarven erfolgen. Bei einer abwechslungsreichen Ernährung ergibt sich die

Zucht

in einem biotopgerecht eingerichteten Aquarium mehr oder weniger von selbst. Die Fortpflanzungspartner finden sich erst unmittelbar vor dem Ablaichen. Die Balz ist kurz und im Vergleich zu Offenbrütern wenig differenziert. Das einzige Verhaltensmerkmal, das als Anzeichen für die Laichbereitschaft des Weibchens angesehen werden kann, ist seine Nachfolgereaktion auf das Führungsschwimmen des Männchens. Als Laichplatz wird vorzugsweise eine mehr oder weniger waagerechte Steinplatte gewählt, die nach oben durch dachartig überhängende Steine geschützt ist.
Die Balz und der Vorgang des Ablaichens entsprechen voll und ganz dem Paarungsverhalten von *Pseudotropheus*- und *Haplochromis*-Arten. Die beiden Fortpflanzungspartner drehen sich während des Laichens langsam auf einer Kreisbahn, wobei sie ungefähr eine T-Stellung einnehmen, d. h., während jeweils das eine Tier unter intensivem Körperzittern seine Geschlechtsprodukte abgibt, folgt ihm das andere, mit seinem Maul in der Genitalregion des Partners liegend. Die Eier werden vom Weibchen einzeln, in Ausnahmefällen auch einmal zu zweit ausgestoßen. Unmittelbar nach der Ablage eines Laichkornes dreht es sich sofort um und nimmt es in sein Maul auf. Die Eier kommen deshalb erst in der Mundhöhle des Muttertieres mit den Spermien in Kontakt.
Das Gelege ist extrem klein. Im allgemeinen erbringt eine Brut nur etwa zehn Jungfische. Aquariumbeobachtungen ergaben zwar, daß häufig weit mehr Eier produziert werden, jedoch reduziert sich ihre Zahl während der Brutpflege auf die angegebene Menge, die offenbar nur vom Weibchen in seinem Maul verkraftet werden kann. Unter rund zwanzig pflegenden Weibchen, die vom Verfasser im Tanganjikasee untersucht wurden, hatte keines mehr als zehn Larven oder Jungfische in seinem Maul.
Die länglichen, äußerst dotterreichen Eier sind mit einer maximalen Länge von sieben Millimeter ungewöhnlich groß. Da die Larvenentwicklung von dem Dottervorrat des Eies abhängt, ergeben sich bei den *Tropheus* die längsten von Cichliden bekannten Brutperioden. Bei *T. duboisi* vergehen bei einer Wassertemperatur von ungefähr 27 Grad Celsius vom Ablaichen etwa dreißig Tage, bis die Mutter die Jungfische erstmals

aus dem Maul entläßt. Diese Angabe gilt jedoch nur für ein einzeln gehaltenes Tier. Im Gesellschaftsaquarium kann das Weibchen, falls es sich gestört fühlt, die Brut noch länger behalten. Für den Züchter ist es wichtig zu wissen, daß die Weibchen von *T. duboisi* im Gegensatz zu anderen Maulbrütern während der Brutzeit regelmäßig fressen, und zwar bereits vom Tage des Ablaichens an. Ein ausreichendes Futterangebot während der extrem langen Maulbrutpflege scheint sogar eine Voraussetzung für die erfolgreiche Aufzucht der Jungen zu sein. Erstaunlich ist, daß die pflegenden Weibchen durchaus in der Lage sind, Weiße Mückenlarven zu fressen. Bemerkenswert erscheint auch, daß Jungfische bereits im Maul der Mutter Nahrung zu sich nehmen. Jungtiere, die nämlich gewaltsam dem Maul des Weibchens entnommen wurden und dieses nachweislich noch nicht verlassen hatten, zeigten nämlich unmittelbar nach der Entnahme eine Abgabe von Kot.

Die Jungfische haben zu dem Zeitpunkt, wenn sie das Maul der Mutter verlassen, bereits eine Größe zwischen zwölf und fünfzehn Millimeter, d. h., verschiedene Bruten können unterschiedlich groß sein. Vermutlich hängt die Menge des Eidotters vom Ernährungszustand des Weibchens ab. Obwohl die Jungtiere bereits sehr selbständig sind, setzt die Mutter ihre intensive Brutpflege in der Regel noch für weitere acht oder zehn Tage fort. Die geringste Störung veranlaßt sie anfangs, die Brut wieder in das Maul aufzunehmen. In der ersten Zeit werden die Jungfische noch längere Zeit im Maul verbringen, später übernachten sie dort nur noch. Da sie infolge ihrer Größe bereits von Anfang an Weiße Mückenlarven und andere große Futterbrocken bewältigen können, wachsen sie äußerst rasch. Bereits nach einer Woche sind sie so groß, daß der Platz im Maul des Weibchens gar nicht mehr für alle ausreicht, weshalb dann nur noch einige die Nachtstunden dort verbringen können. Da die weiblichen Fische auch während der Brutperiode beinahe normal fressen, sind sie bereits rund drei Wochen nach der Beendigung der Brutpflege erneut zum Ablaichen bereit.

Tropheus moorii
BOULENGER, 1898

Die ersten Exemplare dieser Spezies sind bereits gegen Ende des vorigen Jahrhunderts nach Europa gelangt. Sie befanden sich unter einer größeren Zahl von Fischen, die der Engländer MOORE in den Jahren 1895 und 1896 am Tanganjikasee für das Britische Museum gesammelt hatte. Es waren allerdings konservierte Tiere, die dann dem Ichthyologen BOULENGER als Grundlage für seine Erstbeschreibung dieses Buntbarsches dienten. Die Angaben über die Färbung der Fische, die sich in dieser Beschreibung finden, lassen kaum Rückschlüsse auf das Aussehen lebender Tiere zu, da alle Angaben auf konserviertem Material beruhen, das sich erfahrungsgemäß rasch verfärbt.

Die ersten Hinweise auf das Aussehen lebender Tiere gibt POLL 1956. Erst die genauere Untersuchung des nördlichen Teils des Tanganjikasees durch MARLIER (1959) führte schließlich zu dem Ergebnis, daß *T. moorii* in geographischen Rassen auftritt, die sich in der Färbung deutlich unterscheiden. Die Zahl von vier Farbvarianten, die bis dahin aus dem Nordteil des Gewässers bekannt waren, hat MATTHES im Jahre 1962 auf insgesamt neun erhöht. Ichthyologische Forschungsreisen und die Suche nach neuen Aquarienfischen haben dann ab 1974 in kurzen Abständen die Entdeckung zahlreicher neuer Farbrassen zur Folge gehabt (vgl. STAECK, 1974, 1975). Für die Aquaristik wurde dieser Buntbarsch im Jahre 1958 zugänglich, als die ersten lebenden Tiere aus Zaire in kleiner Stückzahl nach Deutschland importiert wurden. Die Spezies starb aber in der Folgezeit in den Aquarien rasch wieder aus, da man über die artgemäße Pflege der Fische zu wenig wußte und weitere Importe ausblieben. Ab 1971 wurden diese Cichliden dann regelmäßig aus Burundi eingeführt. In den Jahren 1974 und 1975 folgten erste Importe aus Tansania und Sambia.

Obwohl *T. moorii* nur eine Länge von ungefähr dreizehn Zentimeter erreicht, ist die erfolgreiche

Haltung
dieses Buntbarsches nur in sehr geräumi-

gen Aquarien möglich, deren Seitenlänge mindestens eineinhalb Meter betragen sollte. Die Fische sind nämlich untereinander außerordentlich unverträglich und aggressiv. Unter zu beengten Verhältnissen muß es deshalb unweigerlich zu Verlusten kommen. Auf die Dauer ist es im allgemeinen unmöglich, in einem Aquarium normaler Größe mehr als ein geschlechtsreifes Männchen zu pflegen. Das männliche Tier sollte zweckmäßigerweise mit einem Harem gehalten werden, der mindestens aus einem halben Dutzend erwachsener Weibchen besteht. In dieser Gruppe bildet sich dann rasch eine recht starre Rang- und Hackordnung aus, da sich alle Gruppenmitglieder individuell kennen. Neue Fische sind in ein derartiges Aquarium nur noch sehr schwierig zu integrieren. Dies sollte nur unter größten Vorsichtsmaßregeln versucht werden, da die große Gefahr besteht, daß die anderen *Tropheus* über die Neuankömmlinge herfallen und sie rasch töten. Zwar ist es unter besonders günstigen Hälterungsbedingungen – meist in einem geräumigen Gesellschaftsaquarium – verschiedentlich auch schon gelungen, Kleingruppen, beispielsweise ein Männchen und zwei Weibchen, über lange Zeit ohne Probleme zu pflegen. Derartige Fälle sind jedoch eher als Ausnahme anzusehen, wobei zu beachten ist, daß es in der Aggression der Fische auch erhebliche individuelle Unterschiede gibt.

Bei der Einrichtung des Aquariums muß versucht werden, die Geröll- und Felsenzone – soweit das überhaupt möglich ist – naturgetreu nachzubilden. Dabei darf nicht vergessen werden, daß auch kleine und kleinste Ritzen und Hohlräume geschaffen werden, die den Jungfischen in der ersten Zeit als Zufluchtsstätten und Wohnhöhlen dienen können.

Zwar vergreift sich *Tropheus moorii* bisweilen an den zarten Trieben bestimmter Gewächse, insgesamt kann dieser Cichlide aber dennoch als pflanzenfreundlich eingestuft werden. Dennoch sollte eine Begrünung des Aquariums, die im Grunde nicht biotopgerecht ist, nur sparsam vorgenommen werden, damit der Bewegungsraum für diese lebhaften und rasanten Schwimmer nicht zu stark eingeschränkt wird. Es empfiehlt sich, vorzugsweise die oberen Bereiche der Steinaufbauten mit Gewächsen

Das lehmig-trübe Wasser, das sich im Mündungsbereich der Flüsse in den Tanganjikasee ergießt, bildet für Tropheus moorii eine Barriere, die eine Vermischung benachbarter Populationen verhindert.

zu besetzen, die auch auf Gestein und Felsen festwachsen.
Tropheus moorii ist ein sehr gieriger Fresser, der alle gängigen Futtermittel gern frißt. Rinderherz und Regenwürmer sind für diesen spezialisierten Aufwuchsfresser aber keine geeignete Nahrung. Dringend gewarnt werden muß vor Roten Mückenlarven und *Tubifex*-Würmern, die aus verschmutzten Gewässern stammen, da sie häufig zu Erkrankungen führen, die sich im Anfangsstadium dadurch äußern, daß die Fische nur noch unwillig fressen und später die Nahrungsaufnahme gänzlich einstellen.
Besonders gute Erfahrungen wurden bei der Pflege dieses Buntbarsches gemacht, wenn er in einem Gesellschaftsbecken gehalten wurde, in dem noch andere Tanganjikacichliden lebten. Geeignete Mitbewohner des Beckens sind vor allem *Tropheus duboisi* oder *Tropheus polli*, aber auch die Grundelbuntbarsche oder kleinere *Julidochromis*-Arten. Nicht geeignet für eine Vergesellschaftung mit den sehr lebhaften und robusten *Tropheus* sind dagegen die meisten *Lamprologus*-Arten, die Ruhe brauchen und in einem derartigen Aquarium in die Gefahr kämen, nicht genügend Nahrung zu erhalten.
Bei der Beachtung der vorstehenden Hinweise zur Pflege dieser Buntbarsche ist

Tropheus moorii im natürlichen Lebensraum: Geröllzone in zwei Meter Tiefe südlich der Mündung des Lufubu (Sambia).

auch ihre

Zucht

keineswegs schwierig. Da *Tropheus moorii* kein Fischräuber ist und den Jungfischen nicht nachstellt, kann die Brut in einem biotopgerecht eingerichteten Aquarium auch bei der Anwesenheit erwachsener Individuen ohne Verluste aufgezogen werden. Wichtig ist allerdings, daß die Jungfische geeignete Zufluchtsstätten in genügender Zahl vorfinden, wenn sie das Maul der Mutter verlassen. Da sich *T. moorii* und *T. duboisi* in ihrem Sexual- und Brutpflegeverhalten gleichen, sei in diesem Zusammenhang auf die detaillierten Ausführungen verwiesen, die sich in der Beschreibung jener Art finden.
Bei der Zucht von *Tropheus moorii* ist dringend zu beachten, daß die verschiedenen geographischen Farbrassen dieser Spezies nach Möglichkeit nicht in demselben Aquarium gepflegt werden, da es zwischen ihnen leicht zu einer unerwünschten Bastardierung kommt. Zwar sind Kreuzungen zwischen ähnlichen Farbformen häufiger, zwischen sehr unterschiedlich gefärbten Rassen dagegen seltener, grundsätzlich sind sie jedoch nicht auszuschließen. Bei der Zucht sollte aber unbedingt darauf geachtet werden, daß die verschiedenen Rassen rein erhalten werden, denn eine Hybridation würde die Farbunterschiede verwischen und zu wenig befriedigenden Mischformen führen.

Den

natürlichen Lebensraum

von *Tropheus moorii* bilden die flachen, ufernahen Bereiche der Geröllzone. Zwar treten die Fische vereinzelt auch bedeutend tiefer auf, die von ihnen bevorzugten Tiefen liegen jedoch eindeutig in dem Bereich zwischen einem und drei Meter. In dieser Region tritt diese Spezies zum Teil in einer erstaunlichen Populationsdichte auf. *Tropheus moorii* ist im Gegensatz zu *T. duboisi* kein Einzelgänger, sondern lebt auch im natürlichen Lebensraum in engem Kontakt zu Artgenossen. Zur Zeit beruhen unsere Kenntnisse über diese Art nur auf Unterwasserbeobachtungen, die sowohl im äußersten Nord- als auch Südteil des Gewässers sowie im nördlichen und zum Teil auch zentralen Tansania gemacht wurden. Die übrigen Teile des Sees sind noch nicht erforscht.

Tropheus moorii ist nicht nur bei Aquarianern populär, sondern hat auch in besonderem Maße das wissenschaftliche Interesse auf sich gezogen. Bei dieser Art handelt es sich offensichtlich um einen der bemerkenswerten Fälle, in denen der Prozeß der Artbildung noch nicht abgeschlossen, sondern auch zur Zeit noch in vollem Gange ist. Die Fische sind über die Küstenzone ihres Heimatgewässers in zahllosen Populationen verbreitet, die infolge geographischer Barrieren mehr oder weniger voneinander isoliert sind. Deshalb konnten sich im Laufe der Erdgeschichte eine Vielzahl unterschiedlicher Merkmale bei ihnen herausbilden, die nicht nur das Farbkleid, sondern auch die Ökologie, das Verhalten sowie die Morphologie und Anatomie betreffen. Das Maß, in dem sich benachbarte Populationen unterscheiden, ist nicht gleich. Vielfach sind die Unterschiede zwischen den einzelnen Rassen gering, in zwei Fällen wurden sie aber als so gravierend angesehen, daß man die betreffenden Formen als eine neue Unterart und sogar als eine neue Art beschrieben hat. Aus der Tatsache, daß die Artbildung noch nicht abgeschlossen ist und daß das Ausmaß, in dem zwischen verschiedenen Populationen Gemeinsamkeiten und Unterschiede auftreten, fließend ist, ergibt sich, daß die Beschreibung neuer Arten nicht unumstritten sein kann.

Ein wichtiger Faktor, der zur Entstehung jener erstaunlichen Vielfalt geographischer Rassen beigetragen hat, ist die überaus intensive Bindung der Fische an einen steinigen Untergrund, die sich aus ihren besonderen Nahrungsansprüchen erklärt. Als geographische Barrieren, die den Kontakt und die Vermischung benachbarter Populationen und Rassen verhindern, kommen Küstenabschnitte mit sandigem Untergrund und Flußmündungen in Betracht. Als hochspezialisierter Aufwuchsfresser meidet *T. moorii* Sandboden, da er dort weder Nahrung, noch Versteckmöglichkeiten oder Laichsubstrate findet. Die Mündungsgebiete großer Flüsse werden nicht besiedelt, da sie meist sumpfig sind und da das Wasser dort im Gegensatz zum übrigen See lehmigtrüb ist und einen ganz anderen Chemismus besitzt.

Bisher sind rund 30 verschiedene Farbrassen von *T. moorii* bekannt geworden, darunter befindet sich freilich ein knappes Dutzend, das unscheinbar gefärbt und deshalb für die Aquaristik weniger interessant ist. Bis zum Abschluß dieses Manuskriptes wurden in Deutschland 16 Farbformen gepflegt, die ohne Schwierigkeiten farblich gegeneinander abzugrenzen und daher leicht zu unterscheiden sind. Dabei ist jedoch zu beachten, daß auch innerhalb einer Population beträchtliche individuelle Unterschiede im Farbkleid auftreten können, die verschiedentlich zum Anlaß genommen wurden, um neue Varianten auf dem Zierfischmarkt erscheinen zu lassen. Auf diese Weise sind mehrere Farbrassen zum Teil irrtümlich, zum Teil aber auch bewußt mehrmals unter immer neuen Bezeichnungen als vermeintliche Neuentdeckungen gefeiert worden. Von diesen sechzehn Farbrassen sollen im folgenden sieben kurz vorgestellt werden.

In den kommenden Jahren werden vermutlich noch weitere, bisher unbekannte Farbrassen von *Tropheus moorii* auf dem Zierfischmarkt auftauchen. Diese neuen Farbvarianten sind mit Sicherheit an der zu Zaire gehörenden Westküste sowie im Südteil der Ostküste zu erwarten, die in Tansania liegt, denn diese Regionen des Tanganjikasees konnten bis jetzt nicht genauer untersucht werden, da sie nur schwer zugänglich sind.

Im Sumbu Nationalpark landen Linienflugzeuge direkt am Tanganjikasee. Hier beginnt für viele Cichliden die Reise nach Europa.

Tropheus moorii

Orange Variante (Bemba)

Der Fundort dieser Rasse liegt an der zu Zaire gehörenden Nordwestküste des Tanganjikasees. Er befindet sich in der näheren Umgebung der Ortschaft Bemba. Das Areal, das die Fische besiedeln, ist nur klein. Es bildet zugleich den einzig bekannten Fundort von *Tropheus duboisi* außerhalb der Staatsgrenzen von Tansania.

Diese Rasse wurde bereits im Jahre 1959 von MARLIER beschrieben. Die Fische zeigen auf braunschwarzem Untergrund eine breite orange Bauchbinde, die in der Rükkenregion meist gelborange und in der Bauchregion rotorange getönt ist. Im allgemeinen greift sie auch auf die Rückenflosse über. Das Farbband ist in Ausdehnung und Färbung außerordentlich variabel. Bei manchen Individuen ist es sehr schmal, bei anderen dagegen über zwanzig Millimeter breit. Bei besonders hübsch gefärbten Fischen kann es ein kräftiges Blutorange zeigen. Eine ungewöhnlich breite Binde mit diesem schönen Farbton besitzt der männliche Fisch, der im Foto abgebildet ist.

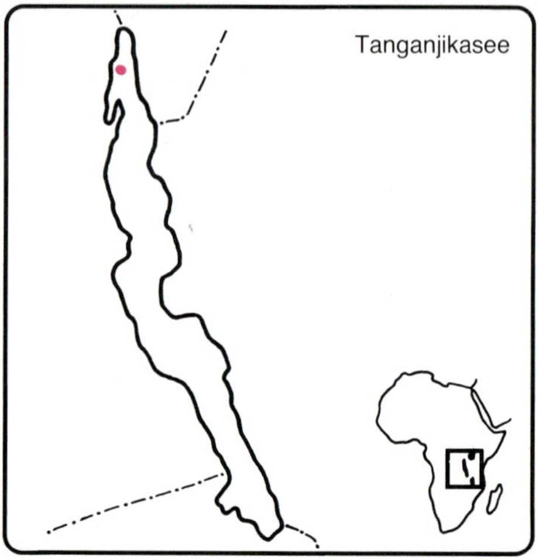

Fundort von Tropheus moorii: Orange Variante (Bemba).

Die ersten Exemplare von *T. moorii,* die im Jahre 1958 lebend nach Europa kamen, gehörten dieser Farbrasse an. Weitere Importe erfolgten erst im Frühjahr 1976.

Tropheus moorii: Orange Variante (Bemba).

Tropheus moorii

Gelb-rote Variante (Rutunga)

Diese Rasse wurde erstmals im Jahre 1971 als Zierfisch importiert. Die bis zum Jahre 1975 über *Tropheus moorii* publizierte aquaristische Literatur bezieht sich mit ganz wenigen Ausnahmen ausschließlich auf diese Farbform, die zum Teil auch als Brabant-Variante bezeichnet wird. Da sie mehrere Jahre lang als einzige in der Aquaristik gepflegt wurde, ist mit dem Namen *T. moorii* lange allein die Vorstellung von dieser Farbrasse verbunden worden.

Der Fundort dieser geographischen Rasse befindet sich in der zu Burundi gehörenden nordöstlichen Ecke des Tanganjikasees. Er liegt in der Umgebung der Ortschaft Rutunga, die auf einigen Karten auch als Lutunga eingetragen ist. Eine erste Beschreibung ist von MARLIER im Jahre 1959 publiziert worden.

Auch bei dieser Rasse ist die Ausdehnung und Färbung des Farbgürtels sehr variabel. Meist zeigen die Fische in der Rückenregion nur ein elfenbeinfarbenes Dreieck, das mit der Spitze nach unten zeigt, und in der

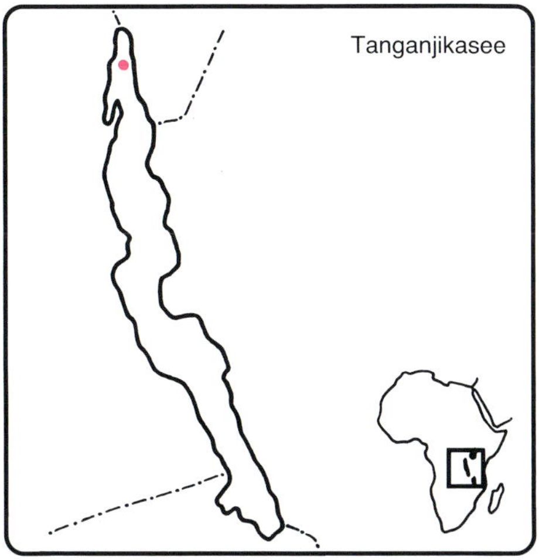

Fundort von Tropheus moorii: Gelb-rote Variante (Rutunga).

Bauchregion ein rubinrotes Dreieck, das mit der Spitze nach oben weist. Die Rückenflosse trägt oberhalb der Bauchbinde einen rubinroten Farbfleck. Der übrige Körper und die Flossen sehen tiefschwarz bis schwarzblau aus.

Tropheus moorii: Gelb-rote Variante (Rutunga).

Tropheus moorii

Gestreifte Variante (Kigoma)

Diese Rasse wurde von mir im Frühjahr 1974 erstmals gefangen und im selben Jahr beschrieben. Im Zierfischhandel ist sie seit Herbst 1974. Die Fische besiedeln ein sehr ausgedehntes Gebiet an der zu Tansania gehörenden nordöstlichen Küste des Tanganjikasees. Ihre Verbreitung reicht vom Grenzbereich der Staaten Burundi und Tansania bis an die Mündung des Malagarasi heran.

Innerhalb dieses ausgedehnten Verbreitungsgebietes zeigt die Körperfarbe der Fische eine recht große Variationsbreite. Auf beigegrauem, grüngrauem, grünbraunem, ockerbraunem oder auch blaßbraunem Untergrund tragen die Fische sieben bis acht schmale Querstreifen, die beige, gold- oder zitronengelb gefärbt sind. Eine besonders hübsche Form besitzt zitronengelbe Flossen.

Unter den Farbrassen von *Tropheus moorii* nimmt die gestreifte Variante eine gewisse Sonderstellung ein, da sie als einzige zeitlebens in etwa das Jugendkleid behält. Da auch alle anderen Rassen dieses Cichliden in der Jugend gestreift sind, liegt die Annahme nahe, daß ihre Vorfahren ebenfalls eine Streifenzeichnung besessen haben, die möglicherweise dem Farbkleid der gestreiften Variante ähnlich war.

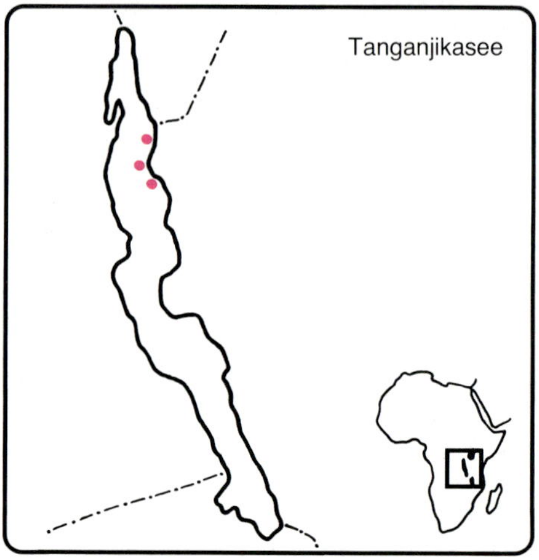

Fundort von Tropheus moorii: Gestreifte Variante (Kigoma).

Tropheus moorii: Gestreifte Variante (Kigoma).

Tropheus moorii

Doppelfleck-Variante (Bulu Point)

Die genauen Grenzen des Areals, das von dieser Rasse besiedelt ist, sind zur Zeit noch nicht bekannt. Der Fundort ist die Umgebung von Bulu Point, einer Landzunge, die südlich der Ortschaft Magambo (Tansania) gelegen ist. Entdeckt wurden die Fische im Herbst 1975, der erste Import erfolgte noch gegen Ende desselben Jahres.

Die Grundfärbung der Tiere ist anthrazitgrau bis schwarzgrau. Auf den Körperseiten tragen sie zwei auffällige Flecken, die in ihrer vertikalen und horizontalen Ausdehnung sowie ihrer Färbung sehr variabel sind. Der vordere dieser Flecken, der sich nur über die obere Körperhälfte erstreckt, liegt ungefähr zwischen dem siebten bis zwölften, der hintere in etwa zwischen dem sechzehnten und zwanzigsten Strahl der Rückenflosse. Die Färbung dieser Flecken zeigt alle Übergänge von einem dunklen Elfenbein bis zu einem kräftigen Rotorange. Der obere Rand der Iris ist stets rotorange gefärbt.

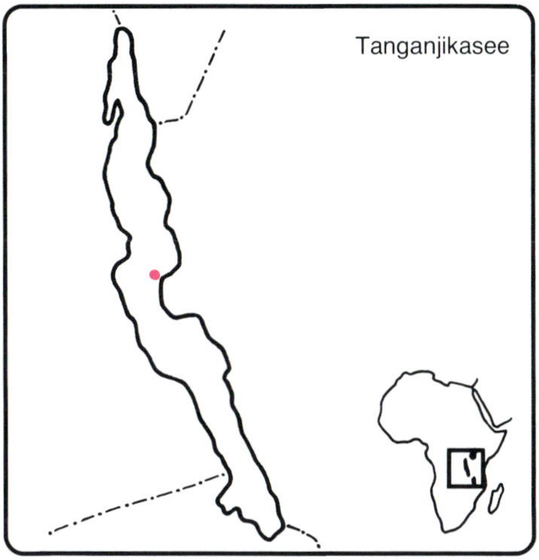

Fundort von Tropheus moorii: Doppelfleck-Variante (Bulu Point).

Am Fundort dieser Rasse tritt noch ein weiterer Vertreter der Gattung auf, nämlich *Tropheus polli,* AXELROD, 1977.

Tropheus moorii: Doppelfleck-Variante (Bulu Point).

Tropheus moorii

Gelbgraue Variante (Cape Kabeyeye)

Diese geographische Rasse ist von mir im Frühjahr 1975 entdeckt und 1977 beschrieben worden. Seit den ersten Importen, die Anfang 1978 durchgeführt wurden, wird für sie häufig die Bezeichnung Gelbe Regenbogen-Variante verwendet.

Die Verbreitung dieser Farbform erstreckt sich über den südlichen Teil des Sumbu Nationalparks in Sambia. Sie kommt von der Mündung des Lufubu (Cape Kabeyeye) über die Kasaba Bay bis in die Umgebung der Kasaba Bay Lodge vor.

Der Körper der Fische ist überwiegend grüngrau gefärbt. In der Bauchregion gibt es einen großen elfenbeinfarbenen bis sandgelben Fleck, der sich bei erwachsenen Tieren über die gesamte untere Körperhälfte ausbreiten kann. Die Rückenflosse sieht elfenbeinfarben bis grünbeige aus. Der Kopf, der oft einen kupferbraunen Farbton annimmt, trägt ein Muster winziger heller Pünktchen.

Das Foto zeigt ein erst halberwachsenes Tier, das noch Reste der jugendlichen Streifenzeichnung besitzt.

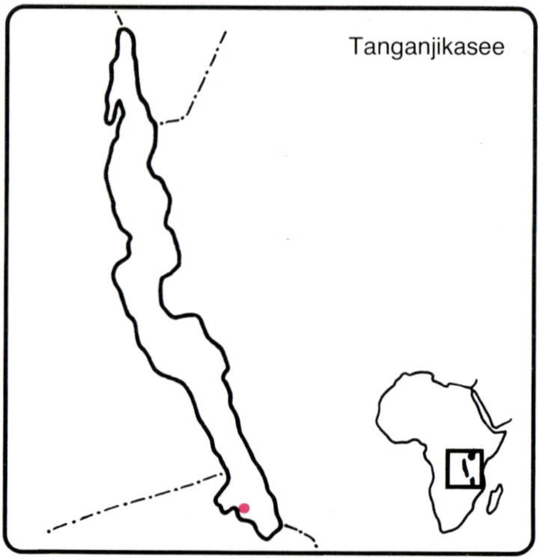

Fundort von Tropheus moorii: Gelbgraue Variante (Cape Kabeyeye).

Tropheus moorii: Gelbgraue Variante (Cape Kabeyeye).

Tropheus moorii

Stirnstreifen-Variante (Cape Kachese)

Der natürliche Lebensraum dieser Farbrasse, die 1975 von SCHEUERMANN entdeckt und noch in demselben Jahr beschrieben wurde, liegt an der nördlichen Grenze des Sumbu Nationalparks in Sambia. Der Fundort ist Cape Kachese, eine Landzunge, die nördlich der Ortschaft Sumbu zu finden ist.

Die obere Körperhälfte dieser prächtigen Fische ist kräftig olivgrün, die untere leuchtend chromgelb gefärbt. Auch die Kinnregion sowie ein oder zwei Streifen, die über die Stirn ziehen, können denselben gelben Farbton zeigen. Die Flossen, insbesondere die Rükkenflosse, sehen gelb- bis rotorange aus. Die ersten Importe erfolgten im Frühjahr 1975.

Den orangefarbenen Stirnstreifen, der Anlaß für die Bezeichnung war, mit der diese Rasse gekennzeichnet wird, zeigen keineswegs alle Fische. Möglicherweise bildet er sich nur im Alter aus. Diese Variante ist der weiter südlich auftretenden sogenannten Grünroten Variante sehr ähnlich, die allerdings eine kräftig rote und keine orange Rückenflosse besitzt. Ferner fehlt ihr die chromgelb gefärbte Bauchregion.

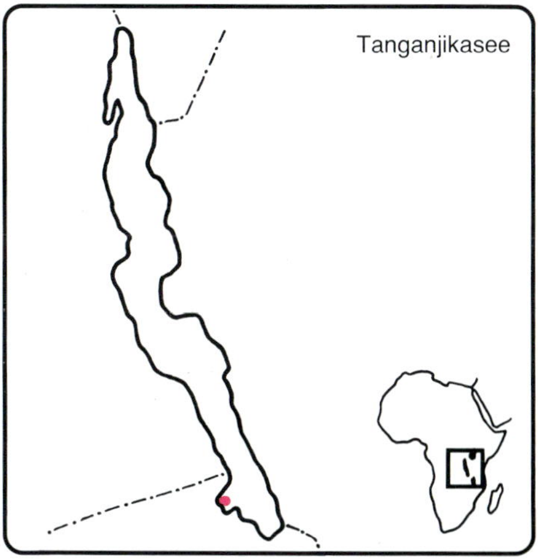

Fundort von Tropheus moorii: Stirnsteifen-Variante (Cape Kachese).

Tropheus moorii: Stirnstreifen-Variante (Cape Kachese).

Tropheus moorii

Schwarzrote Variante (Cameron Bay)

Der natürliche Lebensraum dieser Farbrasse liegt in der südwestlichen Ecke des Tanganjikasees, die zu Sambia gehört. Die Fische gehören zu den Cichliden, die nur ein Areal mit sehr begrenzter Ausdehnung bewohnen. Der Fundort ist in der Cameron Bay, nördlich der Ndole Bay zu finden.

Die Schwarzrote Variante wurde im Jahre 1975 von deutschen Aquarianern entdeckt und beschrieben. Auch die ersten Importe erfolgten in demselben Jahr. In der Folgezeit erschien diese Rasse häufig unter der Bezeichnung „Roter von Sambia" im Zierfischhandel.

In der Schreckfärbung sind die Fische vollkommen karmin- bis korallenrot gefärbt. Normalerweise ist dieser Farbton aber mehr oder weniger von Schwarz überlagert, so daß insgesamt eine eher oxidrote oder braunrote Färbung gezeigt wird. In der Kinnregion sowie zwischen den Augen tragen die Fische im allgemeinen einen deutlich roten Streifen. Der Grund der Brustflossen sowie der Afterflosse ist blaulila getönt.

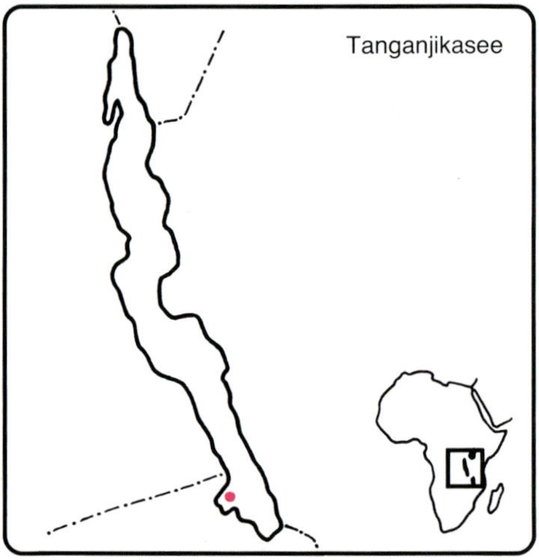

Fundort von Tropheus moorii: Schwarzrote Variante (Cameron Bay).

Tropheus moorii: Schwarzrote Variante (Cameron Bay).

Bibliographie

Albrecht, Helmut: „Zur Stammesgeschichte einiger Bewegungsweisen bei Fischen; untersucht am Verhalten von Haplochromis." Zeitschr. f. Tierps., 23 (1966), 270–302.

– –: „Freiwasserbeobachtungen an Tilapien in Ostafrika." Zeitschr. f. Tierps., 25 (1968), 377–394.

– –, R. Apfelbach und W. Wickler: „Über die Eigenständigkeit der Art Tilapia grahami BOULENGER, ihren Grubenbau und die Zucht in reinem Süßwasser." Senckenbergiana Biologica, 49 (1968), 107–118.

Apfelbach, Raimund: „Maulbrüten und Paarbindung bei Tilapia galilaea." Die Naturwissenschaften, 53 (1966), 22.

– –: „Entwicklung der Brutpflege beim Buntbarsch Tilapia." Aquarien-Magazin, 2 (1968), 212–213.

– –: „Vergleichend quantitative Untersuchungen des Fortpflanzungsverhaltens brutpflegemono- und -dimorpher Tilapien." Zeitschr. f. Tierps., 26 (1969), 692–725.

– –, und Daisy Leong: „Zum Kampfverhalten in der Gattung Tilapia." Zeitschr. f. Tierps., 27 (1970), 98–107.

Aronson, L.R.: „An Analysis of Reproductive Behavior in the Mouthbreeding Cichlid Fish, Tilapia macrocephala (Bleeker)." Zoologica, 34 (1949), 133–158.

– –: Towards a phyletic classification of the "genus" Haplochromis (Pisces, Cichlidae) and related taxa. Part. I. Bull. Br. Mus. nat. Hist. Zool. Vol 35 (4), 265–322.

– –: Towards a phyletic classification of the "genus" Haplochromis (Pisces, Cichlidae) and related taxa. Part. II; the species from Lakes Victoria, Nabugabo, Edward, George and Kivu. Bull. Br. Mus. nat. Hist. Zool. Vol. 39 (1). 1–99.

Axelrod, Herbert R.: African Cichlids of Lakes Malawi and Tanganyika. Neptune, N. J., 1973.

Baerends, G.P., und J.M. Baerends-van Roon: „An Introduction to the Study of the Ethology of Cichlid Fishes." Behaviour, Suppl. 1 (Leiden, 1950).

Bechtle, Wolfgang: Räuberbande im Aquarium: Geschichten um große und kleine Buntbarsche. Stuttgart, 1964.

Berg, L.S.: System der rezenten und fossilen Fischartigen und Fische. Berlin, 1958.

Boulenger, George Albert: „A Revision of the African and Syrian Fishes of the Family Cichlidae." Proc. Zool. Soc. (1899), 98–143. London.

– –: Catalogue of the Fresh-Water Fishes of Africa in the British Museum (Nat. Hist.), vol. 3. London, 1915.

– –: Catalogue of the Fresh-Water Fishes of Africa in the British Museum (Nat. Hist.), vol. 4. London, 1916.

Brestowsky, Michael: „Vergleichende Untersuchungen zur Elternbindung von Tilapia-Jungfischen." Zeitschr. f. Tierps., 25 (1968), 761–828.

Brichard, Pierre: „Reflexions sur le choix de la nidification ou de l'incubation buccale comme mode de reproduction chez certaines populations de Poissons Cichlides de Lac Tanganika." Rev. Zool. afr., 89 (1975), 870–888.

– –: Fishes of Lake Tanganyika. Neptune City, N.J., 1978.

Burgess, Warren E.: „New Developments in the Malawi Genus Labidochromis." Tropical Fish Hobbyist, 24 (Dez. 1975), 44–48.

– –: „A New Melanochromis from Lake Malawi, with Comments on the Genus." Tropical Fish Hobbyist, 24 (Febr. 1976), 61–65.

– –: „Two New Species of Mbuna (Rock-Dwelling Cichlids) from Malawi." Tropical Fish Hobbyist, 24 (März 1976), 44–52

– –, und Herbert R. Axelrod: „Haplochromis linni, a New Species of Cichlid from Lake Malawi." Tropical Fish Hobbyist, 23 (Jan. 1975), 36–41.

– –, und Herbert R. Axelrod: „Pseudotropheus tursiops, a New Species of Cichlid Fish from Lake Malawi." Tropical Fish Hobbyist, 24 (Nov. 1975), 86–90.

Colombé, J.: „Pseudotropheus tropheops romandi, sous-espèce nouvelle du lac Malawi (Pisces, Teleostei, Cichlidae)." Revue Francaise d'Aquariologie, 6 (1979), 33–38.

Coulter, G.W.: „Low Apparent Oxygen Requirements of Deep-Water Fishes in Lake Tanganyika." Nature, 215 (1967), 317–318.

Crapon de Caprona, D.: „The Effect of Chemical Stimuli from Conspecifics on the Behaviour of Haplochromis burtoni (Cichlidae, Pisces)." Experientia, 30 (1974), 1394–1395.

Darlington, Philip J.: Zoogeography. Harvard Univ., 1957.

De Beaufort, L.F.: Zoogeography of the Land and Inlandwaters, London, 1951.

De Fazio, Sam: „Spawning Limnochromis auritus." Buntb. Bulletin, 41 (1974), 29–30.

Eccles, David H.: „Two New Species of Cichlid Fishes from Lake Malawi." Arnoldia, 6 (1973), 1–7.

Eibl-Eibesfeld, Irenäus: Grundriß der vergleichenden Verhaltensforschung. München 1967.

Fryer, Geoffrey: „New Species of Cichlid Fishes from Lake Nyasa." Revue de Zoologie et de Botanique Africaines, 53 (1956), 81–91.

– –: „The Trophic Interrelationships and Ecology of Some Littoral Communities of Lake Nyasa with Especial Reference to the Fishes, and a Discussion of the Evolution of a Group of Rock-Frequenting Cichlidae." Proceedings of the Zool. Soc. London, 132 (1959), 153–281.

– –, und T. D. Iles: The Cichlid Fishes of the Great Lakes of Africa. Edinburgh. 1972.

Geisler, Rolf: Wasserkunde für die aquaristische Praxis. Stuttgart, 1964.

Greenberg, Bernhard: „Parental Behaviour and Imprinting in Cichlid Fishes." Behaviour, 21 (1963), 127–144.

Greenwood, P. H.: „A Revision of the Lake Victoria Haplochromis species (Pisces, Cichlidae)." Pts. 1–6. Bull. Br. Mus. nat. Hist. Zool., 4 (1956), 233–244; 5 (1957), 76–97; 5 (1959), 179–218; 6 (1960), 227–281; 9 (1962), 139–213; 15 (1967), 29–119.

– –: „The Monotypic Genera of Cichlid Fishes in Lake Victoria." Bull. Br. Mus. nat. Hist. Zool., 3 (1956), 295–333.

– –: „The Monotypic Genera of Cichlid Fishes in Lake Victoria, pt. II." Bull. Br. Mus. nat. Hist. Zool., 5 (1959), 163–177.

– –: The Cichlid Fishes of Lake Victoria, East Africa: The Biology and Evolution of a Species Flock. Bull. Br. Mus. nat. Hist. Zool., Supplement No. 6. London, 1974.

Greenwood, P. H., Towards a phyletic classification of the "genus" Haplochromis (Pisces, Cichlidae) and related taxa. Part. I. Bull. Br. Mus. nat. Hist. Zool. Vol 35 (4), 265–322.

Greenwood, P. H., Towards a phyletic classification of the "genus" Haplochromis (Pisces, Cichlidae) and related taxa. Part. II; the species from Lakes Victoria, Nabugabo, Edward, George and Kivu. Bull. Br. Mus. nat. Hist. Zool. Vol. 39 (1). 1–99.

Greenwood, P. H., und J. M. Gee: „A revision of the Lake Victoira Haplochromis Species (Pisces, Cichlidae), pt. 7." Bull. Br. Mus. nat. Hist. Zool., 18 (1969), 1–65.

Heiligenberg. W.: „Ein Versuch zur ganzheitsbezogenen Analyse des Instinktverhaltens eines Fisches (Pelmatochromis subocellatus kribensis)." Zeitschr. f. Tierps., 21 (1964), 1–52.

Holzberg, S.: „A field and laboratory study of the bahaviour and ecology of Pseudotropheus zebra (Boulenger), an endemic cichlid of Lake Malawi (Pisces; Cichlidae)." Z. zool. Syst. Evolutionsforschung, 16 (1978), 171–187.

Iles, T. D.: „A Group of Zooplankton Feeders of the Genus Haplochromis (Cichlidae) in Lake Nyasa." Ann. Mag. nat. Hist., Ser. 13, 2 (1960), 257–280.

– –, und M. J. Holden: „Bi-parental Mouth Brooding in Tilapia galilaea." Journal of Zoology, 158 (1969), 327–333.

Jackson, P. B. N.: „Check List of the Fishes of Nyasaland." Occasional Papers of the National Museum of Southern Rhodesia, Nat. Sciences, No. 25 B (Nov. 1961).

– –, et al., Report on the Survey of Northern Lake Nyasa 1954–1955. Zomba, 1963.

– –, und Tony Ribbinck: Mbuna. Neptune City, N. J. 1975.

Johnson, D. S.: „New Cichlids from Lake Malawi." Today's Aquarist, 1 (1974), 12–17.

– –: „More New Malawi Cichlids." Today's Aquarist, 2 (1975), 15–18; 20–26.

– –: „Two new Cichlids of the Mbuna Group from Malawi with a Discussion of Several Bicuspid-toothed Labidochromis sp." Today's Aquarist, 2 (1976), 17–24.

– –: „Three New Cichlids from Lake Malawi." Today's Aquarist, 1 (1974), 38–42.

Kirchshofer, Rosa: „Aktionssystem des Maulbrüters Haplochromis desfontanesii." Zeitschr. f. Tierps., 10 (1953), 297–318.

Kleinbrahm, Werner: „Abweichendes Brutverhalten von Pelmatochromis klugel." DATZ, 18 (1965), 349.

Kosswig, Curt: „Genetische Grundlagen des Polymorphismus." Zoologischer Anzeiger, 175 (1965), 21–50.

Kühme, Wolfdietrich: „Das Schwarmverhalten elterngeführter Jungcichliden." Zeitschr. f. Tierps., 19 (1962), 513–539.

– –: „Chemisch ausgelöste Brutpflege- und Schwarmreaktionen bei Hemichromis bimaculatus." Zeitschr. f. Tierps., 20 (1963), 688–704.

Kullander, Sven O.: Amerikas Cichlider. Umea, 1973 (Publ. als Ms).

Ladiges, Werner: Der Fisch in der Landschaft. Braunschweig, 1951.
– –: „Beiträge zur Kenntnis der Cichliden des Tanganjikasees I." Internationale Revue der gesamten Hydrobiologie, 44 (1959), 431–438.

Lattin, Gustav de: Grundriß der Zoogeographie, Stuttgart, 1967.

Leyhausen, P,: „Kennen Fische sich persönlich?" DATZ, 2 (1949), 130–131.

Liem, K. F., und D. J. Stewart: „Evolution of the Scale-eating Cichlid Fishes of Tanganyika: A Generic Revision." Bull. Mus. Comp. Zool., 147 (1976), 319–350.

Linke, Horst: „Man nannte sie ‚Pelmatochromis' (I)." Das Aquarium, 9 (1975), 431–434.
– –: „Man nannte sie ‚Pelmatochromis' (II)." Das Aquarium, 9 (1975), 481–484.
– –: „Man nannte sie ‚Pelmatochromis' (III)." Das Aquarium, 10 (1976), 10–15.
– –: „Man nannte sie ‚Pelmatochromis'. Die Gattung Nanochromis." Das Aquarium, 11 (1977), 111–114.
– –: „Chromidotilapia guentheri – ein Maulbrüter aus Westafrika." Tatsachen und Informationen aus der Aquaristik, 10 (1976), 10–11.
– –: „Man nannte sie Pelmatochromis. Pelvicachromis spec. affin. pulcher, früher camerunensis." Das Aquarium, 12 (1978), 11.
– –: „Man nannte sie Pelmatochromis. Die dritte Farbpopulation des Buntbarsches Chromidotilapia finleyi." Das Aquarium, 13 (1979), 391–393.
– –: „Die Prachtbuntbarsche Westafrikas: Formen von Pelvicachromis taeniatus." Tatsachen und Informationen aus der Aquaristik, 12 (1978), 4–7.
– –: „Hurra, der ‚dimidiatus' ist wieder da." Das Aquarium, 14 (1980), 567–569.

Loiselle, Paul V.: „A Revision of the Genus Hemichromis PETERS 1858 (Teleostei: Cichlidae)." Annales du Musée Royal de l'Afrique centrale, Sciences zool., No. 228 (1979).
– –, und Robin L. Welcomme: „Description of a New Genus of Cichlid Fish from West Africa." Rev. Zool. Bot. afr., 85 (1972), 37–57.
Loiselle, Paul, V., Pseudocrenilabrus, the dwarf African Mouthbrooders. Part two; The Pseudocrenilabrus ventralis and Pseudocrenilabrus philander Complex. FAMA; Feb/1982; 30–34, 66–71, 75.

– – : Pseudocrenilabrus, the dwarf African Mouthbrooders. Part two; The Pseudocrenilabrus ventralis and Pseudocrenilabrus philander Complex. FAMA; Feb/1982; 30–34, 66–71, 75.
Lowe, Rosemary H.: „Breeding Behaviour Patterns and Ecological Differences between Tilapia Species and their Significance for Evolution within the Genus Tilapia." Proceedings of the Zool. Soc. London, 132 (1959), 1–30.
– –: „The Breeding Behaviour of Tilapia Species in Natural Waters: Observation on T. karomo Poll and T. variabilis Boulenger." Behaviour, 9 (1956), 140–163.
Marler, Peter R., und William J. Hamilton: Tierisches Verhalten. Minden, Bern u. Wien, 1972.
Marlier, G.: „Observations sur la biologie littorale du lac Tanganika." Revue de Zoologie et de Botanique Africaines, 59 (1959), 164–183.
– –, und N. Leleup: „A Curious Ecological ‚Niche' among the Fishes of Lake Tanganyika." Nature, 174 (1954), 935–936.
Matthes. H.: „Poissons nouveaux ou Interessants du lac Tanganika et du Ruanda." Annales du Musée Royal de l'Afrique centrale, Sciences Zool., 111 (1962), 27–88.
– –: „Un Cichlide nouveau du lac Tanganika: Julidochromis transcriptus n. sp." Rev. Zool. Bot. Afr., 60 (1959). 126–130.
– –: „Les communautés ecologiques des poissons cichlidae au Lac Tanganika." Folia sci. Afr. Centralis, 6 (1960), 8–12.
– –: „L'exploration sous-lacustre du lac Tanganika." Afrika-Tervuren, 8 (1962), 1–11.
Mayland, Hans M.: Cichliden und Fischzucht. Hannover, 1978.
Myrberg, Arthur A.: „An Analysis of Preferential Care of Eggs and Young by Adult Cichlid Fishes." Zeitschr. f. Tierps., 21 (1964) 53–98.
– –: „A Descriptive Analysis of the Behaviour of the African Cichlid Fish, Pelmatochromis guentheri (Sauvage)." Animal Behaviour, 13 (1965), 312–329.
– –: „Sound Production by Cichlid Fishes." Science, 149 (1965), 555–558.
Neergaard, Soren: Nyasa-cichlider. Kopenhagen, 1974.
– –: Tanganyika-cichlider. Kopenhagen, 1976.

Neil, E. H.: „Observation on the Behavior of Tilapia mossambica (Pisces, Cichlidae) in Hawaiian Ponds." Copeia (1966), 50–56.
Nelissen, Mark: „Contribution to the Ethology of Simochromis (1981), Contribution à la faune ichthyologique du Lac Tanganyika. Révision du genre Limnochromis Regan, 1920. Description de trois genres nouveaux et d'une espèce nouvelle; Cyprichromis brieni. Annls Soc. r. zool. Belg. T 111 (1981) fasc. 1–4; pp. 163–179.
diagramma (Günther). (Pisces, Cichlidae)" Acta Zool. et Path. Antv., 61 (1975), 19–24.
– –: „Sexual Behaviour in Simochromis diagramma (Günther). (Pisces, Cichlidae)" Acta Zool. et Path. Antv., 62 (1975), 203–206.
– –: „Contribution to the Ethology of Tropheus moorei Boulenger (Pisces, Cichlidae) and a Discussion of the Significance of its Colour Patterns." Rev. Zool. afr., 90 (1976), 17–29.
Nelissen, Mark, und D. Thys van den Audenaerde: „Description of Tropheus brichardi sp. nov. from Lake Tanganyika (Pisces, Cichlidae)." Rev. Zool. afr., 89 (1975), 974–980.
Noble, G. K. und B. Curtis: „The Social Behavior of the Jewel Fish, Hemichromis bimaculatus." Bull. Amer. Mus. Nat. Hist., 76 (1939), 1–46.
Oehlert, Beatrice: „Kampf und Paarbildung einiger Cichliden." Zeitschr. f. Tierps., 15 (1958), 141–174.
Ohm, Dietrich: „Das Sozialverhalten von Fischen." Aquarien und Terrarien, 6 (1959), 229–233.
– –: „Die Entwicklung des Kommentkampfs bei Jungcichliden." Zeitschr. f. Tierps. 21 (1964), 308–325.
Oliver, Michael K.: „Labidochromis textilis, a New Cichlid Fish (Teleostei: Cichlidae) from Lake Malawi." Proc. Biol. Soc. Wash., 88 (1974), 319–330.
– –, und Paul V. Loiselle: „A New Genus and Species of Cichlid of the Mbuna Group from Lake Malawi. Rev. Zool. Bot. afr., 85 (1972), 309–320.
Paulo, Jochen: „Zum Brutpflegeverhalten einer Chromidotilapia aus Südkamerun." DATZ, 27 (1974), 400–402.
– –: „Eine neue Chromidotilapia-Art aus dem Bosumtwe-See/ Ghana: Chromidotilapia bosumtwensis, species nova (Pisces, Perciformes, Cichlidae)." DCG-Info, 10 (1979), 167–174.

Pellegrin, Jacques: „Contribution a l'étude anatomique, biologique, et taxonomique des poissons de la famille des Cichlides." Mém. Soc. Zool. France, 16 (1904), 41–402.
– –: „Silurides, Cyprinodontidés, Acanthoptérygiens du Cameroun recueillis par M. Th. Monod. Description de cinq espèces et de deux variétés nouvelles." Bull. Soc. Zool. Fr., 14 (1929), 358–369.
Peters, Hans M.: „Experimentelle Untersuchungen über die Brutpflege von Haplochromis multicolor, einem maulbrütenden Knochenfisch." Zeitschr. f. Tierps., 1 (1937), 201–218.
– –: Grundfragen der Tierpsychologie. Stuttgart, 1948.
– –: Angeborenes Verhalten bei Buntbarschen." Umschau, 65 (1965), 665–669 und 711–717.
Poll, Max: „Les Poissons du Stanley-Pool." Annales du Musée du Congo Belge, Zool., Ser. I, vol. 4,1 (Tervuren, 1939), 1–60.
– –: „Revision de la faune ichthyologique du lac Tanganika." Annales du Musée du Congo Belge, Zool., Ser. I, vol. 4,3 (Tervuren, 1946), 141–364.
– –: „Histoire du peuplement et origine des espèces de la faune ichthyologique du lac Tanganika." Annales de la Société Royal zoologique de Belgique, 81 (1950), 111–140.
– –: „Poissons Cichlidae." Résult. scient. Exploration hydrobiologique du lac Tanganika 1946-1947, vol. 3, fasc. 5 B (1956), 1–619.
– –: „Ecologie des poissons du lac Tanganika." XIV. Internat. Congress of Zoology, 1953 (Copenhagen, 1956), S. 465–468.
– –: „Les genres des poissons d'eau douce de l'Afrique." Annales du Musée Royal du Congo Belge, Sciences zool., vol. 54 (Tervuren, 1957), 1–191.
– –: „Recherches sur la faune ichthyologique de la région du Stanley Pool." Annales du Musée Royal du Congo Belge, Sciences zool. vol. 71 (Tervuren, 1959), 75–174.
– –: „Contribution à la faune ichthyologique du lac Tanganika, d'apres les récoltes de P. Brichard." Rev. Zool. afr., 88 (1974), 99–110.
– –: „Contribution à la connaissance du genre Lamprologus SCHTH." Bull. Classe des Sciences (Ac. Royale Belgique), Ser. 5, 64 (1978), 725–758.
– –: „Ethologie comparée des poissons fluviatiles et lacustres

africains." Bull. Classe des Sciences (Ac. Royale Belgique), Ser. 5, 66 (1980), 78–97.
– –, und H. Matthes: „Trois poissons remarquables du lac Tanganika." Annales du Musée Royal de l'Afrique centrale, Sciences zool., No. 111 (1962), 1–26.
– –, und D. J. Stewart: „A New Cichlid Fish of the Genus Xenotilapia from Lake Tanganyika, Zambia (Pisces, Cichlidae). Rev. Zool. afr., 89 (1975), 919–924.
– –, und D. Thys van den Audenaerde: „Genre nouveau Triglachromis proposé pour Limnochromis otostigma Regan, Cichlidae du lac Tanganika." Rev. Zool. afr., 88 (1974), 127–130.
Poll, Max. (1981), Contribution à la faune ichthyologique du Lac Tanganyika. Révision du genre Limnochromis Regan, 1920. Description de trois genres nouveaux et d'une espèce nouvelle; Cyprichromis brioni. Annls Soc. r. zool. Belg. T 111 (1981) fasc. 1–4; pp. 163–179.
Regan, C. Tate: „The Classification of the Fishes of the Family Cichlidae. I. The Tanganyika Genera." Ann. Mag. Nat. Hist., Ser. 9, 5 (1920), 33–53.
– –: „The Cichlid Fishes of Lake Nyasa." Proceedings of the Zool. Soc. London (1921), 675–727.
– –: „The Cichlid Fishes of Lakes Albert, Edward and Kivu." Ann. Mag. nat. Hist., Ser. 9, 8 (1921), 632–639.
– –: „The Classification of the Fishes of the Family Cichlidae. II. On African and Syrian Genera not Restricted to the Great Lakes." Ann. Mag. nat. Hist., Ser. 9, 10 (1922), 249–264.
– –: „The Cichlid Fishes of Lake Victoria." Proceedings of the Zool. Soc. London (1922), 157–191.
Reisinger, Erich: „Phänomene und Probleme des Polymorphismus." Zoologischer Anzeiger, 175 (1965), 1–20.
Reinhold, Dieter: „Zucht von Eretmodus cyanostictus (BOULENGER, 1898)." DCG-Info, 7 (1976), 101.
Roberts, T. R. und D. J. Stewart: „An ecological and systematic survey of fishes in the rapids of the lower Zaire or Congo River." Bull. Mus. Comp. Zool., 147 (1976), 239–317.
Roman, B.: Peces de Rio Muni, Guinea Ecuatorial. Estacion de Investigaciones Marinas de Margarita, Venezuela, 1971.
Ruwet, J.-C., und J. Voss: „L'étude des mouvements d'expression chez les Tilapia (Poissons Cichlide)." Bull. Soc. Sc. Liège, 35 (1966), 778–800.
Scheuermann, Heinrich: „A partial revision of the Genus Limnochromis Regan 1920." Cichlidae (Bristol), 3 (1977), 69–73.
Schröder, J. H.: "Morphological and behavioural differences between the BB/OB and B/W colour morphs of Pseudotropheus zebra Boulenger (Pisces; Cichlidae)." Z. f. zool. Systematik u. Evolutionsforschung, 18 (1980), 69–76.
Seitz, Alfred: „Die Paarbildung bei einigen Cichliden. I. Die Paarbildung bei Astatotilapia strigigena Pfeffer." Zeitschr. f. Tierps. 4 (1940/41), 40–84.
– –: „Die Paarbildung bei einigen Cichliden. II. Die Paarbildung bei Hemichromis bimaculatus Gill." Zeitschr. f. Tierps., 5 (1943), 74–101.
– –: „Vergleichende Verhaltensstudien an Buntbarschen." Zeitschr. f. Tierps., 6 (1949), 202–235.
Shaw, Evelyn S., und Lester R. Aronson: „Oral Incubation in Tilapia macrocephala." Bulletin of the American Museum of Nat. Hist., 103 (1954), 397–415.
Staeck, Wolfgang: „Variabler Pseudotropheus zebra." Das Aquarium, 6 (1972), 1051–1054.
– –: „Territorialverhalten bei Aquarienfischen." Das Aquarium, 7 (1973) 275–279.
– –: „Künstliche Aufzucht und Larvenentwicklung bei Pseudotropheus-Arten." Das Aquarium, 7 (1973), 442–444.
– –: „Balz, Paarung und Brutpflege des Maulbrüters Pseudotropheus elongatus." Das Aquarium, 8, (1974), 2–6.
– –: „Biotope und Lebensbedingungen im Tanganjikasee." Das Aquarium, 8 (1974), 292–297.
– –: „Tropheus duboisi im Tanganjikasee beobachtet und fotografiert." Das Aquarium, 8 (1974), 380–383.
– –: „Eine neue geographische Rasse des Brabantbuntbarsches." Aquarien-Magazin, 8 (1974), 504–509.
– –: Cichliden: Verbreitung, Verhalten, Arten, Bd. 1, 2. Aufl. Engelbert-Pfriem-Verlag: Wuppertal, 1975.
– –: „Scale-Eaters and Fin-Biters of the East African Lakes." Aquarist and Pondkeeper, 39 (1975), 414–415; 417.
– –: „Verschiedener als Schwarz und Weiß: Sexualdimorphismus, Polymorphismus und die Bildung geographischer Rassen bei ostafrikanischen Buntbarschen." Aquarien-Magazin, 9 (1975), 124–131.
– –: „Bemerkungen zu Lamprologus tretocephalus Boulenger, 1899." Das Aquarium 9 (1975), 149–151.
– –: „Die Grundelbuntbarsche des Tanganjikasees." Aquarien-Magazin, 9 (1975), 140–147.
– –: „Eine ausgefallene Ernährungsweise: Schuppenfressende Cichliden." Das Aquarium, 9 (1975), 291–294.
– –: „Erste Erfahrungen mit einer neuen Julidochromis-Art." Das Aquarium, 9 (1975), 383–385.
– –: „Beobachtungen zum Fortpflanzungs- und Brutpflegeverhalten von Tropheus duboisi." Tatsachen und Informationen aus der Aquaristik, 9, H. 31 (1975), 10–11.
– –: „A New Fish from Lake Tanganyika. Julidochromis dickfeldi sp. n. (Pisces, Cichlidae)." Rev. Zool. afr., 89 (1975), 982–986.
– –: „Unterwasserbeobachtungen an Lamprologus tetracanthus Boulenger, 1899." Tatsachen und Informationen aus der Aquaristik, 9, H. 32 (1975), 26–27.
– –: „Als Duboisi-Fänger in Kigoma." Aquarien-Magazin, 9 (1975), 470–477.
– –: Nomenclature of the Tilapias of Southern Africa. J. Limnol. sth. Afr. 7, (1), 42, 1981.
– –: „Die südlichen Rassen von Tropheus moorei." Aquarien-Magazin, 9 (1975), 518–521.
– –: „Zwei eigentümliche Cichliden: Limnochromis microlepidotus und nigripinnis." Das Aquarium, 10 (1976), 60–63.
– –: „Schlankcichliden, Bewohner der Geröll- und Felsenregionen: Neue Erkenntnisse über die Gattung Julidochromis." Aquarien-Magazin. 10 (1976). 74–79.
– –: „Die Lebensräume im Tanganjikasee." Aquarium-Magazin, 10 (1976), 164–168.
– –: „Haplochromis-Arten aus dem Malawisee: Im natürlichen Lebensraum und im Aquarium beobachtet." Aquarien-Magazin, 10 (1976), 356–364.
– –: „Ergebnisse einer ichthylogischen Sammelreise zum Nordende des Nyassasees." Das Aquarium, 10 (1976), 436–442 und 486–492
– –: Cichliden: Verbreitung, Verhalten, Arten, Bd. 2. Engelbert-Pfriem-Verlag: Wuppertal, 1977.
– –: „Raritäten aus dem Malawisee: Neuere Erkenntnisse über die Vielgestaltigkeit bei Mbuna-Cichliden." Aquarien-Magazin, 12 (1978), 136–141.
– –: "Ein neuer Cichlide aus dem südlichen Tanganjikasee: Lamprologus nkambae n. sp. (Pisces, Cichlidae)." Rev. Zool. afr., 92 (1978), 436–441.
– –: „Beobachtungen an Kärpflingscichliden: Zur Fortpflanzungsbiologie und Ökologie der Cyprichromis-Arten." Aquarien-Magazin, 13 (1979), 99–104.
– –: „Chromidotilapia linkei n. sp. aus dem Mungo River, Kamerun (Pisces: Cichlidae)." Senckenbergiana biol., 60 (1979), 153–157.
– –: „Pseudotropheus heteropictus n. sp. aus dem Malawisee (Pisces: Cichlidae)." Senckenbergiana biol., 60 (1979), 159–162.
– –: „Aufwuchsfresser: Beobachtungen an ostafrikanischen Cichliden." Aquarien-Magazin, 14 (1980), 43–51.
– –: „Ein neuer Cichlide vom Ostufer des Tanganjikasees: Lamprologus leleupi longior n. ssp. (Pisces, Cichlidae)." Rev. Zool. afr., 94 (1980), 11–14.
Sterba, Günther: Süßwasserfische aus aller Welt. 2 Bde., Melsungen, Berlin, Basel, Wien, 1970.
Stock, A. Dean: „The Taxonomic Status of Labidochromis joanjohnsonae Johnson, Labidochromis fryeri Oliver and Melanochromis exasperatus Burgess." Buntb. Bull., 55 (1976), 14–19.
Thys van den Audenaerde, Dirk: „A Preliminary Contribution to a Systematic Revision of the Genus Pelmatochromis Hubrecht sensu lato." Rev. Zool. Bot. Afr., 77 (1968), 349–391.
– –: „An Annotated Bibliography of Tilapia (Pisces, Cichlidae)." Documentation zoologique du Musée Royal de l'Afrique centrale, Tervuren, No. 14 (1968).
– –: „Description of a new Pelmatochromis (Pisces Cichlidae) from Sierra Leone." Rev. Zool. Bot. Afr., 77 (1968), 335–345".
– –: „Description of Tilapia cessiana sp. nov. with some remarks on Tilapia (Herotilapia) buttikoferi (Hubrecht 1881), (Pisces, Cichlidae)." Rev. Zool. Bot. Afr., 78 (1968), 183–195.
– –, und Paul Loiselle: „Description of Two New Small African Cichlides." Rev. Zool. Bot afr., 83 (1971), 193–206.
Trewavas, Ethelwynn: „A Synopsis of the Cichlid Fishes of Lake Nyasa." Ann. Mag. Nat. Hist. , Ser. 10, 16 (1935), 65–118.
– –: „Fishes of the Crater Lakes of the Northwestern Cameroons." Bonner Zoolog. Beiträge, 13 (1962), 146–192.
– –: „An Example of ‚Mimicry' in Fishes." Nature, 160 (1947), 120.
– –: „On the Cichlid Fishes of the Genus Pelmatochromis with

Proposal of a New Genus for Pelmatochromis congicus; on the Relationships between Pelmatochromis and Tilapia and the Recognition of Sarotherodon as a Distinct Genus." Bull. Br. Mus. nat. Hist. (Zool.), 25 (1973), 1–26.
– –: "Description of a small new Tilapia (Pisces, Cichlidae) from Sierra Leone." Rev. Zool. Bot. Afr., 80 (1969), 157–165.
– –: „A New Species of Cichlid Fishes of Rivers Quanza und Bengo, Angola, with a List of the Known Cichlids of these Rivers and a Note on Pseudocrenilabrus natalensis." Bull. Br. Mus. nat. Hist. (Zool.), 25 (1973), 27–37.
– –: „The Freshwater Fishes of Rivers Mungo and Meme and Lakes Kotto, Mboandong and Soden, West Cameron." Bull Br. Mus. nat. Hist. Zool., 26 (1974), 393–397.
– –: „A new species of Nanochromis (Pisces, Cichlidae) from the Ogowe Sytem, Gabun." Bull. Brit. Mus. nat. Hist. (Zool.), 28 (1975), 233–235.
Trewavas, Ethelwynn; Nomenclature of the Tilapias of Southern Africa. J. Limnol. sth. Afr. 7, (1), 42, 1981.
Voss, J.: „Contribution à l'éthologie des poissons Cichlides: Tilapia zillii (Gervais, 1848)." Rev. Zool. Bot. Afr., 79 (1969), 99–109.
– –: „Contribution à l'éthologie des poissons Cichlides: Pelmatochromis ansorgii (Boulenger, 1901)." Acta Zool. et Pathol. Antv., 50 (1969) 29–43.
– –: „Contribution à l'éthologie des poissons Cichlides: Tilapia sparrmanii Smith, 1840." Rev. Zool. Bot. Afr., 85 (1970), 369–388.
– –, und J.-C. Ruwet: „Inventaire des mouvements d'expression chez Tilapia guineensis (Blkr., 1863) et T. macrochir (Blgr., 1912). (Poissons Cichlides)." Ann. Soc. Roy. Zool. Belgique, 96 (1966), 145–188.
Wickler, Wolfgang: „Vergleichende Verhaltensstudien an Grundfischen II. Die Spezialisierung des Steatocranus." Zeitschr. f. Tierps. 15 (1958), 427–446.
– –: „Teleogramma brichardi Poll 1959." DATZ, 12 (1959), 228–230.
– –: „Ei-Attrappen und Maulbrüten bei afrikanischen Cichliden." Zeitschr. f. Tierps., 18 (1962), 129–164.
– –: „Das Züchten von Aquarienfischen. Stuttgart, 1962.
– –: „Zur Klassifikation der Cichlidae, am Beispiel der Gattungen Tropheus, Petrochomis, Haplochromis und Hemihaplochromis n. gen." Senckenbergiana Bilogica, 44 (1963), 83–96.
– –: „Die Evolution von Mustern der Zeichnung und des Verhaltens." Die Naturwiss., 52 (1965), 335–341.
– –: „Ein augenfressender Buntbarsch." Natur und Museum, 96 (1966), 311–315.
– –: „Sexualdimorphismus, Paarbildung und Versteckbrüten." Zool. Jb. Syst., 93 (1966), 127–138.
– –: „Über die biologische Bedeutung des Genitalanhangs der männlichen Tilapia macrochir." Senckenbergiana Biologica, 47 (1966), 419–427.
– –: „Zur Soziologie des Brabantbuntbarsches, Tropheus moorei." Zeitschr. f. Tierps., 26 (1969), 967–987.
– –: „Ritualisierung und Stammesgeschichte. München, 1970.
– –: Verhalten und Umwelt. Hamburg, 1972.
Wilhelm, W.: "The Disputed Feeding Behaviour of a Paedophagus Haplochromine Cichlid (Pisces) Observed and Discussed." Behaviour, 74 (1980), 310–323.
Zurlo, Georg: „Tanganjika-Clowns: uni, gestreift und gepunktet; vor allem jedoch rätselhaft." DCG-Info, 11 (1979), 201–206.

Iconographie

Photos Wolfgang Staeck

à l'exclusion des pages

5, 38, 52, 64, 72, 78, 100, 120, 121,
couverture et intérieur (Horst Linke)

16, 27, 32, 70, 74, 96 et 126 (A. Konings)